1266.
K.e.b.

PRINCIPES GÉNÉRAUX

DE LECTURE

APPLIQUÉS SIMULTANÉMENT

à la

LANGUE FRANÇAISE et à l'ALLEMANDE;

OU

MÉTHODE pour apprendre à lire en même temps
dans les deux Langues,

ET

Pour se perfectionner dans la prononciation
de l'une et de l'autre.

PAR A. JEANMOUGIN,

PROFESSEUR AU COLLÉGE DE COLMAR.

A PARIS,

chez BÉCHET, aîné, libraire, quai des Augustins, N.° 57;

A COLMAR,

chez l'Auteur, rue des Juifs, N.° 31.

1 8 2 1.

PRÉFACE.

Il serait superflu d'entrer dans de longs dé-
tails pour démontrer l'utilité d'un ouvrage
destiné à faire connaître les rapports de simul-
tanéité qui peuvent exister dans l'enseignement
de la lecture française et de l'allemande, et à
lever en même temps toutes les difficultés que
peut offrir la vraie prononciation dans chacune de
ces langues. On prévoit aisément tous les avan-
tages qui en résulteraient, non-seulement pour
les personnes auxquelles la connaissance des
deux langues est indispensable à raison du
voisinage des deux nations, mais encore pour
celles à qui il reste encore des doutes sur la
vraie manière de prononcer tous les mots de
leur propre langue, ou qui désirent se corriger
des habitudes vicieuses qu'elles peuvent avoir
contractées à cet égard.

C'est surtout dans les provinces situées sur
les deux rives du Rhin, et particulièrement
dans les départemens français où la langue
allemande est encore en usage, que le besoin
d'une méthode de ce genre se fait sentir le plus
généralement. M'étant voué depuis long-temps
à l'enseignement élémentaire dans l'une de ces
contrées, j'ai cherché, dès le commencement,
à me procurer un ouvrage au moyen duquel
je pusse non-seulement faire jouir mes élèves
de l'avantage d'apprendre à lire en même temps

1 *

dans les deux langues, avec la même facilité et aussi vite que dans une seule, mais encore faire servir ce procédé à leur former cette prononciation pure qui prête tant de charmes à la conversation, à la lecture et à l'art oratoire, et sans laquelle l'étude de l'orthographe offre des difficultés que l'on ne peut surmonter que par un long travail. Mes recherches à cet égard ayant été inutiles, j'ai rédigé les exercices français et allemands dont j'avais besoin pour atteindre le double but que je m'étais proposé. Ces exercices et les règles qui doivent les précéder, font la matière de l'ouvrage que j'offre aujourd'hui au public. Animé constamment du désir de me rendre utile à la jeunesse, j'ai cru ne pouvoir mieux y réussir qu'en lui facilitant les moyens d'acquérir de bons principes, et en écartant, à l'aide d'une méthode dont l'efficacité est garantie par de nombreux succès, toutes les difficultés dont il est possible d'affranchir les premières études.

Les principes contenus dans cet ouvrage sont divisés en deux parties, dont la première a pour objet les élémens de la parole et de la lecture. Pour distinguer les uns des autres, et ne pas confondre la chose avec le signe qui la représente, j'ai conservé pour les premiers seulement, les dénominations de voyelles et de consonnes, en donnant aux seconds celles de vocales et de consonnantes; et comme il s'établit aussi naturellement une distinction entre ces derniers élémens, j'ai appelé primitifs ceux qui servent à exprimer les sons d'une manière générale, et substitutifs ceux qui ont été substitués aux premiers pour former les différentes inflexions orthographiques particulières à chaque langue. Ainsi, dans le tableau des vocales françaises, on remarquera, par exemple, que l'a nasal, dont la forme primitive est an, a vingt-quatre formes substitutives, que l'on retrouve dans les mots Caen, dam, champ, blanc, grand, je répands, étang, Orléans, avant, Laon, enivrer, Jean, mangeant, embarras, exempter, temps, tems, exempt, sentir, révérend, je rends, hareng, encens, argent, etc.

Les tableaux indicatifs de tous les signes employés dans les deux langues pour la peinture de chaque voyelle et de chaque consonne, m'avaient d'abord paru suffisants pour établir mon système de lecture ; mais en considérant qu'il y a des lettres et des combinaisons de lettres qui servent à représenter différents sons, j'ai reconnu la nécessité d'en former un tableau particulier, où j'ai exposé dans l'ordre alphabétique, et sous le titre d'homographes, ces sortes de signes, en tâchant de réunir toutes les règles sur les différents cas où ils se prononcent de telle ou telle manière, et toutes les exceptions auxquelles ces règles sont soumises. On y verra, par exemple, que la lettre e, outre sa valeur primitive, a cinq autres valeurs différentes, savoir, celle de a dans hennir, è dans chef, ê dans guerre, é dans effort, an dans enivrer et que de plus elle est muette dans il tombe, etc., etc.

La valeur des sons n'ayant pu être déterminée que d'une manière absolue dans les tableaux dont il vient d'être question, il fallait encore considérer les voyelles d'après leur valeur relative, c'est-à-dire celle qui dépend de leur durée respective ; en conséquence, j'ai cru devoir terminer cette première partie en rappelant les règles déjà établies sur la quantité prosodique.

La seconde partie, intitulée de l'Euphonie, a d'abord pour objet les procédés au moyens desquels on parvient aisément à vaincre toutes les difficultés que peut offrir aux Allemands la vraie prononciation de certaines consonnes françaises, que beaucoup de personnes ont l'habitude de confondre, soit en parlant, soit en écrivant (*). Cette similitude de sons entre des élémens aussi différents, donne souvent lieu à l'emploi d'un mot pour un autre. On entend, par exemple, prononcer **poisson** *pour* poison *ou pour* boisson ; tartre *pour* dartre ; embrasser *pour* embraser ; chapon *pour* Japon ; russe *pour* **ruse**, écorcher *pour* égorger, etc., et réciproquement. En donnant la liste de ces prétendus homonymes, avec leur signification allemande, j'ai cru encore mieux faire sentir la nécessité de bien distinguer les consonnes dont il s'agit.

Cette seconde partie se termine par les règles relatives à la liaison des lettres finales qui ont une influence sur les mots dont elles sont suivies.

Les principes dont je viens de faire l'analyse, et les exercices à donner sur chacun d'eux, pouvant être considérés, ceux-là comme devant former le manuel de l'instituteur, et ceux-ci le manuel de l'elève, j'ai cru devoir les séparer entièrement, afin de ne pas interrompre la marche que j'avais à suivre dans l'exposition des premiers, et l'ordre dans lequel les seconds doivent naturellement se succéder.

L'usage de ces exercices suppose, de la part du maître, la connaissance parfaite du principe auquel chaque leçon a rapport. On saura, par exemple, que dans les élémens primitifs, les noms imitatifs des vocales et des consonnantes

---

(*) Il y en a aussi qui confondent quelques voyelles, et qui prononcent, par exemple, *pur* au lieu de *pour*, *cour* au lieu de *cure*; *dé* pour *deux*, *feu* pour *fée*. Mais il est aisé de rendre sensible aux élèves la vraie manière de les prononcer, en leur montrant comment les lèvres s'allongent ou se rétrécissent pour former chacun de ses sons.

sont les seuls qui puissent convenir à cette méthode. Ainsi, au lieu d'appeler é-u la vocale française eu, et o-é la vocale allemande ö, qui lui correspond, on donnera à chacune d'elles la dénomination qu'elle reçoit dans les mots jeu, feu, etc., en la prononçant d'une seule émission de voix. On donnera de même le nom de che à la consonnante française ch et à la correspondante allemande ſch, et non les dénominations alphabétiques de sé-ache et de èsse-tsé-ha.

L'application d'un semblable procédé à l'égard de tous les élémens primitifs dont le nom imitatif diffère du nom alphabétique, ne laisse aucun doute sur le choix de la méthode à suivre pour épeler, si toutefois ce que j'ai dit à ce sujet dans le chapitre IV, pages 74 et suivantes, ne suffit pas pour démontrer l'inutilité de l'épellation.

Dans les exercices sur les élémens primitifs, je présente, sous un même coup-d'œil, les caractères de l'une et de l'autre langue qui servent à exprimer le même son. En faisant connaître de cette manière leur identité, j'avais non-seulement pour but l'avantage incontestable qui en résulte à l'égard des commençans et même des personnes qui, sachant lire dans une des deux langues seulement, désirent s'exercer dans la lecture de l'autre; mais encore de ramener la bonne prononciation parmi les nationaux qui se seraient écartés de celle de leur propre langue. Ainsi, les Allemands qui connaissent déjà la valeur des signes français, et qui prononcent, par exemple, ö comme é fermé, et ü comme i, sauront au contraire que ö est identique de eu, et que ü est identique de u.

De même, les Français qui disent, par exemple, trava-ier pour travailler, voyant que la *valeur de ill ou de l mouillé, est absolument la même que celle des lettres allemandes lj ou des lettres françaises lï, sauront qu'il faut prononcer ce mot comme s'il était écrit traval-ier en donnant à la consonnante ï le même son qu'elle reçoit dans le mot a-ïeul.*

A l'égard des leçons sur les mots où il entre des élémens substitutifs ou des homographes, on remarquera que ceux-ci se présentent d'abord sous des caractères particuliers, mais que les mêmes mots se reproduisent sans cette distinction dans l'exercice suivant. On fera observer à l'élève que les différentes combinaisons dont se forment ces sortes de signes, ont la même valeur que l'élément primitif auquel ils correspondent, et qui se trouve placé en tête du premier exercice de chaque leçon. Il saura, par ce moyen, qu'il doit prononcer, par exemple, broc, ga-lop, oi-gnon, Goth, comme s'ils étaient écrits bro, ga-lo, o-gnon, Go, puisque les combinaisons oc, op, oi, oth, sont ici des substitutives de o. Mais cette différence de caractère, ainsi que la division en syllabe n'existant plus dans le second exercice que je donne sur les mêmes mots, il est nécessaire, avant de passer à celui-ci, de bien connaître le premier.

Ce nouvel exercice peut aussi être considéré comme le dictionnaire français - allemand ou allemand - français de tous les mots dont se compose la leçon. J'ai cru devoir lui donner cette forme, afin que le lecteur déjà instruit dans sa propre langue, soit à même d'apprendre non-seulement la prononciation, mais encore la signification des mots de la langue qui lui est étrangère.

Principes

PRINCIPES GÉNÉRAUX

DE LECTURE,

APPLIQUÉS SIMULTANÉMENT

A LA LANGUE FRANÇAISE et A L'ALLEMANDE;

ou

Méthode pour apprendre à lire en même temps dans les deux langues, et pour se perfectionner dans la prononciation de l'une et de l'autre.

PREMIÈRE PARTIE.

Des Élémens de la Parole et de la Lecture.

CHAPITRE I.er

Des Voyelles et des Lettres vocales.

J'APPELLE *voyelles* tous les sons inarticulés de la voix, considérés comme élémens de la parole, abstraction faite des caractères sous lesquels on les représente, et *lettres vocales*, ou simplement *vocales*, les signes que l'on emploie dans l'écriture pour exprimer les voyelles.

2

Les vocales sont *simples* ou *multiples*, suivant qu'elles représentent des 'voyelles de l'une ou de l'autre de ces deux espèces (1). Par exemple, dans les mots *papa*, *feu*, *bon*, les élémens *a*, *eu*, *on*, sont des vocales simples, quel que soit le nombre des lettres dont elles sont formées; et dans les mots *fiacre*, *lieu*, *étui*, les élémens *ia*, *ieu*, *ui*, sont des vocales multiples.

La langue française et l'allemande ont dix voyelles simples communes, que l'on représente par les signes primitifs suivants:

VOCALES

Françaises : a, ê, è, é, i, o, e, eu, ou, u.

Allemandes : a, å, è, é, i, o, ĕ, ö, u, ü. (2)

Les voyelles françaises représentées par *a*, *o*, *eu*, ont deux valeurs orales, l'une *grave*, que l'on exprime au moyen d'un accent circonflèxe placé sur la vocale primitive, comme dans *pâte* (farine détrempée et pétrie), *côte* (os plat et courbé), *jeûne* (abstinence); et l'autre aiguë, comme dans *patte* (pied d'animal), *cotte* (d'armes), *jeune* (d'âge).

---

(1) La voyelle multiple, que l'on nomme aussi diphthongue, est un élément qui, par une même émission de voix, fait entendre deux sons différents, dont le premier se perd dans le second.

(2) Dans les exercices sur les élémens primitifs, j'ai indiqué, comme ci-dessus, la valeur des vocales françaises *è*, *é*, *e*, par les lettres allemandes è, é, ĕ : l'accent grave (`) fait connaître que le e est ouvert, ou qu'il se prononce comme dans la première syllable de Becher; l'accent aigu (´) annonce que le e est fermé, ou qu'il se prononce comme dans ewig; le signe (˘) rend le e très-bref, et lui donne le même son qu'il reçoit dans les mots Gottes, Rose, etc. Mais l'orthographe allemande n'admettant aucun de ces signes, ceux-ci disparaissent dans les exercices, à mesure que les règles déterminent les cas auxquels s'applique l'une ou l'autre de ces trois manières de prononcer la lettre dont il s'agit.

La langue française a de plus que l'allemande, quatre voyelles simples représentées par *an*, *ein*, *on*, *eun*, et qui expriment le son nasal de *a*, *é*, *o*, *eu*.

La voyelle multiple que l'on représente par *oui*, *ui*, est la seule qui soit commune aux deux langues. Toutes les autres peuvent néanmoins se figurer dans l'une et dans l'autre langue, à l'exception des nasales, qui n'existent pas en allemand.

Les diphthongues françaises se représentent au moyen des signes primitifs suivants :

ia, iê, iè, ié, ieu, io, oa, oua, ouè, oui,

ia, iå, iè, ié, iò, io, oa, uà, ue, ui,

uè, ué, ui, ian, ien, ion, ouan, ouin, uin.

ůe, ůé, iů, » » » » » »

Les signes primitifs servant à représenter les diphthongues allemandes, sont :

ai, au, åu, ei, eu, oi, ui.

aï, aou, êü, éï, eü, oï, oui.

Chaque vocale, outre la forme primitive sous laquelle on vient de l'exposer, est susceptible d'autres formes dépendantes des règles de l'orthographe, et que j'appellerai *substitutives*. Par exemple, dans les mots *tabac*, *drap*, *débat*, les lettres *ac*, *ap*, *at*, ayant été substituées à la vocale primitive *a*, forment, dans ces mots, des vocales *substitutives*.

Tableau des Vocales simples de la Langue française.

CLASSES.	PRIMITIVES.		SUBSTITUTIVES.		Numéros des règles à consulter dans le tableau des homographes
	Caractères	Exemples.	Caractères.	Exemples.	
a oral grave	â	pâte	a	un petit *a*	1
			acs	tabacs	8
			achs	almanachs	7
			aps	draps	52
			as	gras	61
			ât	appât	65
			ats	débats	66
			eâ	nous jugeâmes	107
			eas	tu songeas	114
			eât	qu'il changeât.	116
a oral aigu	a	papa	à	déjà	3
			ac	tabac	4
			ach	almanach	6
			ag	Magdeleine	10
			ah	ah!	11
			am	damner	31
			an	anneau	35
			ao	faonner	24
			ap	drap	50
			at	débat	64
			e	hennir	100 et 154
			ea	il jugea	106
			eat	abigeat	115
			em	solemnel	145
			ua	il distingua	473
			aen	Caen	9
			am	dam	32
			amp	champ	33

CLASSES.	VOCALES				Numéros des règles à consulter dans le tableau des homographes
	PRIMITIVES.		SUBSTITUTIVES.		
	Caractères	Exemples.	Caractères.	Exemples.	
a nasal	an	ruban	anc	blanc	36
			and	grand	38
			ands	je répands	40
			ang	étang	41
			ans	Orléans	42
			ant	avant	43
			aon	Laon	47
			e	enivrer	104
			ean	Jean	112
			eant	mangeant	113
			em	embarras	146
			emp	exempter	147
			emps	temps	149
			empt	exempt	150
			ems	tems	151
			en	sentence	155
			end	révérend	156
			ends	je rends	158
			eng	hareng	159
			ens	encens	161
			ent	argent	163
			ai	haine	14
			aî	maître	16
			aids	laids	18
			aie	plaie	19
			aient	ils avaient	20
			aies	que tu aies	21
			aît	il paraît	16
			ais	jamais	27
			aix	paix	29
			e	tonnerre	103
			eais	je songeais	110

CLASSES.	VOCALES				Numéros des règles à consulter dans le tableau des homographes
	PRIMITIVES.		SUBSTITUTIVES.		
	Caractères	Exemples.	Caractères.	Exemples.	
ê oral grave	ê	tête	ecs	échecs	121
			ects	aspects	125
			egs	legs	133
			ei	reine	135
			es	les, mes	185
			ès	après	192
			est	il est	194
			êt	forêt	198
			ets	effets	199
			oî	paroître	345
			oie	monnoie	348
			oient	ils avoient	351
			ois	harnois	358
			oît	il paroît	345
è oral aigu	è	modèle	ai	déblai	15
			aid	laid	17
			ait	bienfait	28
			e	agreste	101
			eai	geai	108
			eait	il logeait	111
			ef	chef-d'œuvre	130
			ect	aspect	122
			ei	peine	136
			ep	septième	171
			ept	sept francs	173
			es	mesdames	189
			et	effet	197
			ey	Bey	220
			oi	foible	341
			oit	il étoit	360

CLASSES.	PRIMITIVES.		SUBSTITUTIVES.		Numéros des règles à consulter dans le tableau des homographes
	Caractères	Exemples.	Caractères.	Exemples.	
			aim	faim	22
			ain	pain	23
			ainc	il vainc	24
			aincs	je vaincs	25
			aint	craint	26
			ein	Rheims	137
			eing	seing	138
			eins	je peins	139
			eint	il peint	140
é nasal	ein	frein	en	Européen	153
			im	imbu	284
			in	divin	286
			inct	instinct	288
			ing	vingtième	289
			ingt	vingt francs	290
			inq	cinq mètres	292
			ins	je vins	294
			int	il tint	295
			uin	guinder	492
			ym	thym	526
			yn	syntaxe	527
			a	payer	2
			ai	je ferai	13
			e	effort	102
			eai	je songeai	109
			ec	bécjaune	119
			ed	bled	126
			ée	année	128
			éent	ils agréent	129
é fermé	é	bonté	ef	clef	131
			eh	eh!	134
			el	Belfort	141

CLASSES.	VOCALES				Numéros des règles à consulter dans le tableau des homographes
	PRIMITIVES.		SUBSTITUTIVES.		
	Caractères.	Exemples.	Caractères.	Exemples.	
			er	parler	176
			ers	Angers	183
			es	message	188
			et	et	196
			ez	assez	222
			oe	Oedipe	329
			ué	guérir	483
			ee	spleen	127
			ï	haïr	239
			ict	amict	250
			id	nid	252
			ie	comédie	255
			ient	ils prient	264
			ies	tu étudies	268
			if	baillif	275
i	i	fini	il	baril	277
			ils	fils	281
			is	avis	302
			ist	Jésus-Christ	303
			it	crédit	306
			ix	crucifix	307
			iz	riz	311
			ui	vuider	486
			y	abyme	523
			ys	pays	528
			ao	aoriste	45
			au	autel	67
			aud	chaud	68
			aul	aulne	70
			auld	Arnauld	71
			ault	Quinault	72

CLASSES.	VOCALES				Numéros des règles à consulter dans le tableau des homographes
	PRIMITIVES.		SUBSTITUTIVES.		
	Caractères	Exemples.	Caractères.	Exemples.	
o oral grave	ô	côte	aulx	faulx	73
			aut	défaut	72
			aux	taux	74
			eau	cadeau	117
			eaux	Meaux	118
			eô	geôlier	166
			os	nos, repos	392
			ôt	dépôt	395
o oral aigu	o	cotte	eo	George	165
			oc	accroc	325
			oh	oh !	340
			oi	oignon	342
			om	commode	367
			on	connaître	374
			op	galop	384
			oq	coq-d'inde	386
			ot	cachot	394
			oth	goth	396
			u	opium.	500
o nasal	on	bon	aon	taon	46
			eon	pigeon	169
			eons	changeons	170
			om	bombe	368
			omb	plomb	369
			omp	compte	370
			omps	je romps	371
			ompt	prompt	372
			onc	jonc	376
			ond	rond	377
			ong	long	379
			ons	partons	381

CLASSES.	PRIMITIVES.		SUBSTITUTIVES.		Numéros des règles à consulter dans le tableau des homographes
	Caractères	Exemples.	Caractères.	Exemples.	
			ont	affront	382
			um	umble	499
			un	Dunkerque	502
eu oral grave	eû	jeûne	eufs	ouvrages neufs	207
			eu	heure	202
			eurs	messieurs	210
			eus	bleus	212
			eux	deux	217
			œufs	des bœufs	337
			œux	vœux	339
eu oral aigu	eu	feu	euf	neuf mètres	204
			eur	monsieur	208
			eut	il peut	214
			ew	Newton	218
			œ	œillet	328
			œu	vœu	333
			œud	nœud	334
			œuf	bœuf gras	335
			ue	cercueil	476
eu oral bref	e	je, me	ai	je faisais	12
			es	dessus	190
eu muet	e	il tombe	es	tu tombes	105 et 186
			ent	ils tombent	105 et 162
			ue	bague	480

CLASSES.	VOCALES				Numéros des règles à consulter dans le tableau des homographes
	PRIMITIVES.		SUBSTITUTIVES.		
	Caractères.	Exemples.	Caractères.	Exemples.	
eu nasal	eun	à jeun	um	parfum	498
			un	chacun	501
			unt	défunt	503
ou	ou	fou	aoul	saoul	48
			août	août	49
			ol	licol	364
			oubs	Doubs	403
			oud	Saint-Cloud	404
			ouds	je couds	406
			oue	roue	409
			ouil	verrouil	416
			oûl	soûl	419
			ouls	pouls	420
			oup	beaucoup	422
			ous	nous	423
			out	bout	425
			wh	Whiski	514
u	u	vertu	eu	j'ai eu	201
			eû	nous eûmes	203
			eus	tu eus	213
			eut	il eut	215
			eût	qu'il eût	216
			ud	nud	474
			ue	bévue	477
			uë	ciguë	478
			ul	cul	496
			us	abus	505
			ut	début	507
			ux	flux	510

§. II.

TABLEAU des Vocales multiples de la Langue française.

| VOCALES MULTIPLES | | | | Numéros des régles à consulter dans le tableau des homographes. |
| PRIMITIVES. | | SUBSTITUTIVES. | | |
Caractères	Exemples.	Caractères.	Exemples.	
ia	fiacre	. . . .	. . . .	241
iê	. . . .	iais	biais	242
iè	pièce	ie	ils viennent	254 et 256
ié	piéton	ié	. . . .	257
		ie	vieillard	253
		ied	pied	126
		iéent	ils siéent	129
		ier	premier	267
		iers	volontiers	183
		iez	vous aviez	274
ieu	lieu	ieu	. . . .	269
		ieue	banlieue	270
		ieur	monsieur	271
		ieurs	messieurs	272
		ieux	vieux	273
		yeux	les yeux	524
iô	. . . .	iau	miauler	245
		iaux	bestiaux	246
io	fiole	iot	idiot	296 et 299
ian	viande	ian	. . . .	243
		iant	mendiant	244
		ien	fiente	260
		ient	patient	265

| VOCALES MULTIPLES | | | | Numéros des règles à consulter dans le tableau des homographes. |
| PRIMITIVES. | | SUBSTITUTIVES. | | |
Caractères	Exemples.	Caractères.	Exemples.	
ien	bien	ien	. . . . .	261
		iens	je tiens	262
		ient	il vient	263
ion	pion	ions	nous étions	297 et 298
oa	joaillier	. . .	. . . . .	324
ouâ	. . . .	eois	villageois	168
		oe	moelle	327
		oê	poêle	330
		oî	croître	344
		oids	poids	347
		oie	joie	349
		oient	ils voient	350
		oigt	doigt	353
		ois	bois	359
		oix	noix	363
		oyes	Troyes	427
oua	gouache	oua	. . . . .	397
		eoi	bourgeoisie	167
		o	noyer	323
		oi	moi	343
		oid	froid	346
		oig	doigter	352
		oit	droit	361
		ouah	pouah	398
		oue	couenne	407
		oy	Fontenoy	426
		ua	équation	433 et 472

| VOCALES MULTIPLES | | | | Numéros des règles à consulter dans le tableau des homographes. |
| PRIMITIVES. | | SUBSTITUTIVES. | | |
Caractéres	Exemples.	Caractéres.	Exemples.	
ouè	. . . .	oue	fouetter	408
		ouet	fouet	413
oui	oui	ouis	bouis	415 et 417
ouan	cordouan	ouen	Rouen	401 et 411
ouin	babouin	oin	besoin	354
		oing	poing	355
		oins	moins	356
		oint	point	357
uè	. . . .	ue	écuelle	479 et 481
ué	liquéfaction	. . .	. . . . .	482
ui	étui	ui	. . . . . .	485
		u	appuyer	470
		uid	muid	487
		uie	pluie	488
		uient	ils fuient	489
		uies	tu essuies	490
		uis	buis	493
		uit	bruit	494
		uits	puits	495
		uye	que je fuye	511
		uyes	tu essuyes	512
		uyent	ils fuyent	513
uin	juin	. . .	. . . . . .	491

CHAPÍTRE II.

Des Consonnes et des Lettres consonnantes.

J'appelle *consonnes* tous les sons articulés de la voix, abstraction faite des signes qui ont été inventés pour les exprimer par écrit, et *lettres consonnantes* ou simplement *consonnantes*, les caractères représentatifs de ces sons.

Les consonnantes sont *simples* ou *multiples*, selon qu'elles représentent des consonnes de l'une ou de l'autre de ces deux espèces. Par exemple, dans les mots *bon*, *Job*, *chat*, *hache*, les signes *b* et *ch* sont des consonnantes simples, quel que soit le nombre des lettres dont elles se composent; et, dans les mots *bleu*, *près*, *splendeur*, les signes *bl*, *pr*, *spl*, sont des consonnantes multiples.

Il y a dix-neuf consonnes simples, dont dix-sept sont communes aux deux langues; on les représente par les signes primitifs suivants:

CONSONNANTES

Françaises : m, b, p, v, f, l, r, n, d, t,
Allemandes : m, b, p, w, f, l, r, n, d, t,

z, s, j,   ch, ï, g, k, h, «   (2)
f, ß, „ (1) fch, j, g, t, h, ch.

Les consonnes multiples communes aux deux langues, se représentent par les signes primitifs suivants :

bl, br, pl, pr, ps, pt, pn, vr, fl, fr, ft, dr,
bl, br, pl, pr, ps, pt, pn, wr, fl, fr, ft, dr,

---

(1) Le *j*, dont la prononciation est étrangère à la langue allemande, représente une articulation moins forte que le *ch*, et équivaut par conséquent à un fch mol, que j'indiquerai dans les exercices avec un point placé au-dessous (fch).

(2) La consonnante allemande ch, ne pouvant se figurer par des caractères français, il est nécessaire de l'entendre prononcer pour en connaître la valeur.

tr, sb, sk, skr, sl, sm, sp, spl, st, str, sv, sf,
tr, ſb, ſk, ſkr, ſl, ſm, ſp, ſpl, ſt, ſtr, ſw, ſf,

gl, gn (1), gr, kl, kr, ks.
gl, gn, gr, kl, kr, ks.

La langue française a trois consonnes multiples qui lui sont particulières, et qui peuvent néanmoins se représenter exactement en lettres allemandes; ce sont le *l* mouillé, le *n* mouillé et le *x* mol, dont les signes primitifs sont:

ill, gn, gz.
lj, nj, gſ.

Les consonnes multiples particulières à la langue allemande, et dont la peinture exacte peut néanmoins avoir lieu dans l'autre langue, au moyen des lettres françaises correspondantes, sont représentées par les signes primitifs suivants:

pf, ts, ſchk, ſchl, ſchm, ſchn, ſchp, ſchr, ſcht,
pf, ts, chk, chl, chm, chn, chp, chr, cht,

ſchw, pfl, pfr, ſgr, ſpr, ſts, ſchpr, ſchtr.
chv, pfl, pfr, sgr, spr, sts, chpr, chtr.

La langue allemande a en outre deux consonnes multiples dont on ne peut indiquer la prononciation par aucune lettre française; elles se représentent par ng et nk, et forment une articulation nasale avec la voyelle dont elles sont toujours précédées, comme dans les mots Rang, ſtreng, links.

La plupart des consonnantes, outre leur forme primitive, sont, comme les vocales, soumises aux formes substitutives dépendantes des règles de l'orthographe.

---

(1) Les lettres *gn*, ayant deux valeurs différentes, savoir, celle de *n* mouillé dans *ignorer, gagner*, etc., et celle de *ghn* dans *gnome, agnat*, etc., j'ai indiqué cette dernière prononciation par un point placé sous la consonnante.

TABLEAU

§. III.

TABLEAU des Consonnantes simples de la Langue française.

CONSONNANTES						Numéros des règles à consulter dans le tableau des homographes
PRIMITIVES.				SUBSTITUTIVES.		
Caractères	NOMS		Exemples.	Caractères	Exemples.	
	Alphabétiques.	Imitatifs.				
m	ème	me	mener	mm	commode	320
b	bé	be	besoin	bb	abbé	78
p	pé	pe	pesant	pp	apprendre	431
				b	absent	76
v	vé	ve	venir	w	Westphalie	515
				f	neuf années	223
f	èfe	fe	fenêtre	ff	effet	225
				ph	phosphore	428
l	èle	le	lever	ll	aller, distiller	314 et 317
				lp	sculpter	318
r	ère	re	remède	rc	clerc	436
				rd	Bernard	438
				rds	je perds	439
				rf	nerf de bœuf	441
				rfs	cerfs	442
				rg	faubourg	444
				rn	Béarn	445
				rps	corps	446
				rr	arriver	448
				rs	concours	450
				rt	court	451
n	ène	ne	neveu	gn	signet	232
				nn	anneau	322

CONSONNANTES						Numeros des règles à consulter dans le tableau des homographes
PRIMITIVES.				SUBSTITUTIVES.		
Caractères	NOMS		Exemples.	Caractères	Exemples	
	Alphabetiques.	Imitatifs.				
d	dé	de	demain	z	mezzo	·530
t	té	te	tenir	d	vend - il	98
				dt	Kronstadt	99
				tt	attaquer	468
				tr	quatre sous	465
z	zède	ze	zeugme	s	baser	452
				x(*)	deux ans	518
s	èsse	se	semer	sc	sceptre	456
				ss	assassin	461
				sth	asthme	462
				c (*)	Cicéron	80
				ç	leçon	83
				t	action	463
				tz	Metz	469
				x	soixante	519
j	ji	je	jeter	g	juger	226
				ge	gageure	229
ch	sé-ache	che	chemin	c	vermicelle	81
				sch	schall	457
				sh	shérif	459

(*) Dans la 5.ᵉ colonne de ce tableau, on remarque quatre lettres qui, n'ayant d'autre son que celui qu'elles empruntent des consonnantes primitives, ne font point partie de ces dernières : ce sont *c*, *q*, *x et y*, dont la première a pour nom alphabétique *sé*, la seconde *ku*, la troisième *iks*, et la quatrième *i-grec*.

CONSONNANTES						Numéros des règles à consulter dans le tableau des homographes
PRIMITIVES.				SUBSTITUTIVES.		
Caractères	NOMS		Exemples.	Caractères	Exemples.	
	Alphabétiques.	Imitatifs.				
ï	i-tréma	ïeŭ	a-ïeul	y (*)	Mayence	240 et 521
g	jé	gue	guenon	g	. . . .	228
				gg	aggraver	230
				gu	guider	236
				c	second	82
k	ka	ke	kevel	c	canon	79
				cc	accorder	86
				ch	chœur	89
				cht	Utrecht	92
				ck	Danemarck	94
				cqu	acquérir	95
				ct	district	97 et 123
				g	sang et eau	227
				q (*)	coq	432
				qu	quaire	435
				x	exciter	517
h	ache	he	heurter	. .	. . . . .	238

§. IV.

TABLEAU des Consonnantes multiples de la Langue française.

bl	bé-èle	ble	bleu			
br	bé-ère	bre	Breton			
pl	pé-èle	ple	pleurer			
pr	pé-ère	pre	preneur			
ps	pé-èsse	pse	pseudony-me			

| Caractères | NOMS | | Exemples. | Caractères | Exemples. | Numéros des règles à consulter dans le tableau des homographes |
	Alphabétiques.	Imitatifs.				
			CONSONNANTES			
		PRIMITIVES.		**SUBSTITUTIVES.**		
pt	pé-té	pte	ptérophore			
pn	pé-ène	pne	pneumati-que			
vr	vé-ère	vre	vreder			
fl	èfe-èle	fle	fleur			
fr	èfe-ère	fre	fredaine			
ft	èfe-té	fte		pht	phtisie	429
dr	dé-ère	dre	drelin			
tr	té-ère	tre	treuil			
sb	èsse-bé	sbe	sbire			
sk	èsse-ka	ske		sc	scandale	454
skr	èsse-ka-ère	skre		scr	scrupule	458
sl	èsse-èle	sle	sloop			
sm	èsse-ème	sme	smille			
sp	èsse-pé	spe	spelonque			
spl	èsse-pé-èle	sple	splendeur			
st	èsse-té	ste	statue			
str	èsse-té-ère	stre	strophe			
sv	èsse-vé	sve	svelte			
sf	èsse-èfe	sfe		sph	sphère	460
gl	jé-èle	gle	gloire			
gn	jé-ène	ghne	gnome			233
gn	jé-ène	nïeu	épargnera			234
gr	jé-ère	gre	grelot			
gz	jé-zède	gze		x	examiner	516
kl	ka-èle	kle		cl	clameur	93
				ccl	acclamation	87
				chl	Chloris	90

CONSONNANTES				SUBSTITUTIVES.		Numéros des règles à consulter dans le tableau des homograpʰes
PRIMITIVES.						
Caractères	NOMS		Exemples.	Caractères	Exemples.	
	Alphabétiques.	Imitatifs.				
kr	ka-ère	kre	. . . . . .	cr ccr chr	créateur accrocher chrétien	96 88 91
ks	ka-èsse	kse	. . . . .	x	axe	520
ill	i-èle-èle	lïeu	travaillera	il l ll	travail babil billet	278 312 315

CHAPITRE III.

DES HOMOGRAPHES.

On appelle *homographes* les élémens qui, sous une seule et même forme, servent à représenter différents sons, ou en expriment d'autres que ceux que paraît offrir la combinaison des lettres dont ils sont formés. Par exemple, *en* se prononçant *ène* dans *hymen*, *an* dans *entier* et *ein* dans *Euro-péen*, est un homographe de *ène*, *an* et *ein* De même, la combinaison *aü*, qui paraît devoir se prononcer *a-ü*, n'ayant d'autre valeur que celle de *ó*, est aussi un homographe de cette dernière lettre.

§ V.

TABLEAU ALPHABÉTIQUE des Homographes de la Langue française, contenant les règles sur les différentes manières de les prononcer, et toutes les exceptions auxquelles ces règles sont soumises.

Numéros d'ordre des règles.	Homographes.	Prononcez.	
1	a	â	1.° Lorsqu'il s'agit de la première lettre de l'alphabet : *un petit a, il ne sait ni a ni b,* etc. ; 2.° dans les mots terminés en *abre, afle, are, arre, ase, ave* et *avre,* tels que *sabre, rafle, il égare, bizarre, emphase, grave, havre,* etc. ; 3.° dans les mots terminés en *aille, ailler* et *aillon,* tels que *caille, qu'il bataille, qu'il vaille, qu'il travaille, railler, haillon,* etc., excepté *bataillon, médaille, médaillier, médaillon* et les verbes *batailler, détailler, émailler* et *travailler* dans tout autre temps qu'au présent du subjonctif ; 4.° dans la syllabe pénultième des mots suivants : Accable (il), acre (piquant), agnus, albane, amasse (il), ame, anus, apre, arabe, astrolabe. Basse, bardane, Bracmane. Cadre, casse, casse (il), chasse (d'un saint), chassis, classe, compasse (il), concasse (il). Damne (il), diable, Diane, diaphane, dictame, douane. Echasse, ensable (il), entasse (il), escadre, espace. Fable, flamme. Gagner (dans tous ses temps), grace, grasse. Hourvari. Impasse, infame, Jacques.

Numéros d'ordre des règles.	Homographes.	Prononcez.	
2	a	é	Lace (il) (et ses composés), lasse. Madré, manne, marri, masse (terme de jeu), miracle. Nasse. Obstacle. Passe, passe (il), pinacle. Rable. Sable, sasse (il), savantasse. Tasse. Et dans la terminaison féminine de leurs composés, tels que *condamne*, *disgrace*, excepté *j'enflamme*, où l'a est aigu. Dans les mots où il est suivi d'un *y*, tels que *abbaye*, *payer*, *balayer*, etc., excepté *Bayeux*, *Bayon*, *Bayonne*, *Biscaye*, *biscayen*, *Cayenne*, *Mayence* et *Mayenne*, que l'on prononce *Ba-ïeu*, *Ba-ïon*, *Ba-ïonne*, *Bis-ca-ïe*, *bis-ca-ïen*, *Ma-ïance*, *Ma-ïenne*. Nota. L'on prononce et l'on écrit actuellement *a-ïeul*, *a-ïeux* et *pa-ïen*, au lieu de *ayeul*, *ayeux*, *payen*. L'a conserve la prononciation qui lui est propre, dans tous les cas auxquels ne s'appliquent pas les deux règles qui viennent d'être établies.
3	à	a	Dans la préposition *à* et quelques adverbes : *aller à Paris*, *déjà*, *voilà*, etc.
4	ac	a	Dans *almanac*, *estomac* et *tabac*.
5	ac	ak	— *dactyle*, *faction*, *bac*, *cornac tric-trac*, etc.
6	ach	a	Dans *almanach*, que l'on écrit aussi *almanac*.
7	achs	â	Dans *almanachs*.
8	acs	â	— *almanacs*, *estomacs* et *tabacs*.

Numéros d'ordre des règles.	Homographes.	Prononcez.	
9	aen	an	— *Caen*, nom d'une ville de France.
10	ag	a	— *Magdeleine* et *magdelonnettes*, que l'on écrit aussi *Madeleine*, *madelonnettes*.
11	ah	a	Dans l'interjection *ah !*
12	ai	e	Dans le verbe *faire* et ses composés ou dérivés, mais seulement lorsque les lettres *ai* sont suivies d'un *s : je faisais, nous faisions, satisfaisant, bienfaisance*, etc.
13	ai	é	1.° Dans les syllabes initiales et devant une des lettres *g*, *l*, *m*, *n*, *r*, lorsque celles-ci ne sont pas suivies d'un *e* muet: *aigu, ailé, aimant, aîné, airain*, etc.; 2.° dans la dernière syllabe des verbes : *j'ai, je parlai, je finirai*, etc.; 3.° dans le mot *quai*.
14	ai	ê	Dans *haine, maigre* et leurs dérivés, et dans tous les mots terminés en *aire : chaire*, il *éclaire, paire*, etc.
15	ai	è	Dans tous les mots auxquels ne s'appliquent pas les trois dernières règles, tels que *balai, déblai, aigre, vinaigre, fontaine, faible*, etc.
16 {	aî / aît	ê	Dans *chaîne, chaînon, gaîne, je traîne, naître, connaître, paraître, il connaît, il paraît*, etc.
17	aid	è	Dans *laid*.
18	aids	ê	— *laids*.
19	aie	é	— *claie, monnaie, plaie, haie*, etc.
20	aient	ê	— *ils avaient, ils seraient, ils lisaient, ils feraient*, etc.
21	aies	ê	Dans *que tu aies, monnaies*, etc.
22	aim	ein	— *daim, étaim, essaim* et *faim*.
23	ain	ein	— *bain, demain, écrivain, grain*, etc.
24	ainc	ein	— *il vainc* et *il convainc*.
25	aincs	ein	— *je* ou *tu vaincs, convaincs*.
26	aint	ein	— *maint, saint, il craint*, etc.

Numéros d'ordre des règles.	Homographies.	Prononcez.	
27	ais	ê	Dans *maïs, jamais, épais, j'étais, tu avais, balais, déblais,* etc.
28	ait	è	Dans *bienfait, lait, il aimait, il ferait,* etc.
29	aix	ê	Dans *paix, faix* et les composés de ce dernier.
30	am	ame	1.° Dans *Abraham, Amsterdam, Priam, Ammon* et tous les autres noms propres, excepté *Adam* et *Samson,* que l'on prononce *Adan, Sanson;* 2.° devant la lettre *n,* comme dans *amnion, amnistie,* etc.
31	am	a	Dans *damner* et ses composés ou dérivés, ainsi que devant un *m* dans les mots où les deux *mm* ne se prononcent que comme un seul. (Voyez *mm* n.° 320).
32	am	an	Dans tous les mots auxquels ne s'appliquent pas les deux dernières règles, comme *Adam, dam, jambon, tambour,* etc.
33	amp	an	Dans *camp* et *champ.*
34	an	ane	Devant un *n* dans les mots *abannation, annal, annexe, annihiler, anniversaire, annoter, annuel, annuller, tyranniser* et leurs composés ou dérivés : prononcez *abanenation, anenal,* etc.
35	an	a	Devant un *n* dans tous les mots qui ne sont pas compris dans la dernière règle, et où les deux *nn* ne se prononcent que comme un seul, tels que *anneau, bannir, canne,* etc. (Voyez *nn* n.° 322). Dans tout autre cas, les lettres *an* conservent le son nasal qui leur est propre.
36	anc	an	Dans *banc, blanc, flanc* et *franc.*
37	anc	ank	Dans *Francfort,* du *blanc au noir, franc étourdi, à franc étrier, sanctuaire, sanction, sanctifier* et les dérivés des deux derniers.
38	and	an	Dans *brigand, chaland, grand* (suivi d'une consonne), *friand, gland,* etc.

Numéros d'ordre des régles	Homographes.	Prononcés.	
39	and	ante	Dans le mot *grand* suivi d'une vocale ou d'un *h* muet : *grand arbre*, *grand homme*, etc.
40	ands	an	Dans *je* ou *tu répands*.
41	ang	an	— *étang*, *orang-outang*, *rang*, *sang*, *sang-sue*.
42	ans	an	Dans *Orléans*, *céans*, *dans*, *sans*, etc.
43	ant	an	— *avant*, *abondant*, *enfant*, *cependant*, etc.
44	ao	a	Dans *faonner*, *Laonnais*, *paonne* et *paonneau*.
45	ao	ô	Dans *aoriste* et *Saône*.
46	aon	on	— *taon*.
47	aon	an	— *Laon* (nom d'une ville de France), *faon* et *paon*.
48	aoul	ou	Dans *saoul*, ivre, que l'on écrit actuellement *soûl*.
49	août	ou	Dans le mois d'*Août*; mais l'*a* se prononce dans *aoûté*.
50	ap	a	Dans *drap*, *sparadrap*, *baptême*, *baptiser* et les dérivés du dernier, excepté *baptismal* où le *p* se prononce.
51	ap	ape	Dans *apnée*, *baptismal*, *captif*, etc.
52	aps	â	— *draps* et *sparadraps*.
53	arc	ar	— *arc-boutant*, *arc-bouter*, *marc* (poids de huit onces), *au marc le franc*, *marc de raisins*, *de café*.
54	arc	ark	Dans *arc*, *Marc* (nom d'homme), *parc*, etc.
55	ard	ar	Dans *billard*, *dard*, *étendard*, *hasard*, *regard*, etc.
56	arn	ar	Dans *Béarn* (nom d'une province de France).
57	ars	arse	Dans *Mars*.
58	ars	ar	— *épars*, *jars*, *chars*, etc.

Numéros d'ordre des règles.	Homographes.	Prononcez.	
59	art	ar	Dans *art, départ, part, quart*, etc.
60	as	âsse	1.° Dans la syllabe finale des noms propres, tels que *Agésilas, Arras, Damas, Epaminondas*, etc, excepté ceux qui sont compris dans la règle suivante ; 2.° dans les mots tirés des langues étrangères, tels que *atlas, vasistas*, etc.; 3.° dans les mots *as* et *ambesas*, termes de jeu.
61	as	â	1.° Dans les noms propres *Judas, Lucas, Nicolas* et *Thomas;* 2.° dans la syllabe finale de tous les mots auxquels ne s'applique pas la dernière règle, tels que *appas, bras, cas, damas* (étoffe ou lame), *gras, repas*, etc.
62	as	asse	Dans les syllabes initiales ou médiales : *aspirer, bastion, désastre exaspérer*, etc.
63	at	ate	Dans *fat, fiat, médiat, immédiat, vivat, opiat* et *mat* (terme du jeu d'échecs), ainsi que dans les syllabes initiales ou médiales: *atlante, atmosphère*, etc.
64	at	a	Dans les mots auxquels ne s'applique pas la dernière règle, tels que *achat, débat, chat*, etc.
65	ât	â	Dans *appât, bât, dégât, mât, qu'il aimât, qu'il parlât*, etc.
66	ats	â	Dans *achats, candidats, magistrats, soldats*, etc.
67	au	ô	Dans, *aumône, causer, étau, gruau*, etc.
68	aud	ô	— *réchaud, lourdaud, échaffaud, grimaud*, etc.
69	aul	ole	Dans *Paul.*
70	aul	ô	— *aulne* (arbre), que l'on écrit aussi *aune.*
71	auld	ô	Dans *Arnauld* et d'autres noms propres de cette terminaison.

Numéro d'ordre des règles.	Homographie.	Prononcée.	
72	ault / aut	ô	Dans *Thibault, Perrault, Quinault* et d'autres noms propres ; *défaut, haut, saut*, etc.
73	aulx	ô	Dans *faulx* (instrument pour faucher), que l'on écrit actuellement *faux*.
74	aux	ô	Dans *chaux, faux, généraux, je vaux,* etc.
75	ax	aks	Dans *Ajax, borax, storax, syphax*, etc.
76	b	p	— les mots où il est suivi d'une consonnante dure, tels que *abcès, absence, obtenir, obscurcir*, etc.
77	bb	b-b	Dans *gibbar, gibbeux, gibbon* et *gibbosité*, que l'on prononce *gib-bar, gib-beux*, etc.
78	bb	b	Dans *Abbeville, abbé, rabbin, sabbat* et leurs dérivés, que l'on prononce *Abeville, abé, rabin*, etc.
79	c	k	Devant l'une des lettres *a, o, u*, comme dans *canon, cacographie, cuire*, etc., et dans les mots où il se prononce comme lettre finale, tels que *donc, bac, estoc, franc étourdi*, etc.
80	c	s	Devant l'une des lettres *e, i*, comme dans *cécité, Cicéron*, etc.
81	c	ch	Dans *vermicelle* et *violoncelle*.
82	c	g	— *second* et ses dérivés.
83	ç	s	— *glaçon, Alençon, façade, je plaçai, reçu*, etc.
84	cc	k-k	Dans *impeccable, impeccabilité, impeccance, occase, peccable, peccadille, peccant, peccata* et *peccavi*, que l'on prononce *impek-kable*, etc.
85	cc	ks	Devant un *e* ou un *i*, comme dans *accès, accessoire, occident*, etc. : prononcez *ak-sè*, etc.
86	cc	k	Dans tous les mots auxquels les deux

Numéros d'ordre des règles.	Homographe	Prononc.	
			dernières règles ne sont pas applicables, tels que *accolade*, *accomplir*, etc. : prononcez *a-kolade*, etc.
87	ccl	kl	Dans *acclamation*, *acclimater*, *ecclésiastique*, etc.
88	ccr	kr	Dans *accréditer*, *accrocher*, *accroire*, etc.
89	ch	k	1.° Devant une consonnante, ou à la fin d'une syllabe, comme dans *Abimélech*, *Achmet*, *Chloris*, *chrétien*, *ichneumon*, etc., excepté *Auch*, (nom d'une ville de France), que l'on prononce *ôche*; 2.° dans les mots qui commencent par *chal*, lorsqu'il suit une consonnante : *Chalcédoine*, *Chaldée*, etc.; 3.° dans les mots qui commencent par *chor* : *choraïque*, *choriste*, *chorus*, etc ; 4.° dans les noms propres hébreux et grecs, soit devant *a*, *o*, *u*, comme dans *Achab*, *Chanaan*, *Antiochus*, *Bacchus* (prononcez *Bak-kus*), *Nabuchodonosor*, *Jéchonias*, etc., soit devant *e*, *i*, lorsque *ch* est précédé d'une consonnante, comme dans *Archélaüs*, *Melchior*, *Melchisédech*, etc.; 5.° dans les noms propres italiens, tels que *Michel-Ange*, *Civita-Vecchia*, etc.; 6.° enfin dans les mots de la liste suivante :

Anachorète, archaïsme, archange, Archangel, archéologie, archétipe, archiépiscopal, archiépiscopat, architectonique, architectonographe, archonte.

Bacchanal, bacchanale, bacchante, bacchioniste, brachial, brachion, brachycataleptique, brachycère, brachygraphie, brachylogie.

Chaos, catéchumène, cheiroptères, ché-

Numéros d'ordre des règles.	Hoomgraphes.	Prononcez.	
			lidoine, Chersonèse, chersydre, chiliade, chiliarque, chiragre, chirographaire, chirologie, chiromancie, chœur, cholédographie, cholédoque, chondrille, chondrographie, chondroptérigien, conchyte, conchyle.
			Dichondre, dichorée, dichotomé.
			Écho, Eucharistie, Exarchat.
			Ichor.
			Monachisme.
			Orchestique, orchestre, orchis.
			Paschal, patriarchal, picrochole, psychagogie, psychologie.
			Rachialgie.
			Saccharoïde, saccholactique, saccholate.
			Trichismos.
			Et leurs composés ou dérivés.
90	chl	kl	Dans *chlore, Chloris, chlorose,* etc.
91	chr	kr	— *chrétien, chromatique, chronique,* etc.
92	cht	k	Dans *Yacht* et *Utrecht.*
93	cl	kl	— *clameur, clerc, clandestin,* etc.
94	ck	k	— *Danemarck, Sarrebruck, Osnabruck,* etc.
95	cqu	k	Dans *acquérir, acquitter, aequiescer, acquét,* etc.
96	cr	kr	Dans *créateur, crier, crime, craindre,* etc.
97	ct	k	Dans *district* et dans *aspect, circonspect, respect* et *suspect* suivis d'une vocale. (Voyez *ect,* n.º 123).
98	d	t	A la fin d'un mot, lorsque celui-ci se lie à un autre mot dont l'initiale est une vocale ou un *h* muet. Cette liaison a lieu 1.º entre un adjectif et son substantif, comme dans *grand homme, grand avantage,*

Numéros d'ordre des règles.	Homographes.	Prononcez.
99	dt	t
100	e	a
101	e	è

profond abyme, etc.; 2.º dans les verbes ainsi que dans le mot *quand* suivis de l'un des pronoms *il, elle, on;* exemples : *vend-il, coud-elle, quand on aime;* 3.º dans ces expressions, *de pied-en-cap, de fond-en-comble.* Dans tout autre cas, le *d* final reste muet.

Dans *Kronstadt, Darmstadt,* etc.

1.º Dans *indemnité, hennir,* ainsi que dans la première syllabe de *femme,* la seconde de *solemnel* et leurs dérivés; 2.º dans la pénultième des mots terminés en *emment,* tels que *ardemment, décemment, prudemment,* etc.

1.º Devant une consonnante simple qui se prononce, et qui termine une syllabe quelconque, comme dans *Horeb, bec, pectoral, Jared, chef, segment, fiel, Melpomène, Sichem, Nemrod, hymen, Alep, eptagone, mer, perte, contester, presque, escadre, esclave, cet,* etc.; devant la lettre *x,* lorsqu'elle a le son de *ks* comme dans les mots *Alexandre, exclamation, excommunié,* etc.; 3.º devant les consonnantes redoublées, excepté *cc* et *ff: reddition, ellébore, cruellement, Emma, dilemme, ennéagone, erreur, terreur, étrenne, Dieppe, adresse, empressé, dette, nettement,* etc. Sont exceptés de cette règle les mots où l'*e,* étant précédé d'un *r* initial, et suivi de deux *ss,* reste muet ou se prononce comme *eu* très-bref, dans *ressembler, ressort,* etc. Voyez, pour les autres exceptions, les deux règles suivantes.

Numéros d'ordre des règles.	Homographes.	Prononcez.	
102	e	é	1.° Devant les consonnantes redoublées *cc* et *ff*, comme dans *ecclésiastique*, *effort*, etc.; 2.° devant les lettres *sc*, mais seulement lorsqu'elles sont suivies d'un *e* ou d'un *i*, comme dans *descendre*, *escient*, *prescience*, etc.; 3.° devant la lettre *x*, lorsqu'elle a le son de *k*, comme dans *excès*, *excellent*, *exciter*, etc., ou celui de *gz*, comme dans *examen*, *exil*, *exorde*, etc.; 4.° dans les mots *ressui*, *ressuciter* et *ressuyer*; 5.° enfin l'*e* a le son de *é* lorsqu'il est précédé de l'une des lettres initiales *d*, *l*, *m*, et suivi de deux *ss* sans *e* muet subséquent, comme dans *dessein*, *dessiner*, *lessive*, *message*, *messire*, etc.. On excepte de cette dernière règle les mots *dessus* et *dessous*, où l'*e* reste muet, ou se prononce comme *eŭ* très-bref.
103	e	ê	1.° Devant deux *rr* suivis d'un *e* muet final, comme dans *guerre*, *terre*, *pierre*; etc.; 2.° dans la pénultième des mots *abbesse*, *cesse*, *confesse*, *compresse*, *empresse*, *expresse*, *lesse*, *oppresse*, *presse* et *professe*.
104	e	an	Dans *enarrher*, *enherber*, *enhydre*, *enivrer*, *enoiseler* et *enorgueillir :* prononcez *an-narrher*, *an-nivrer*, etc.
105	e	eŭ ou muet	L'*e* final d'une syllabe quelconque est tantôt sonore, comme dans les mots isolés *je*, *me*, *te*, *que*, et tantôt muet, comme à la fin des mots *père*, *mère*, *j'aime*, il *donne*. 1.° L'*e* final est muet toutes les fois qu'à la fin de la syllabe qui précède immédiatement celle dont il fait partie, on entend le son d'une

Numéros d'ordre des règles.	Homographes.	Prononcez.

d'une voyelle quelles que soient les lettres qui la représentent; si, au contraire, c'est une consonne qui se fait entendre immédiatement avant la syllabe que termine l'*e* final, celui-ci devient sonore. Exemples:

Homographes.	Prononcez.
Un morceau *de* pain.	Un morceau d'pain.
Une miche de pain.	Un' mich' deu pain.
Monsieur Lenoir.	Monsieur L'noir.
Madame Lenoir.	Madam' Leunoir.
Leurs chevaux.	Leurs cheuvaux.
Un beau cheval.	Un beau ch'val.

2.º L'*e* final se prononce lorsqu'il termine la première syllabe d'un mot, ainsi que dans les monosyllabes *je*, *me*, *te*, *le*, *se*, *ce*, *ne*, *de*, *que*, pourvu que ce soit au commencement d'une phrase, ou qu'après le mot précédent, le sens exige un repos; dans le cas contraire, il reçoit l'application de la première règle. Exemples:

Homographes.	Prononcez.
Levez-vous.	Leuvez-vous.
Nous nous levons.	Nous nous l'vons.
Je vois.	Jeu vois.
Que vois-je?	Queu vois-j'?
Le pouvez-vous?	Leu pouvez-vous?
Vous le pouvez.	Vous l'pouvez.

3.º Lorsque dans une phrase, il y a plusieurs syllabes de suite dont chacune se termine par un *e* non accentué, il suffit d'appliquer successivement à chacun de ces *e*, les règles précédentes, d'après lesquelles l'un étant sonore exige que le suivant soit muet, et réciproquement. On peut néanmoins, dans ce cas, prononcer l'*e* dans deux syllabes de suite.

Numéros d'ordre des règles.	Homographes.	Prononcez.

Exemples.   Prononcez :

Tu ne le crois pas. { Tu neŭ l'crois pas.
ou
Tu n'leŭ crois pas. }

Il ne me le rendra. { Il neŭ m'leŭ rendra.
ou
Il neŭ meŭ l'rendra. }

Je ne te le remettrài. { Jeŭ n'jeŭ l'reŭmettrai.
ou
Jeŭ n'teŭ leŭ r'mettrai. }

Si je ne le devenais. { Si j'neŭ l'deŭv'nais.
ou
Si jeŭ n'leŭ deŭv'nais. }

Les règles que nous venons de donner sur la prononciation ou l'élision de l'*e* final non accentué, ne sont constantes que dans la prose; encore cette élision est-elle moins fréquente dans le style noble que dans la conversation ou le discours familier. En vers, on prononce toujours l'*e* qui termine une syllabe quelconque, excepté lorsqu'il est suivi d'un mot qui commence par une vocale où un *h* muet : dans ce cas, la syllabe terminée par l'*e* muet, et celle qui commence le mot suivant, n'en forment qu'une seule. Exemples :

Quand notre hôte charmé, m'avisant sur ce point,

Qu'avez-vous donc, dit-il, que vous ne mangez point ?

Le moment où je parle est déjà loin de moi.

On peut être héros sans ravager la terre.

Prononcez :

Quand notr'hôteŭ charmé, m'avisant sur ceŭ point,

Numéros d'ordre des règles.	Homographes.	Prononcez.	

Qu'avez-vous donc, dit il, queŭ vous neŭ mangez point.

Leŭ moment où jeŭ parl' est déjà loin deŭ moi.

On peut êtreŭ héros sans ravager la terre.

NOTA. Lorsque l'*e* final est suivi des lettres *s* ou *nt*, comme dans *pères, livres, tu aimes, ils parlent*, ces combinaisons *es* et *ent* sont assujetties aux mêmes règles que l'*e* final seul, excepté cependant que dans les vers ou le discours soutenu, la syllabe finale dont elles font partie, ne peut plus se confondre avec la voyelle initiale du mot suivant.

N°	Homogr.	Pron.	Exemple
106	ea	a	Dans *il changea, jugea, mangea*, etc.
107	eâ	â	— *nous changeâmes, vous songeâtes*, etc.
108	eai	è	Dans le mot *geai, démangeaison*, etc.
109	eai	é	— *je chargeai, dirigeai, nageai*, etc.
110	eais	ê	— *je logeais, tu obligeais*, etc.
111	eait	è	— *il partageait, il rangeait*, etc.
112	ean	an	— le mot *Jean*.
113	eant	an	— *protégeant, vengeant, voyageant*, etc.
114	eas	â	Dans *tu corrigeas, soulageas, plongeas*, etc.
115	eat	a	Dans *abigeat*.
116	eât	â	— *qu'il affligeât, qu'il égorgeât*, etc.
117	eau	ô	Dans *agneau, berceau, drapeau, manteau*.
118	eaux	ô	Dans *Meaux* (ville de France), *les eaux*, etc.

Voyez *ge* N.° 229

Voy. *ge* N.° 229.

Numéros d'ordre des règles.	Homographes.	Prononcés.	
119	ec	é	Dans *becjaune*, que l'on écrit actuellement *béjaune*.
120	ec	ek	Dans *avec, bec, grec, sec*, etc.
121	ecs	ê	— *échecs.*
122	ect	è	— les mots *aspect, circonspect, respect* et *suspect*, devant une consonnante ou à la fin d'une phrase : *Aspect redoutable, circonspect dans ses paroles, respect timide, suspect de vol.*
123	ect	èk	Dans *aspect, circonspect, respect* et *suspect*, suivis d'une vocale ou d'un *h* muet : *Aspect imprévu, circonspect à l'excès, respect humain, suspect en ce que.* Le mot *infect* se prononce toujours *infèk.*
124	ect	èkte	Dans *abject, correct, direct, incorrect, indirect* et *intellect.*
125	ects	ê	Dans *aspects, circonspects, respects* et *suspects.*
126	ed	é	Dans *bled*, que l'on écrit actuellement *blé*, et dans *il s'assied, il messied, il sied, pied* et les composés de ce dernier.
127	ee	i	Dans *spleen*, mot anglais que l'on prononce *spline.*
128	ée	é	Dans *année, journée, matinée, idée, pensée, rosée*, etc.
129	éent	é	Dans *ils agréent, ils créent, ils suppléent, ils siéent*, etc.
130	ef	è	Dans *chef-d'œuvre.*
131	ef	é	— *clef*, que quelques auteurs écrivent *clé.*
132	ef	èfe	Dans *chef, bref, fief, grief, nef, relief*, etc.
133	egs	ê	Dans *legs* et *prélegs.*
134	eh	é	— l'exclamation *eh !*
135	ei	ê	— *reitre* et *reine.*

Numéros d'ordre des règles.	Homographes.	Prononcés.	
136	ei	è	— *baleine, peine, seize, enseigne*, etc.
137	eim	ein	— *Rheims* (ville de France), prononcez *Reinse*.
138	eing	ein	Dans *seing*.
139	eins	ein	— *Je peins, tu feins*, etc.
140	eint	ein	— *feint, ceint, atteint*, etc.
141	el	é	— *Belfort* et *pluriel*.
142	el	èle	— *Abel, autel, cruel, tel réel*, etc.
143	em	ème	1.º Au commencement des noms propres étrangers, lorsqu'il suit un *m*, comme dans *Emma, Emmanuel*, etc. 2.º Dans les syllabes initiales et médiales, devant toute autre consonnante que *m, b, p : Agamemnon, décemvir, septemvir, lemnisque, Nemrod*, etc. Excepté *indemne* et ses derivés où *em* se prononce *ame*; 3.º dans tous les mots de cette terminaison, tels que *Bethléem, Jérusalem, item, réquiem*, etc.
144	em	ame	Dans *indemne, indemnité* et *indemniser*.
145	em	a	— *solemnel*, que l'on écrit aussi *solennel, femme, ardemment*, etc. (Voyez la règle n.º 100).
146	em	an	Dans tous les mots auxquels ne s'appliquent pas les trois dernières règles, tels que *emmener, embarras, emporter, désemparer*, etc.
147	emp	an	Dans *exempter*.
148	emp	anpe	— *exemption, péremption, péremptoire, métempsycose, contempteur*, etc.
149	emps	an	Dans *temps* et ses composés. L'on écrit aussi *tems*.
150	empt	an	Dans *exempt*.
151	ems	an	— *tems*.
152	en	ène	1.º Devant un *n : Ennéagone, décennal, triennal;* excepté *ennemi, ennoblir, ennui,*

Numéros d'ordre des règles	Homographes	Prononcez	
			et les dérivés des deux derniers, que l'on prononce *è-nemi, an-noblir, an-nui;* 2.° dans les mots *abdomen, aden, amen, chrétienté, cyclamen, dictamen, hymen, discrimen* et *examen.* (Quelques-uns prononcent *examein.*)
153	en	ein	1.° Dans les noms propres d'hommes, de peuples, de villes et de pays, tels que *Adrien, Julien, Mentor, Européen, Vendéen, Italien, Agen, Éden, Bengale,* etc., excepté *Henri, Henriette, Mayence, Ecouen, Saint-Quentin* et *Rouen,* que l'on prononce *Hanri, Hanriette, Ma-ïance, Ecouan, Saint-Kantin, Rouan;* 2.° Dans les mots *pensum,* (prononcez *peinsome*), *appendice, endécagone, endécasyllabe, ensiforme, hendécagone* et *hendécasyllabe.*
154	en	a	Dans *hennir, solennel,* etc. (Voyez la règle N.° 100).
155	en	an	Dans les mots auxquels ne s'appliquent pas les règles précédentes, tels que *encourir, sentence,* etc.
156.	end	an	Dans *il vend, il tend, révérend,* etc.
157	end	ant	— *attend-il, vend-on,* etc. (Voyez la règle N.° 98.)
158	ends	an	Dans *je prends, tu rends,* etc.
159	eng	an	— *hareng.*
160	ens	anse	— *cens.*
161	ens	an	— *encens, gens, je sens, tu mens,* etc.
162	ent	*e* muet	— les verbes à la 3.ᵉ personne du pluriel: *ils aiment, ils parlent, ils adhèrent, ils diffèrent,* etc.
163	ent	an	1.° Dans les verbes à la 3.ᵉ personne du singulier: *il ment, il sent,* etc.; 2.° dans les substantifs, adjectifs, adverbes et générale-

Numéros d'ordre des règles.	Homographe.	Prononcez.	
			ment dans tous les mots auxquels ne s'applique pas la règle précédente, tels que *adhérent, différent, président, doucement,* etc.
164	entz	anse	Dans *Coblentz.*
165	eo	o	Dans *Geoffroi, George, pigeon-neau,* etc.
166	eô	ô	Dans *geôlage, geôle, geôlier.*
167	eoi	oua	— *bourgeoisie, mangeoire, nageoire,* etc.
168	eois	oua	Dans *bourgeois, villageois,* etc.
169	eon	on	— *bourgeon, pigeon,* etc.
170	eons	on	— *nous songeons, nous jugeons,* etc.
171	ep	è	— *septième* et *septièmement.*
172	ep	èpe	— *Alep, cep, julep, salep, septembre,* etc.
173	ept	è	Dans le mot *sept* employé comme adjectif numéral, lorsque le substantif dont il est suivi, et qui exprime la chose nombrée, commence par une consonnante: *sept livres, dix-sept mètres, vingt-sept francs.*
174	ept	ète	Dans le mot *sept,* 1.° lorsqu'il termine une phrase, ou qu'il est pris substantivement, comme dans les dates, le jeu, etc.: *j'en ai sept, en voilà vingt-sept, le sept janvier, le dix-sept mai,* etc.; 2.° devant une vocale ou un *h* muet: *sept aunes, sept hommes,* etc. NB. Ces deux règles s'appliquent également au nombre *cinq, six, huit, neuf, dix* et *vingt* pour ce qui concerne la prononciation ou l'élision de leur consonnante finale.
175	er	ère	1.° Dans tous les monosyllabes, tels que *cher, fer, fier* (adjectif), *hier, mer,* etc.;

Voyez ge n.° 229. (règles 165 à 170)

Numéro d'ordre des règles.	Homographes.	Prononcez.	
			2.° dans les noms propres et les mots étrangers : *Jupiter*, *Lucifer*, *Alger*, *belvéder*, *cancer*, *Luther*, *magister*, etc. ; 3.° dans les mots *amer*, *cuiller* (on écrit aussi *cuillère*), *enfer*, *éther* et *hiver* ; 4.° à la fin de tout autre mot suivi d'une vocale, soit dans le discours soutenu, soit dans les vers : *aimer à boire, chanter et rire.*
176	er	é	Dans tous les mots auxquels ne s'applique pas la règle précédente, tels que *aimer, chanter, chevalier, danger,* lorsqu'ils sont suivis d'une consonnante ou à la fin d'une phrase ; mais devant une vocale ou un *h* muet, *er,* dans ces derniers mots, ne se prononce *é* que dans la conversation et la prose commune.
177	erc	ère	Dans *clerc.*
178	erd	ère	— *il perd* et *verd.* (On écrit actuellement *vert*).
179	erf	èrfe	Dans *nerf* et *serf.*
180	erf	ère	— *cerf* et *nerf-de-bœuf.*
181	erfs	ère	— *cerfs* et *nerfs.*
182	ers	ère	Après la lettre *v*, comme dans *Anvers, envers, divers, pervers, univers, vers*, etc., et *Gers,* nom d'une rivière et d'un département de France.
183	ers	é	Dans *volontiers,* et dans les noms de villes qui ont cette terminaison : *Angers, Louviers, Thiviers, Noirmoutiers, Poitiers,* etc.
184	ert	ère	Dans *concert, couvert, désert, ouvert, vert,* etc.
185	es	ê	Dans le discours soutenu et dans les vers, les monosyllabes *les, mes, des, ses, tes* et *ces* se prononcent *lé, mé, dé, sé, té* et *cé* ;

Numéros d'ordre des règles.	Homographes.	Prononcez.	
			mais dans le discours familier on prononce *lé*, *mé*, *dé*, *sé*, *té*, *cé*. Les lettres *es* se prononcent encore *ê* dans tu *es*, *presse*, *compresse*, etc. (Voyez *e* n.° 103).
186	es	*e* muet	A la fin des polysyllabes : *pères*, *livres*, *tu aimes*, *que tu ordonnes*, etc. (Voyez e muet n.° 105).
187	es	èsse	Dans *esclave*, *escadre*, etc. (Voyez *e* n.° 101).
188	es	é	Dans *message*, *messieurs*, *lessive*, etc. (Voyez *e* n.° 102).
189	es	è	Dans *mesdames*.
190	es	eŭ	— *dessus*, *dessous*, *ressort*, etc. (Voyez *e* n.°ˢ 101 et 102).
191	ès	êsse	Dans *aloès*, *aspergès* et *kermès*, ainsi que dans tous les noms propres de cette terminaison : *Cérès*, *Hermès*, *Thalès*, *Palès*, etc.
192	ès	ê	Dans *accès*, *après*, *auprès*, *congrès*, *près*, *proeès*, etc.
193	est	èste	Dans *Brest*, *est* (Orient), *lest* (de navire), *ouest* et *zest*.
194	est	ê	Dans *il est*.
195	et	ète	— *Achmet*, *ceñ*, *tacet* et *net* (franchement).
196	et	é	Dans la conjonction *et*.
197	et	è	— *alphabet*, *archet*, *briquet*, *Mahomet*, *œillet*, etc.
198	êt	ê	Dans *intérêt*, *prêt*, *protêt*, etc.
199	ets	ê	— *archets*, *briquets*, et tous les autres mots en *et* au pluriel.
200	etz	êsse	Dans *Metz*.
201	eu	u	— *chargeure*, *égrugeure*, *Eustache*, *gageure*, *mangeure* et *vergeure*, ainsi que

Numéros d'ordre des règles.	Homographes.	Prononcez.	
			dans le verbe avoir: *j'ai eu*, *ils eurent*, etc. Partout ailleurs *eu* conserve la prononciation qui lui est propre.
202	eu	eû	Dans *meule* et *ils veulent*, ainsi que dans les mots terminés en *eure* et en *euse*, tels que *heure*, *majeure*, *heureuse*. (Voyez les mêmes terminaisons dans le tableau prosodique).
203	eû	u	Dans *nous eûmes*, *vous eûtes*.
204	euf	eu	— *éteuf* (en prose), et dans le mot *neuf* suivi d'une consonnante : *neuf mètres*, *neuf francs*. (Voyez les règles n.ºs 173 et 174).
205	euf	euve	Dans le mot *neuf* suivi d'une vocale ou d'un *h* muet: *neuf aunes*, *neuf hommes*.
206	euf	eufe	Dans *Brébeuf*, *éteuf* (en vers), *neuf*, *veuf*, etc.
207	eufs	eû	Dans l'adjectif *neuf* au pluriel : des ouvrages *neufs*.
208	eur	eu	Dans *monsieur*. (Prononcez mo-sieu).
209	eur	eure	— *amateur*, *bonheur*, *couleur*, etc.
210	eurs	eû	— *messieurs*.
211	eurs	eure	— *ailleurs*, *pleurs*, *plusieurs*, *fleurs*, etc.
212	eus	eû	Dans *bleus*, (pluriel de *bleu*).
213	eus	u	— *j'eus*, *tu eus*.
214	eut	eu	— *il peut*, *il pleut*, *il veut*.
215	eut	u	— *il eut*.
216	eût	u	— *qu'il eût*.
217	eux	eû	— *je veux*, *tu peux*, *aïeux*, *heureux*, etc.
218	ew	eu	— *Newton* et ses dérivés.
219	ex	èkse	— *index* et *perplex*. (L'on écrit actuellement *perplexe*).
220	ey	è	Dans *Bey*, *Dey*, *Belley*.

Numéros d'ordre des règles.	Homographes.	Prononcez.	
221	ez	êsse	Dans les noms propres de cette terminaison, tels que *Alvarez, Fez, Lopez, Suarez, Rodez*, etc.
222	ez	é	Dans *assez, chez, nez, vous serez, vous aimez*, etc.
223	f	v	Dans l'adjectif numéral *neuf*, suivi d'une vocale ou d'un *h* muet : *neuf enfans, neuf hommes*. (Voyez les règles n.{os} 173 et 174).
224	f	. .	Hors le cas déterminé par la règle précédente, le *f* conserve le son qui lui est propre : *actif, forfait, juif*, etc.
225	ff	f	Les deux *ff* ne se prononcent que comme un seul : *affable, affection, effet, efficace, étouffer souffrir*, etc.
226	g	j	Devant un *e* ou un *i : manger, juger, giron, rigide*, etc.
227	g	k	Le premier *g* de *gangrène* et de ses dérivés, et dans les mots *sang, long* et *rang* devant une vocale ou un *h* muet : *sang humain, long accès, rang honorable*. (Voyez *rg* n. 443).
228	g	gh	Devant *a, o, u : garder, goûter, guttural*, etc. et à la fin du mot *joug*.
229	ge	j	Devant l'une des lettres *a, o, u*; exemples : *je changeai, tu songeas, il mangeait, nous jugeons, geôlier, pigeon, gageure, égrugeure*, etc.
230	gg	g	Dans *agglomérer, agglutinatif, aggraver*, etc., prononcez *a-glomérer, a-graver*, etc.
231	gg	gj	Dans *suggérer, suggestion*. Prononcez *sug-jérer, sug-jestion*.
232	gn	n	Dans *Clugny, signet, Regnard*.
233	gn	ghn	— *agnat, agnation, agnatique, cognat, cognation, cognatique, diagnostique, gna-*

Numéros d'ordre des règles.	Homographes.	Prononcez.	
			phalium, gnome, gnomide, gnomique, gnomon, gnomonique, gnostiques, igname, ignée, ignicole, ignition, imprégnation, inexpugnable, magnolier, pathognomonique, prognée, régnicole, stagnant et *stagnation*.
234	gn	nï	Dans *agneau, besogne, campagnard, ignare, montagne,* etc.
235	gu	gü	L'*u* précédé d'un *g* se prononce, 1.ᵉ dans *aiguille, ambiguité, arguer, contiguité, consanguinité, exiguité, inextinguible, sanguification, rédarguer* et leurs dérivés; 2.ᵉ dans les noms propres *Aiguillon* et *Guise;* 3.ᵉ dans les mots où il est suivi d'un *ë: aiguë, besaiguë, ciguë* etc. (Voyez *ua, ue, ui,* n.ᵒˢ 471, 478, 482 et 485).
236	gu	g	L'*u* de *gu* est muet dans *il brigua, bague, guérir, guide,* etc. (Voyez *ua, ue, ui,* n.ᵒˢ 473, 480, 483 et 486).
237	h	muet	Le *h* est muet, 1.ᵒ au milieu des mots non dérivés de ceux où il est aspiré: *Bahut, cahot, envahir, trahir,* etc.; 2.ᵉ dans les mots *exhausser* et *exhaussement* quoique dérivés de *hausser,* ou le *h* est aspiré; 3.ᵉ dans les mots qui commencent par *hecta, hecto, hepta, hétéro ; hexa, homo, hipp* et *hy,* tels que *hectare, hectolitre, heptacorde, hétérogène, hexamètre, homophonie, hippélaphe, hybride,* etc.; 4.ᵒ dans les mots suivants: Habile, habit, habiter, habituer, hagiographe, haleine, halo, hamade, hameçon, Hanovre, Hannonville, hanséatique, haras (perroquet), Harfleur, harmale, harmonie, hast, hebdomadaire, héberger,

Numéros d'ordre des règles.	Homographes.	Prononcez.	
			hébéter, hébreu, hécatombe, hédypnoïs, hédysarum, hégire, heiduque, hélas, Hélène, hélianthème, héliaque, hélice, Hélicon, hélioscope, héliotrope, helléniste, Helvétie, hématite, hématose, hémérocalle, hémicycle, hémine, hémisphère, hémistiche, hémoptique, hémorragie, hémorroïdes, hendécagone, Henri (1), hépar, héraldique, Hérault, herbe, Hercule, hérédité, hérésie, hérigoture, hériter, hermandade, hermaphrodite, Hermès, hermétique, hermin, hermine, hermite (2), hermodate, Hérode, héroïne (3), herpe, herpétologie, hésiter, hespérie, hespéris, heur, heure, heureux, hiatus, hidalgo, hièble, hier, hiéracite, hiérogliphe, hiérogramme, hiérographie, hiéronique, hiérophante, hilarité, hile, hirondelle, histoire, histrion, hiver, hoirie, Hollande (4), holocauste, homme, Hongrie (4), honnête, honneur, hôpital, Horeb, horison, horloge, hormis, horoscope, horreur, hortensia, hospodar, hostie, hostile, hôte, hui, huile, huis, huitre, humain, humble, humecter, huméral, humeur, humide, humilier, hurlubrelu et leurs composés ou dérivés.

(1) Le *h* de *Henri* peut être aspiré ou muet dans les vers et le discours soutenu; mais dans le discours familier il est toujours muet.

(2) On écrit actuellement *ermite, ermitage.*

(3) Quoique le *h* soit aspiré dans *héros*, il est muet dans ses dérivés, *héroïne, héroïque, héroïquement, héroïsme.*

(4) Le *h* des mots *Hollande* et *Hongrie* n'est muet que dans certaines locutions qui ont passé du langage du peuple dans le langage commun, telles que *tabac d'Hollande, toile d'Hollande, de l'eau de la reine d'Hongrie.*

Numéros d'ordre des règles.	Homographes.	Prononcez.	
238	h	aspiré	Le *h* est aspiré dans tous les mots qui ne sont pas compris dans la règle précédente, tels que *hardi*, *honte*, *harnacher*, *hausser*, etc., ainsi que dans leurs dérivés, *enhardir*, *déhonté*, *enharnacher*, *rehausser*, etc.
239	ï	i	La lettre *ï* est une vocale identique de *i* dans les mots où elle est suivie d'une consonnante dans la même syllabe, tels que *é-go-ïs-te*, *ha-ïr*, *ou-ïr*, etc., et lorsqu'elle forme seule une syllabe, comme dans *dru-ï-de*, *Sina-ï*, *Zo-ï-le*, etc.
240	ï	..	Cette lettre devient consonnante et se prononce exactement comme le *j* (ïod) allemand, lorsqu'elle frappe contre une vocale, comme dans *a-ïeul*, *faï-ence*, *pa-ïen*.
241	ia	..	Cette vocale multiple ne représente une diphthongue, c'est-à-dire qu'elle n'appartient à une seule et même syllabe que dans *acacia*, *tafia*, *ratafia*, *diable*, *fiacre*, *liard*, *familiarité* et *familiariser* ; dans tout autre mot, elle est dissyllabe, c'est-à-dire qu'elle forme ou aide à former deux syllabes différentes : *di-amant*, *di-adéme*, *étudi-a*, *pri-a*, etc. (1).
242	iais	iè	Dissyllabe : *ni-ais*, *bi-ais*, et leurs dérivés. Dans ce dernier mot *iais* peut aussi être diphthongue.
243	ian	..	Diphthongue dans *viande* ; partout ailleurs dissyllabe : *alli-ance*, *confi-ance*, *édifi-ante*, *contrari-ante*, etc.

(1) Toute vocale multiple qui commence par un *i*, se coupe en deux parties, et par conséquent sert à former deux syllabes distinctes, lorsqu'elle est précédée d'une consonnante multiple, comme dans les mots *il pri-a*, *ils oubli-èrent*, *ouvri-er*, *gri-ef*, *pri-eur*, *bri-oche*, *fri-and*.

Numéros d'ordre des règles.	Homographes.	Prononcez.	
244	iant	ian	Toujours dissyllabe : *étudi-ant*, *ri-ant*, *fortifi-ant*, etc.
245	iau	iô	Dissyllabe : *mi-auler* et *pi-auler*.
246	iaux	iô	— *besti-aux*, *provinci-aux*, *impéri-aux*, etc.
247	ic	ik	Dans *dicter*, *ictérique*, *pic*, *trictrac*, etc.
248	ict	ikte	— *strict*.
249	ict	ik	— *district*.
250	ict	i	— *amict*.
251	id	ide	— *David*, *cid*.
252	id	i	— *nid*.
253	ie	ié	Diphthongue : *vieil*, *vieille*, *vieillard* et *vieillesse*.
254	ie	iè	Devant une consonnante redoublée, comme dans *assiette*, *nielle*, *Pierre* (nom propre), *pierre*, *ils tiennent*, *ils viennent* et les composés de ces deux verbes, où *ie* est toujours diphthongue ; partout ailleurs cette vocale multiple est dissyllabe : *An-dri-enne*, *li-erre*, *hardi-esse*, *li-esse*, *Juli-ette*, etc.
255	ie	î	Dans *Arabie*, *monarchie*, *il liera*, etc.
256	iè	. .	Dissyllabe dans les verbes : *ils li-èrent*, *ils se fi-èrent*, etc.; diphthongue dans les substantifs et les adjectifs : *fière*, *fièvre*, *nièce*, *huitième*, *pièce*, *première*, *siège*, *piège*, etc. (1), et leurs dérivés. On en excepte le mot *quatri-ème* à cause de la double consonnante. (Voyez la note 1 à la page 46).
257	ié	. .	Diphthongue dans *amitié*, *moitié*, *pitié* et les dérivés de *pied*, tels que *piéton*, *piédestal*; dissyllabe dans tous les autres mots, tels que *li-é*, *justifi-é*, *envi-é*, *anxi-été*, *inqui-étude*, *pi-été*, etc.

(1) Quelques auteurs écrivent avec l'accent aigu l'*e* pénultième des mots terminés en *ege*.

Numéros d'ordre des règles.	Homographes.	Prononcés.	
258	ief	ièfe	Diphthongue dans *fief*, *relief*; dissyllabe dans *bri-ef* et *gri-ef* (Voyez la note 1 page 46).
259	iel	ièle	Diphthongue dans *ciel*, *fiel* et *miel* partout ailleurs dissyllabe: *essenti-el*, *matéri-el*, etc.
260	ieu	iau	Dans tous les mots terminés en *ience*, *iente* et leurs dérivés : *consci-ence*, *pati-ente*, *sci-ence*, *sci-entifique*, *fiente*, etc. Le dernier mot est le seul où *ien*, identique de *ian*, soit diphthongue dans une syllabe initiale ou médiale.
261	ien	. .	Conserve le son qui lui est propre dans tous les mots de cette terminaison. Il est diphthongue dans *bien*, *chrétien*, *combien*, *chien*, *gardien*, *maintien*, *mien*, *rien*, *Sébastien*, *sien*, *soutien*, *tien* et *vaurien*. Dans tous les autres mots il est dissyllabe, et particulièrement dans ceux qui désignent la qualité ou la patrie de quelqu'un, tels que *grammairi-en*, *comédi-en*, *Itali-en*, *Phrygi-en*, etc.
262	iens	ien	Dans *Amiens*, *je viens*, *tu tiens* et les composés de ces deux verbes, tels que *je reviens*, *tu soutiens*, etc., où *iens* est toujours diphthongue.
263	ient	ien	Dans *il vient*, *il tient* et les composés de ces deux verbes, tels que *il prévient*, *il obtient*, etc., où *ient* est toujours diphthongue.
264	ient	i	Dans les verbes à la 3.ᵉ personne du pluriel : *ils calomnient*, *ils châtient*, *ils lient*, etc. (Voyez *e* muet, n.° 105.)
265	ient	ian	Dans tous les mots auxquels ne s'appliquent pas les deux dernières règles, tels que

que

Numéros d'ordre des règles.	Homographes.	Prononcez	
			que *cli-ent*, *expédi-ent*, *pati-ent*, etc., dans lesquels *ient* est toujours dissyllabe.
266	ier	ière	Dans *avant-hier*, *fier* (hautain), où *ie* est toujours diphthongue, et dans le mot *hier*, qui peut être dissyllabe ou diphthongue, comme on le voit dans les deux vers suivants : Mais *hier* il m'aborde, et me serrant la main, etc. *Hier*, j'étais chez des gens de vertu singulière.
267	ier	ié	Dans tous les mots auxquels ne s'applique pas la règle précédente. Dissyllabe dans les verbes de cette terminaison, tels que *calomni-er*, *copi-er*, *expi-er*, *li-er*, *obvi-er*, etc., et dans tous les mots où cette terminaison est précédée d'une consonnante multiple, tels que *arbalétri-er*, *baudri-er*, *boucli-er*, *ouvri-er*, *peupli-er*, *sangli-er*, etc. (Voyez la note 1 page 46). Diphthongue dans tous les autres mots : *acier*, *brasier*, *premier*, *dernier*, etc.
268	ies	î	Dans *tu étudies*, *tu lies*, *tu pries*, etc. (Voyez *e* muet, n.° 105).
269	ieu	. .	Diphthongue dans tous les mots de cette terminaison : *Dieu*, *essieu*, *épieu*, *lieu*, *Mathieu*, etc.
270	ieue	ieu	Diphthongue dans *lieue* et *banlieue*.
271	ieur	ieu	— dans *monsieur*.
272	ieurs	ieu	— dans *messieurs*.
273	ieux	ieu	— dans *cieux*, *mieux*, *vieux* et dans le pluriel des substantifs terminés en *ieu*, tels que *dieux*, *lieux*, etc. ; partout ailleurs dissyllabe : *audaci-eux*, *furi-eux*, *odi-eux*, *pi-eux*, *préci-eux*, etc.

Numéros d'ordre des regles.	Homographes.	Prononcez.	
274	iez	ié	Dissyllabe à la 2.ᵉ personne du pluriel du présent de l'indicatif et de l'impératif des verbes *rire* et *sourire*, et de tous ceux dont l'infinitif se termine en *ier* : *vous ri-ez, étudi-ez, souri-ez, confi-ez, déli-ez, mari-ez*, etc. ; diphthongue dans tous les autres mots et les autres temps des verbes : *biez, vous aviez, étiez, étudieriez, parlassiez*, etc., excepté après deux consonnantes : *vous peupli-ez, voudri-ez*, etc. (Voyez la note 1 page 46).
275	if	i	Dans *apprentif* et *baillif*, que l'on écrit actuellement *apprenti, bailli*.
276	if	ife	Dans *nominatif, canif, esquif, natif, vif*, etc.
277	il	i	Dans *baril, chenil, coutil, émeril, fenil, fournil, fusil, gentil, gril, menil, nombril, outil, persil* et *sourcil*. (Voyez *l* mouillé n.° 312).
278	il	ill ou *l* mouillé	A la fin des mots, après les vocales *a, e, ou* : *bail, travail, soleil, vermeil, fenouil*, etc.
279	il	ile	Dans tous les mots auxquels ne s'appliquent pas les deux dernières règles, tels que *civil, exil, fil, profil, vil, volatil*, etc.
280	ils	isse	Dans *fils* devant une vocale et à la fin d'une phrase.
281	ils	i	Dans le pluriel des mots compris dans la règle n.° 277 : *barils, chenils, fusils*, etc., ainsi que dans *fils* devant une consonnante.
282	ils	ile	Dans le pluriel des mots compris dans la règle n° 279 : *civils, profils*, etc.
283	im	ime	1.° Dans les mots qui commencent par *imm*, tels que *immédiat, immémorial*,

Numéros d'ordre des règles.	Homographes.	Prononcez.	
			immense, etc.; 2.° à la fin des mots, comme dans *Ibrahim*, *intérim*, *Solim*, etc., excepté *Joachim*, que l'on prononce *Joachein*.
284	im	ein	Dans *impoli*, *imbu*, *Joachim*, *limpide*, etc.
285	in	ine	Dans les mots qui commencent par *inn*, tels que *inné*, *innombrable*, *innover*, etc., excepté *innocent* et ses dérivés, que l'on prononce *i-no-cent*, *i-no center*, etc.
286	in	ein	Dans *badin*, *calin*, *fin*, *infusion*, etc.
287	inct	eink	— *distinct* et *succinct*.
288	inct	ein	— *instinct*.
289	ing	ein	— *vingtaine*, *vingtième*, *sterling* et *schelling*, (prononcez *chelein*).
290	ingt	ein	Dans *vingt*, qui se prononce *vein* devant une consonnante et dans la série de *quatre-vingt* à *quatre-vingt-dix-neuf*: *vingt francs*, *vingt metres*, *quatre-vingt-un*, *quatre-vingt-onze*.
291	ingt	einte	Le mot *vingt* se prononce *veinte* devant une vocale ou un *h* muet, et dans la série de *vingt* à *vingt-neuf*: *vingt aunes*, *vingt hommes*, *vingt-deux*, etc. (Voyez les règles n.ºs 173 et 174 relatives au mot *sept*).
292	inq	ein	Dans le mot *cinq* devant une consonnante: *cinq toises*, *cinq mille*. (Voyez les règles n.ºs 173 et 174 relatives au mot *sept*).
293	inq	eink	Dans le mot *cinq* devant une vocale ou un *h* muet: *cinq enfans*, *cinq hommes*. (Voyez les règles n.^s 173 et 174).
294	ins	ein	Dans les syllabes finales: *je vins*, *tu revins*, *je tins*, *tu soutins*, etc.; mais dans les syllabes initiales et médiales, le *s* se prononce: *inspirer*, *réinstaller*, etc.

Numéros d'ordre des regles.	Homographes.	Prononcez.	
295	int	ein	Dans *il vint, il tint* et les composés de ces deux verbes.
296	io	. .	Diphthongue dans *Antioche, babiole, bestiole, fiole* et *pioche;* partout ailleurs dissyllabe: *di-ocèse, li-onne, vi-olence, Cli-o, bri-oche, patri-ote,* etc. (Voyez la note 1, page 46).
297	ion	. .	Diphthongue dans *pion;* partout ailleurs dissyllabe: *acti-on, li-on, prétenti-on,* etc.
298	ions	ion	Diphthongue à l'imparfait de l'indicatif, au conditionnel, au présent et à l'imparfait du subjonctif de tous les verbes où cette terminaison n'est pas précédée d'une consonnante multiple: *nous étions, nous aurions, que nous aimions, que nous parlassions,* etc. (1); dissyllabe dans tous les autres cas: *nous sembli-ons, nous voudri-ons, nous dédi-ons, humili-ons, acti-ons,* etc.
299	iot	io	Dissyllabe: *candi-ot, idi-ot,* etc.
300	ius	iusse	— *Appi-us, Ari-us, Janséni-us,* etc.
301	is	isse	1.° Dans les syllabes initiales et médiales: *distraire, insister,* etc.; 2.° dans *jadis, lis* (fleur), *macis, maïs, pubis, rominagrobis, sou-parisis, tournevis* et *vis* (substantif); 3.° dans les mots latins adoptés dans la langue française, tels que *bis, de profondis, gratis, lapis,* etc.; 4.° dans les noms propres tels que *Adonis, Philis,* etc., excepté *Alexis* et *Nismes,* que l'on prononce *Aléxi, Nime.*
302	is	i	Dans *amis, avis, pain bis, fleurs de lis* (armes de France), *vis-à-vis, je vis,* etc.

(1) Les deux *ss* ne se prononçant ici que comme *s* simple, ne forment point une consonnante multiple.

Numéros d'ordre des règles.	Homographes.	Prononcez.	
3o3	ist	i	Dans *Jésus-Christ.*
3o4	ist	iste	Lorsque le mot *christ* n'est pas joint au mot *Jésus*, il se prononce *kriste.*
3o5	it	ite	La terminaison *it* se prononce *ite* dans *huit*, *rit* (cérémonie), et dans les mots empruntés du latin, tels que *accessit*, *déficit*, *prétérit*, *satisfécit*, *transit*, etc. (Voy., à l'égard du mot *huit*, les règles n.ᵒˢ 173 et 174).
3o6	it	i	Dans *crédit*, *délit*, *récit*, *proscrit*, etc.
3o7	ix	i	1.ᵒ Dans *crucifix*, *perdrix* et *prix*; 2.ᵒ dans les mots *six* et *dix* suivis d'une consonnante: *six francs*, *dix toises*. (Voyez, à l'égard de ces deux nombres, les règles n.ᵒˢ 173 et 174); 3.ᵒ dans *dixme* que l'on écrit actuellement *dîme.*
3o8	ix	ize	Dans *six ans*, *dix aunes*, *dix-huit*, *dix-neuf*, etc. (Voyez la lettre *x* n.ᵒ 518).
3o9	ix	isse	Dans *six* et *dix* pris substantivement ou à la fin d'une phrase: *le six mars*, *le dix de pique*, *en voilà dix.* (Voyez les règles n.ᵒˢ 173 et 174).
3 10	ix	ikse	Dans tous les mots auxquels ne s'appliquent pas les trois dernières règles: *Béatrix*, *Félix*, *phénix*, *préfix*, *Stix*, etc. (Voyez *x* n.ᵒ 520).
3 11	iz	i	Dans *riz*, que l'on écrit aussi *ris.*
3 12	l	ill ou *l* mouillé	La lettre *l*, outre la prononciation qui lui est propre, a encore celle de *ill* (*l* mouillé) dans *avril*, *babil*, *Brésil*, *grésil*, *mil* (grain), *péril*, *gril* (dans le style familier on prononce *gri*), *gentil* (joli) devant une vocale ou un *h* muet, et dans *gentilhommé* et ses composés. (*Gentilshommes* se prononce *jan-tiz-ome*).

Numeros d'ordre des regles.	Homographes.	Prononcez.	
313	ll	l-l	Les lettres *ll*, précédées d'un *i*, se font entendre l'une et l'autre, 1.º dans les mots qui commencent par *ill*, tels que *illégal*, *illuminé*, *illusion*, etc. (Prononcez *il-légal*, *il-luminé*, etc.); 2.º dans les mots suivants : *achillée, achilléide, armillaire, axillaire, capillaire, fritillaire, instillaire, oscillaire, osciller, pénicillé, pusillanime, scillote, scintiller, sigillé, stillation, titiller, vaciller, vexillaire, villeux* et leurs composés ou dérivés. (Prononcez *achil-lée, armillaire*, etc.).
314	ll	l	Les lettres *ll*, précédées d'un *i*, se prononcent comme un *l* simple dans les mots *Achille, bill, calville, codicille, distiller, fibrille, fringille, Gille, imbécille, mille, Myrtille, pupille, scille, sybille, tranquille, vaudeville, ville* et leurs composés ou dérivés. (Prononcez *Achi-le, disti-ler,* etc).
315	ll	l mouillé	Enfin les lettres *ll*, précédées d'un *i*, se prononcent comme un *l* mouillé (lï) dans tous les mots auxquels les deux règles précédentes ne sont pas applicables, tels que *billet, billard, fille, filleul, Millau* (nom d'une ville de France, que l'on écrit aussi Milhaud), *pillage, sillon, tilleul*, etc. (Prononcez *bi-liet, pi-liage*, etc.).
316	ll	l-l	Les deux *ll* n'ont jamais la prononciation de *l* mouillé, lorsqu'ils ne sont pas précédés d'un *i* (1): on les fait sonner tous les deux, 1.º dans les mots qui commencent par *call, coll, gall, mall* et *soll*, tels que

(1) Excepté cependant le mot *Sully*, où, selon quelques auteurs, les deux *ll* ont le son de *l* mouillé.

Numéros d'ordre des règles.	Homographes.	Prononcez.	
			calligraphie, *collatéral*, *gallate*, *malléable*, *solliciter*, etc.; excepté *coller*, *collégataire*, *collège*, *collet*, *collier*, *colline*, *collyre*, *mallier* et leurs dérivés, où l'on ne prononce qu'un *l;* 2.° dáns les mots de la liste suivante: Allantoïde, allécher, allégorie, allégro, alléluia, allitération, allobroge, allocution, allodial, allusion, Apollon, appellatif, appellation. Bellicant, belligérant, belliqueux. Constellation, coralline, corollacée, corollaire, corollifère, coupellation, cucullaire, cultellation. Ebullition, ellébore, ellipse, épellation, équipoller. Fallace, flageller. Helléniste. Interpellation. Médullaire, métallique, millésime, mollifier. Nullité. Ombellifère. Pallas, pallier, pallium, parallaxe, pellicule, pollicitation, pollu, prǎcellence, psellisme, pulluler. Rebellion. Satellite, scabellon, stellion, stellionat. Tabellion, tellure. Vallaire, velléité, et leurs composés ou dérivés.
3₁7	ll	l	Les deux *ll* non précédés d'un *i*, se prononcent comme un seul *l* dans tous les mots auxquels ne s'applique pas la règle précédente: *aller*, *ballon*, *malle*, *salle*, *elle*,

Numéros d'ordre des règles.	Homographes.	Prononcez.	
			belle, etc., et généralement lorsque ces deux lettres sont suivies d'un *e* muet.
318	lp	l	Dans *sculpter* et ses dérivés.
319	mm	m-m	On prononce les deux *mm*, 1.° lorsqu'ils sont précédés d'un *i* initial, comme dans *immaculé, immédiat, imminent, immobile,* etc.; 2.° dans *amman, ammeistre, ammi, Ammon, ammonite, commensurable* et ses dérivés, *Emma, Emmanuel, gemmation, gemmipare, sommite* et *sommité*.
320	mm	m	On ne prononce qu'un *m* dans *ardemment, constamment, dilemme, commode, grammaire, épigramme, pommade* et tous les mots auxquels la règle précédente n'est pas applicable.
321	nn	n-n	On prononce les deux *nn*, 1.° dans les mots qui commencent par *inn*, tels que *innovation, innombrable,* etc., excepté *innocent* et ses dérivés, où l'on n'en prononce qu'un; 2.° dans *abannation, annal, annexe, annihiler, anniversaire, annoter, annuel, annuller, Apennin, biennal, Cinna, connivence, connotatif, décennal, pinnée, triennal, tyranniser* et leurs composés ou dérivés.
322	nn	n	Dans *anneau, bannir, ordonner, canne, personne, Corinne, qu'il vienne* et tous les mots qui ne sont pas compris dans la dernière règle.
323	o	oua	La lettre *o*, outre la prononciation qui lui est propre, prend celle de *oua* dans les mots où elle est suivie d'un *y*, tels que *broyer, citoyen, loyal, nettoyer, noyer,* etc., (que l'on prononce *broua-ier, citoua-ïen,* etc.).

Numéros d'ordre des règles.	Homographes.	Prononcez.	
324	oa	. .	Diphthongue dans *joaillier*, *joaillerie* et *quoaillier* ; dissyllabe dans *co-adjuteur*, *co-aguler*, *Go-a*, etc.
325	oc	o	Dans *accroc*, *broc*, *croc* et *escroc*.
326	oc	ok	— *bloc*, *choc*, *estoc*, *froc*, *roc*, *soc*, etc.
327	œ	ouâ	Diphthongue dans *moelle*, *coeffe* et leurs dérivés. (L'on écrit aussi *coiffe*).
328	œ	eu	Dans *œil* et ses dérivés, tels que *œillet*, *œillade*, etc.
329	œ	é	Dans *fœtus*, *œcuménique*, *œdème*, *Oedipe*, *œsophage*, etc.
330	oê	oua	Dans *poéle* et ses dérivés.
331	oè	. .	Dissyllabe dans *po-ème* et *po-ète*. (Plusieurs écrivent *poëme*, *poëte*.)
332	oé	. .	Dissyllabe dans *No-é*, *po-ésie*, *Zo-é*, etc.
333	œu	eu	Dans *œuvre*, *manœuvre*, *cœur*, *sœur*, etc.
334	œud	eu	— *nœud*.
335	œuf	eu	— *un bœuf gras, un œuf frais*.
336	œuf	eufe	— *bœuf*, *mœuf*, *œuf*, etc.
337	œufs	eû	— *bœufs*, *œufs*.
338	œurs	eur	— *cœurs*, *sœurs*, etc. Le *s* de *mœurs* se prononce comme un *z*.
339	œux	eû	Dans *vœux*.
340	oh	o	— *oh !*
341	oi	è	*Oi* se prononce *è* dans *foible* et ses dérivés, que l'on écrit aussi *faible*, *faiblesse*, etc. Le mot *avoine*, selon quelques auteurs, doit se prononcer *avène*, et selon d'autres *avouane* Les avis sont également partagés sur les mots *roide*, *roideur* et *roidir* ; mais selon l'opinion la plus générale, on doit prononcer *rède*, *rèdeur* et *rèdir* dans la conversation, et *rouade*, *rouadir*, *rouadeur* dans le discours soutenu.

Numéros d'ordre des règles.	Homographes.	Prononcez.	
342	oi	o	Dans *oignon, coignée* et *encoignure*, que l'on écrit aussi *ognon, cognée, encognure.*
343	oi	oua	Dans tous les mots auxquels ne s'appliquent pas les deux dernières regles, tels que *aloi, convoi, emploi, foi, loi, octroi, voilà, boire,* etc., où *oi* est toujours diphthongue (1).
344	oî	oua ou oa	Dans *boîte, cloître, accroître* et *décroître.*
345	oî	ê	— *connaître, paraître* et leurs composés, ainsi que dans les temps de ces verbes où *oî* est suivi d'un *t : je connaîtrai, tu paroîtrois, il paroît, il reconnoîtra, vous disparoîtriez,* etc. On écrit aussi *connaître, paraître.*
346	oid	oua	Dans *froid.*
347	oids	ouâ	— *poids.*
348	oie	ê	— *monnoie,* que l'on écrit aussi *monnaie.*
349	oie	oua	Dans *foie, joie, soie, il se noie,* etc.
350	oient	oua	— les verbes à la troisième personne du pluriel du présent de l'indicatif : *ils croient, ils voient, ils emploient, ils se noient,* etc.
351	oient	ê	Dans les verbes à la troisième personne du pluriel de l'imparfait de l'indicatif et du conditionnel: *ils étoient, ils auroient, ils donnoient, ils liroient,* etc. On écrit aussi *ils étaient, ils auraient,* etc.
352	oig	oua	Dans *doigter, doigtier.*
353	oigt	ouâ	— *doigt.*
354	oin	ouin	— *besoin, coin, foin, loin, joindre,* etc.
355	oing	ouin	— *poing* et *oing.*

(1) Les vocales multiples substitutives qui se prononcent comme *oa, oua, ouin,* sont toujours diphthongues.

Numéros d'ordre des règles.	Homographes.	Prononcez.	
356	oins	ouin	Dans *moins*, *soins*, etc.
357	oint	ouin	— *appoint*, *joint*, *point*, etc.
358	ois	ê	1.º Dans *harnois*, que l'on écrit aussi *harnais*; 2.º dans les verbes à la première et à la seconde personne du singulier de l'imparfait de l'indicatif et du conditionnel: *j'étois, tu avois, je parlerois, tu lirois,* etc., que l'on écrit aussi *j'étais, tu avais,* etc.; dans les noms des peuples dont on parle beaucoup, tels que *François, Anglois, Charolois, Ecossois, Irlandois, Lyonnois* etc., que l'on écrit aussi *Français, Anglais,* etc. *Japonois* se prononce aussi *Japoné.*
359	ois	oua	Dans *bois, fois, lois, je dois, tu reçois,* et tous les mots auxquels ne s'applique pas la règle précédente, particulièrement les noms des nations et des provinces dont on parle peu, comme *Danois, Chinois, Iroquois, Albigeois, Franc-Comtois, Gallois,* etc. *Bavarois* et *Suédois* se prononcent aussi *Bavaroua, Suédoua.*
360	oit	è	Dans les verbes à la troisième personne du singulier de l'imparfait de l'indicatif et du conditionnel : *il étoit, il auroit, il aimoit, il diroit,* etc., que l'on écrit aussi *il était, il aurait,* etc.
361	oit	oua	Dans *adroit, étroit, il boit, il doit, il voit,* etc.
362	oit	ouate	Dans *soit*, lorsque ce mot signifie *je le veux bien.*
363	oix	ouâ	Dans *choix, croix, loix, noix* et *voix.*
364	ol	ou	— *col, fol, licol, mol, sol* (monnaie).
365	ol	ole	— *entresol, Espagnol, Mogol, rossignol,* etc.

Numéros d'ordre des règles.	Homographes.	Prononcez.	
366	om	ome	1.º Devant la lettre *n*, comme dans *calomnier*, *somnifère*, *automnal*, etc., excepté *automne* que l'on prononce *otone*; 2.º devant la lettre *m* dans *sommite* et *sommité*. (Voyez *mm* n.º 319).
367	om	o	Dans *automne* et dans les mots où l'o est suivi de deux *mm* qui ne se prononcent que comme un seul, tels que *commode*, *pommade*, etc. (Voyez *mm* n.º 319).
368	om	on	Dans *bomber*, *comprendre*, *ombre*, *sombre*, et tous les mots auxquels ne s'appliquent pas les deux dernières règles.
369	omb	on	Dans *plomb* et ses composés.
370	omp	on	— *compte*, *prompte* et leurs dérivés, excepté *impromptu* où le dernier *p* se prononce.
371	omps	on	Dans *je romps*, *tu corromps*, etc.
372	ompt	on	— *prompt*, *il rompt*, *il interrompt*, etc.
373	on	one	Dans *connivence* et *connotatif*, où les deux *nn* se prononcent. (Voyez *nn* n.º 321).
374	on	o	Devant un *n*, dans les mots où les deux *nn* ne se prononcent que comme un seul, tels que *connaître*, *ordonner*, *personne*, etc. (Voyez *nn* n.º 322). NB. Dans tout autre mot, *on* conserve la prononciation nasale qui lui est propre.
375	onc	onk	Dans le mot *donc* devant une vocale ou au commencement d'une phrase.
376	onc	on	Dans *jonc* et *tronc*, ainsi que dans le mot *donc* suivi d'une consonnante ou à la fin d'une phrase.
377	ond	on	Dans *blond*, *bond*, *fécond*, *fond*, *rond*, *il répond*, etc.

Numéros d'ordre des rigles.	Homographes.	Prononcez.	
378	ond	onte	Dans *profond abyme*, etc. (Voyez *d* n.° 98).
379	ong	on	Dans *long*, *barlong* et *oblong*.
380	ons	onse	1.° Dans les syllabes initiales et médiales: *construire*, *monstrueux*, *démonstration*, etc.; 2.° dans *Mons* (ville) et *mons* abréviation de *monsieur*.
381	ons	on	Dans *nous avons*, *nous partons*, *les sons*, etc.
382	ont	on	Dans *amont*, *front*, *Piémont*, *ils ont*, *ils sont*, etc.
383	op	ope	Dans le mot *trop* suivi d'une vocale ou d'un *h* muet: *trop étourdi*, *trop heureux*, etc.
384	op	o	Dans *galop*, *sirop* et *trop* suivi d'une consonnante ou à la fin d'une phrase.
385	oq	ok	Dans *coq*.
386	oq	o	— *coq d'Inde*.
387	orc	ork	— *porc*.
388	orc	or	— *porc frais*.
389	ord	or	— *abord*, *bord*, *il tord*, *il mord*, etc.
390	orps	or	— *corps*.
391	os	osse	1.° Dans les syllabes initiales et médiales: *ostensible*, *ostentation*, *acoster*, etc.; 2.° dans la syllabe finale des noms propres et des mots étrangers: *Amos*, *Argos*, *Minos*, *Samos*, *tétanos*, etc.
392	os	ô	Dans *nos*, *vos*, *gros*, *dispos*, *repos*, etc. L'o de leurs dérivés, comme dans *grosse*, *reposer*, etc., a aussi la prononciation de l'ô.
393	ot	ote	Dans *dot* et *Lot* (rivière).
394	ot	o	— *bigot*, *charriot*, *complot*, *gigot*, *matelot*, etc.

Numéros d'ordre des règles.	Homographe.	Prononcez.	
395	ôt	ô	Dans *bientôt, dépôt, impôt, tôt*, etc.
396	oth	o	— *Goth, Ostrogoth* et *Visigoth*. On écrit aussi *Ostrogot* et *Visigot*.
397	oua	. .	Dissyllabe dans les verbes au passé défini: *il jou-a, il lou-a*, etc ; diphthongue dans tout autre mot : *gadouard, gouache, ouate,* etc.
398	ouah	oua	Dans *pouah.*
399	ouais	ouê	Voyez *ouer*, n.° 412.
400	ouait	ouè	— *ouer*, n.° 412.
401	ouan	. .	A la fin d'un mot, comme dans *Cordouan, Kouan, Mantouan*, etc., cette terminaison peut être dissyllabe ou diphthongue; mais au commencement ou au milieu d'un mot, comme dans *lou-ange, ouan* est toujours dissyllabe.
402	ouant	ouan	Voyez *ouer*, n.° 412.
403	oubs	ou	Dans *Doubs*, rivière et département de France.
404	oud	ou	Dans *St.-Cloud, il coud, il moud*, etc.
405	oud	oute	— *coud-elle*, etc. (Voyez *d* n.° 98).
406	ouds	ou	— *je couds, tu mouds*, etc.
407	oue	oua	Diphthongue dans *couenne* et *couenneux*.
408	oue	ouè	— dans *fouetter.*
409	oue	oû	Dans *boue, joue, Mantoue, il loue*, etc.
410	oué	. .	Voyez *ouer*, n.° 412.
411	ouen	ouan	Dans *Ecouen* et *Rouen.*
412	ouer	oué	Dissyllabe: *avou-er, lou-er, jou-er* et tous les autres verbes en *ouer*. Il en est de même des autres terminaisons de ces verbes, telles que *je jou-ais, tu lou-as, avouant, allou-é*, etc.
413	ouet	ouè	Diphthongue dans *fouet;* dissyllabe dans tout autre mot: *gou-et, jou-et*, etc.
414	oug	ougue	Dans *joug.*

Numéros d'ordre des règles	Homographes.	Prononcez.	
415	oui	• •	Diphthongue : *fouine, baragouiner, baragouineur* et dans l'affirmation *oui ;* dissyllabe dans tout autre mot, tels que *éblou-i, ils jou-irent, ou-i* (participe passé du verbe *ou-ir*), etc.
416	ouil	ou	Dans *genouil* et *verrouil,* que l'on écrit actuellement *genou* et *verrou.*
417	ouis	oui	Diphthongue dans *cambouis* et *bouis* (que l'on écrit actuellement *buis*); dissyllabe dans tout autre mot : *Lou-is, je jou-is, tu éblou-is,* etc.
418	ouit	oui	Dissyllabe : *il éblou-it, il enfou-it,* etc.
419	oùl	ou	Dans *soûl* (ivre).
420	ouls	ou	— *pouls.*
421	oup	oupe	— *beaucoup,* devant une vocale ou un *h* muet : *beaucoup étudié, beaucoup hérité.* Il en est de même du mot *coup,* mais dans le discours soutenu seulement: *coup inattendu, coup extraordinaire.*
422	oup	ou	Dans *loup, beaucoup lu, coup fatal,* etc.
423	ous	ou	— *dessous, nous, vous, tous,* etc.
424	ous	ousse	— les syllabes initiales et médiales: *moustache, soustraire,* etc.
425	out	ou	Dans *bout, égout, tout, goût, il résout,* etc.
426	oy	oua	Dans *Fontenoy.*
427	oyes	ouâ	— *Troyes.*
428	ph	f	— *épitaphe, orthographe, philosophe, phosphore,* etc.
429	pht	ft	Dans *phtisie.*
430	pp	p-p	1.º Dans les mots qui commencent par *hipp,* tels que *hippiatrique, hippocentaure,* excepté les trois noms propres compris dans la règle suivante; 2.º dans *appendice, appendre, appéter, apposer,*

Numéros d'ordre des règles.	Homographes.	Prononcez.	
			approximation, éphippium et leurs dérivés. Prononcez hip-pocentaure, ap-pendre, etc.
431	pp	p	Dans apparaître, Hippocrate, Hippocrène, Hippolyte, frapper, etc. Prononcez a-paraître, Hi-pocrate, etc.
432	q	k	Dans coq, cinq et piqûre.
433	qu	kou	— aquatique, équateur, etc. (Voyez la règle n.° 472).
434	qu	kü	Dans équestre, querquétulaire, etc. (Voy. les règles n.ᵒˢ 479, 482 et 485).
435	qu	k	Dans quatre, quelqu'un, quinquina, quadrille, quotient, etc.
436	rc	r	Dans arc-bouter, arc-boutant, clerc, marc le franc, marc d'or ou d'argent, porc frais et marc de raisins et d'autres fruits.
437	rc	rk	Dans Marc (nom d'homme), arc, parc, porc, etc.
438	rd	r	Dans abord, Bernard, accord, bavard, il perd, etc.
439	rds	r	Dans je perds, tu perds, je mords, tu mords, etc.
440	rf	rf	Le f se prononce dans nerf et serf.
441	rf	r	Le f est muet dans cerf et nerf-de-bœuf.
442	rfs	r	Les lettres fs sont muettes dans cerfs et nerfs.
443	rg	rk	Le g se prononce k dans bourg et les noms propres composés qui commencent par ce mot, tels que Bourg-Argental, Bourg-en-Bresse, etc. Bourgmestre se prononce bourguemestre.
444	rg	r	Dans les mots terminés par bourg, le g est muet : faubourg, Fribourg, Strasbourg, etc.
445	rn	r	Dans Béarn.

Dans

Numéros d'ordre des règles.	Homographes.	Prononcés.	
446	rps	r	Dans *corps*.
447	rr	r-r	Les deux *rr* se prononcent, 1.° au futur et au conditionnel des verbes *acquérir, courir, mourir : j'acquerrai, tu courras, il mourrait* ; 2.° dans les mots qui commencent par *err*, *horr*, *irr : errant, errata, horreur, horrible, irréfléchi, irréligion*, etc., et dans tous leurs composés, tels que *aberration, abhorrer;* 3.° dans *terreur* et ses dérivés.
448	rr	r	On ne prononce qu'un *r* dans tous les mots auxquels ne s'applique pas la règle précédente : *arriver, arrondir, barreau, corridor, serrure, je pourrai, tu pourras,* etc.
449	rs	rs	Le *s* se prononce dans *Mars, mœurs* et *ours*.
450	rs	r	Le *s* est muet dans *épars, jars, envers, alors*, etc.
451	rt	r	Dans *art, il court, il sert, vert, tort,* etc.
452	s	z	La lettre *s* se prononce comme *z*, 1.° lorsque dans un même mot elle est placée entre deux vocales : *amusant, basé, briser, oser, rose, usure*, etc., sauf les exceptions contenues dans la règle suivante; 2.° lorsqu'étant la dernière lettre d'un mot, elle se lie au mot suivant dont l'initiale est une vocale : *nous avons, vous êtes, ils imitent, les uns, les autres;* 3.° dans les mots formés de la préposition latine *trans* suivie d'une vocale, où elle est alors considérée comme finale : *transaction, transalpin, transiger, transitif, transitoire* et *transition;* 4.° dans les mots où elle est précédée d'un *l* et suivie d'un *a : Alsace, balsa-*

Numéros d'ordre des règles.	Homographes.	Prononcez.	
			mine, balsamique, balsamite, colsa; 5.° dans les mots où elle est précédée d'une vocale et suivie de l'une des lettres *b, d : presbytère, Asdrubal.*
453	s	s (dur)	Dans les mots *désuétude, monosyllabe, parasol, présupposer, préséance, resaluer, vraisemblance, trisection* et leurs dérivés : quoique la lettre *s* soit ici entre deux vocales, elle conserve sa prononciation dure, par la raison qu'étant précédée d'une particule prépositive séparable, elle doit être considérée comme initiale. Ce qui vient d'être dit sur la lettre *s* fait voir qu'elle conserve le son dur qui lui est propre dans tous les mots où elle est initiale, tels que *savoir, servir, sinon, somme, sur,* etc., et lorsqu'elle est placée entre une consonnante et une vocale, comme dans *Absalon, conversion, danser, pension,* etc.
454	sc	sk	Dans *scabreux, scandale, Scudéri,* etc.
455	sc	s-s	— *ascendant, ascension, ascétique, ascidie, condescendre* et leurs dérivés. Prononcez *as-sendant, as-sension,* etc.
456	sc	s	Dans *scélérat, sceptre, science.* etc.
457	sch	ch	— *schall, schelling, schisme,* etc.
458	scr	skr	— *scribe, scrofules, scrutateur, scrupule,* etc.
459	sh	ch	Dans *shérif* et d'autres mots tirés de l'Anglais.
460	sph	sf	Dans *asphodèle, asphixie, sphère,* etc.
461	ss	s	Quand la consonnante *s* est redoublée, on n'en prononce qu'une, mais avec le son dur qui lui est propre : *assassin, colossal dissension, répression, vicissitude,* etc.

Numéros d'ordre des règles.	Homographe.	Prononcez.	
462	sth	s	Dans *asthme*, *asthmatique*, *isthme*.
463	t	s	Le *t* emprunte la valeur de *s* dur dans les mots où il est suivi de l'une des diphthongues *ia*, *ie*, *ié*, *iè*, *io*, *ieu*, *ian*, *ien*, *ion* ou de leurs substitutives, savoir : devant *ia*, dans *abbatial*, *partial*, *insatiable*, *gentiane*, etc., excepté *centiare*.

Devant *ie*, comme dans *aristocratie*, *ineptie*, *inertie*, etc., excepté *ortie* et *partie*.

Devant *ié*, dans *satiété* et les verbes *balbutier* et *initier*.

Devant *iè*, *ieu*, *ian*, *ion* et *io*, comme dans *partiel*, *pestilentiel*, etc.; *ambitieux*, *facétieux*, *séditieux*, etc.; *patient*, *quotient*, etc.; *acception*, *action*, *adoption*, *affection*, *attention*, *correction*, *diction*, *infection*, *injection*, *intention*, *invention*, *mention*, *objection*, *portion*, *relation*, etc., ainsi que dans leurs dérivés *actionnaire*, *correctionnel*, etc.

Devant *ien*, dans les noms propres, tels que *Béotien*, *Dioclétien*, *Le Titien*, etc., sauf les exceptions contenues dans la règle suivante.

464	t	t	Le *t* placé devant les mêmes diphthongues, conserve le son qui lui est propre, 1.º quand il commence le mot, comme dans *tiare*, *tien*, *je tiens*, *tierce*, etc., ainsi que dans leurs dérivés, tels que *j'entretiens*, *l'entretien*, *tu soutiens*, *le soutien*, *tiercer*, etc.; 2.º quand il est précédé d'un *s* ou d'un *x*, comme dans *amnistie*, *bastion*, *modestie*, *Sébastien*, *mixtion*, etc., ainsi que dans le verbe *châtier*, qui s'écrivait autrefois *chastier*; 3.º dans les verbes dont

Numéros d'ordre des règles.	Homographes.	Prononcez.	
			l'infinitif se termine en *ter*, tels que *adopter, nous adoptions; affecter, nous affections, dicter, nous dictions*, etc. 4.° dans les mots dérivés des verbes en *tir : sentir, nous sentions; garantir, une garantie, rôtir, une rôtie*, etc.; 5.° dans les mots terminés en *ième*, tels que *centième, huitième, quantième, pénultième*, etc.; 6.° enfin dans tous les mots auxquel ne s'applique pas la règle précédente, tels que *centiare, chrétien, ortie, partie, pitié*, etc.
465	tre	t	Les seuls mots *quatre, notre votre* se prononcent *quate, note, vote* devant une consonnante: *quatre francs, notre jardin, votre serviteur*. Cependant *notre* et *votre* ne suivent cette règle que dans la conversation. (Voyez, à l'égard du mot *quatre*, les règles 173 et 174).
466	tre	tre	Dans tous les mots suivis d'une vocale ou d'un *h* muet, ainsi que dans *le nôtre, le vôtre* et dans *Notre-Dame* (la St.°-Vierge).
467	tt	t-t	Les deux *tt* se prononcent dans *atticisme, attique, battologie, guttural, in petto, pittoresque, sagitté* et *yttria*.
468	tt	t	Dans *abattre, attaquer, battre*, etc.
469	tz	s	— *Coblentz* et *Metz*, noms de villes.
470	u	ui	La lettre *u* se prononce *ui* dans les mots où elle est suivie d'une syllabe sonore qui commence par un *y*, tels que *appuyer, essuyer, ennuyant*, etc., (que l'on prononce *a-pui-ïer, e-ssui-ïer*, etc.).
471	ua	u-a	Dissyllabe: *Gargantu-a, il tu-a*, etc.
472	ua	oua	1.° Dans les mots tirés de l'espagnol et de l'italien, tels que *alguazil, Guadalquivir, Guadeloupe, Guadiana, Guastalla,*

Numéros d'ordre des règles.	Homographes.	Prononcez.	
			Guatimala, paraguante, etc.; 2.° dans les mots de la liste suivante : Aquatil', aquatique. Equateur, équation. In - quarto. Lingual, liquation, loquace, loquacité. Quadragénaire, quadragésimal, quadragésime, quadrangulaire, quadratrice, quadrature, quadrifide, quadriflore, quadrifolium, quadrige, quadrijugée, quadrijumeaux, quadrilatère, quadriloculaire, quadrinome, quadriparti, quadrisyllabe, quadrumanes, quadrupède, quadruple, quadrupler, quaker (1), quanquan (2), quaternaire, quaterne, quatuor, quinquagénaire, quinquagésime. Squale, squammeux, squarreux, sublingual.
473	ua	a	Dans les mots qui ne sont pas compris dans la règle précédente, les lettres *ua*, précédées d'un *g* ou d'un *q*, se prononcent *a* : *il distingua*, *il harangua*, *il prodigua*, *qualité*, *quasi*, *équarrir*, *il s'embarqua*, etc.
474	ud	u	Dans *nud*, *crud*, *il conclud*, *il exclud*, etc. L'on écrit actuellement *nu*, *cru*, *il conclut*, *il exclut*, etc.
475	ud	ude	Dans *sud* et *talmud*.
476	ue	eu	Les lettres *ue* se prononcent *eu* dans les mots où elles sont précédées d'un *c* ou d'un *g*, et suivies d'un *l* mouillé, tels que *cercueil*, *orgueil*, *cueillir*, etc. Néanmoins, des personnes instruites prononcent

(1) Prononcez *kouakre*.

(2) Lorsque le mot *quanquan* signifie *harangue latine*, il se prononce *kouankouan*; mais le même mot se prononce *kankan* lorsqu'il signifie *grand bruit pour un rien*.

Numéros d'ordre des règles.	Homographes	Prononcé	
			ue comme *é* dans *orgueilleux*, *orgueilleusement* et *enorgueillir*.
477	ue	û	Dans *bévue*, *charrue*, *vue*, etc.
478	uë	û	— *aiguë*, *besaiguë*, *ciguë*, etc.
479	ue	uè	— *écuelle*, *équestre*, *questeur*, *questure*, *querquétulaire* et *quinquennal*, où *ue* est diphthongue; dans les autres mots, tels que *annu-elle*, *ru-elle*, *mu-elle*, etc., *ue* est dissyllabe.
480	ue	muet	Dans *bague*, *langue*, *prodigue*, *baraque*, *marque*, etc.
481	uè	. .	Dissyllabe dans *Su-ède*, *du-ègne*, etc. Dans ce dernier mot, quelques auteurs en font une diphthongue.
482	ué	üé	Dissyllabe dans *argu-é*, *rédargu-é*, *su-é*, *tu-é*, etc.; diphthongue dans *liquéfaction*, *querquétulaire* et *quérimonie*.
483	ué	é	Dans *distingué*, *guérir*, *liquéfier*, *marqué*, *quémander*, *quérir*, etc.
484	uel	. .	Dissyllabe : *du-el*, *cru-el*, etc.
485	ui (*)	üi	Les lettres *ui* se prononcent l'une et l'autre, 1.º dans tous les mots où elles ne sont pas précédées de l'une des consonnantes *g*, *q*, *v*, tels que *aujourd'hui*, *cuire*, *ennui*, *introduire*, *lui*, *suivre*, etc.; 2.º dans les mots suivans, où elles sont précédées d'un *g* ou d'un *q* : *aiguille*, *aiguiser* et leurs dérivés; *ambiguité*, *contiguité*, *consanguinité*, *équiangle*, *équidifférent*, *équidistant*, *équilatéral*, *équilatère*, *équimultiple*, *équipondérance*, *équitation*, *Guise* (nom propre), *inextinguible*, *à quia*, *qui-*

(*) La vocale multiple *ui* et ses substitutives sont diphthongues, lorsque chacune de ces deux lettres conserve le son qui lui est propre; excepté dans les mots *pitu-ite*, *bru-ine*, *ru-ine* et leurs dérivés.

Numéros d'ordre des règles.	Homographes.	Prononcez.	
			bus, *quirinal*, *réquiem*, *sesquialtère*, *ubiquiste* et *ubiquitaire*.
486	ui	i	Les lettres *ui* se prononcent comme *i* après l'une des consonnantes *g*, *q*, *v*, excepté les mots compris dans la règle précédente : *acquitter*, *coquille*, *guide*, *guichet*, *Guillaume*, *guise* (façon), *qui*, *vuide*, *vuider*, *vuidange*, etc. (L'on écrit actuellement *vide*, *vider*, *vidange*).
487	uid	üi	Dans *muid*.
488	uie	üi	— *pluie*, *suie*, *qu'il fuie*, etc.
489	uient	üi	— *ils essuient*, *ils s'ennuient*, etc.
490	uies	üi	— *tu appuies*, *que tu t'ennuies*, etc.
491	uin	üin	Diphthongue dans *juin*, *suint*, *suinter*, *quindécagone*, *quindécemvirs* et tous les mots qui commencent par *quinqua* et *quinque*, (prononcez *küeinkoua*, *küeinküé*), tels que *quinquagésime*, *quinquéflore*, etc., ainsi que dans *quintidi*, *quintil*, *Quintilien*, *quintuple* et *quintupler*.
492	uin	ein	Dans tous les mots auxquels ne s'applique pas la dernière règle : *guinder*, *guinguette*, *quinquina*, *quinte*, *quinze*, etc.
493	uis	üi	Dans *buis*, *je suis*, *tu fuis*, etc.
494	uit	üi´	— *bruit*, *circuit*, *il suit*, *il détruit*, etc.
495	uits	üi	— *puits*, *nuits*, etc.
496	ul	u	— *cul*, que l'on écrit aussi *cu*.
497	ul	ule	— *calcul*, *consul*, *nul*, etc.
498	um	eun	— *humble*, *humblement* et *parfum*.
499	um	on	— *Humbert*, *umble* et *rumb*, (prononcez *ronbe*).
500	um	ome	Dans *album*, *centumvir*, *duumvir*, *opium*, *Te Deum* et tous les mots qui ne sont pas compris dans les deux dernières règles.

Numéros d'ordre des règles.	Homographie.	Prononcé.	
501	un	eun	1.º Dans les syllabes finales : *alun, brun, chacun, importun, tribun*, etc.; 2.º dans les mots *lundi, défunte, emprunter* et les dérivés de ce dernier.
502	un	on	Dans tous les mots auxquels ne s'appliquent pas les deux dernières règles: *Dunkerque, junte, Sund*, etc.
503	unt	eun	Dans *défunt* et *emprunt*.
504	us	usse	La lettre *s* se prononce, 1.º dans *sus, en sus* et dans le mot *plus* lorsqu'il signifie *davantage*, et qu'il est suivi du mot *que: j'en ai plus que vous*; 2.º dans *blocus, calus, fœtus, obus, rébus, sinus*, et tous les autres mots étrangers adoptés dans la langue française; 3.º dans les noms propres: *Bacchus, Vénus*, etc.; 4.º dans les syllabes initiales et médiales: *Buste, combustion, Gustave*, etc.
505	us	u	Dans la terminaison de tous les mots auxquels ne s'applique pas la dernière règle, tels que *abus, dessus, je fus, je n'en ai plus*, etc.
506	ut	ute	Dans *brut, but, chut, occiput* et *sinciput*.
507	ut	u	— *début, il but, il fut, tribut*, etc.
508	uth	ute	— *luth*.
509	ux	ukse	— *Pollux*.
510	ux	u	— *flux* et *reflux*.
511	uye	üi	— *j'appuye, j'essuye*, etc.
512	uyes	üi	— *tu appuyes, tu essuyes*, etc.
513	uyent	üi	— *ils appuyent, ils essuyent*, etc.
514	wh	ou	— *whisk, whiski* et *whist*
515	w	v	— *Warwick, Weimar, Wéser, Westphalie*, etc.
516	x	gz	La lettre *x* se prononce *gz*, 1.º au commencement des noms propres: *Xavier, Xante, Xénophon, Ximénès*, etc.; 2.º entre

Numéros d'ordre des règles.	Homographes.	Prononcer.	
			un *e* initial et une vocale ou un *h* muet : *examiner*, *exempt*, *exiler*, *exode*, *exultation*, *exhaler*, *exhéréder*, *exhiber*, etc.
517	x	k	*X* se prononce *h* devant un *c*, lorsque celui-ci est suivi d'un *e* ou d'un *i : excès*, *excellent*, *exciter*, etc.
518	x	z	*X* se prononce z, 1.º dans les mots dérivés de *deux*, *six* et *dix*, tels que *deuxième*, *sixièmement*, *dixaine*, etc.; 2.º devant un mot qui commence par une vocale ou un *h* muet : *deux hommes*, *six ans*, *dix aunes*, *aux amis*, *cheveux épars*, *heureux époux*, *je veux écrire*, etc.; 3.º dans les nombres *dix-huit* et *dix-neuf*.
519	x	s	*X* emprunte le son de *s* dur dans *Auxerre*, *Auxon*, *Auxonne*, *Auxois*, *Aix-la-Chapelle*, *Aix* (en Provence), *Cadix*, *Luxeuil*, *coccix*, *dix*, *dix-sept*, *six*, *soixante* et les dérivés de ce dernier.
520	x	ks	Enfin, la lettre *x* a le son de *ks* dans tous les mots auxquels ne s'appliquent pas les règles précédentes, tels que *Alexandre*, *axe*, *équinoxe*, *xanthium*, *excuse*, *préfix*, *phénix*, *stix*, *Ajax*, etc.
521	y	ï	La lettre *y* se prononce comme la consonnante *ï*, 1.º dans *Bayeux*, *Bayon*, *Bayonne*, *biscayen*, *Mayence* et *Mayenne*. (Voyez la règle n.º 2); 2.º dans *appuyer*, *moyen*, *payer*, etc. (Voyez les règles n.ºˢ 2, 323 et 470).
522	y	ïi	Dans les verbes en *ayer*, *oyer* et *uyer*, à la première et à la seconde personne du pluriel de l'imparfait de l'indicatif et du présent du subjonctif : *nous payions*, *vous employiez*,

Numéros d'ordre des regles.	Homographes.	Prononcé.	
			que nous appuyions, etc. (Prononcez *pé-i-ïons*, *em-ploua-i-ïez*, *a-pu-i-ïons*).
523	y	i	L'*y* prend le son de l'*i*, 1. quand il commence ou finit un mot, comme dans *yeux*, *Yonne*, *Candy*, *Chantilly*, etc.; 2.º entre deux consonnantes, ou entre une vocale et une consonnante, comme dans *abyme*, *lyre*, *synode*, *Zuydersée*, etc.; 3.º quand il fait seul un mot : *il y a*, *on y va*, etc.
524	yeux	ïeu	Diphthongue dans *les yeux*.
525	ym	ime	Lorsque les lettres *ym* sont suivies d'un *n*, comme dans *hymne*, *hymniste* etc., elles se prononcent *ime*.
526	ym	ein	Dans *lymphe*, *nymphe*, *symbole*, etc.
527	yn	ein	— *larynx*, *lynx*, *syndic*, etc.
528	ys	i	— *Denys* et *pays*.
529	ys	isse	— *Atys*, *Babys*, *Erinnys*, la *Lys* (rivière), etc.
530	zz	dz	Le premier *z* se prononce comme un *d* dans les mots pris de l'italien, comme *l'Abruzze*, *mezzanime*, *mezzo*, etc.

CHAPITRE IV.

DE L'ÉPELLATION.

L'ancien procédé d'épellation consistait à faire prononcer, d'abord, les noms *alphabétiques* des voyelles et des consonnes qui doivent être assemblées pour former une syllabe, et ensuite cette syllabe elle-même. Par exemple, pour épeler le mot *chou*, on faisait dire, en français, *sé*, *ache*, *o*, *u* — *chou*, et en allemand, *eß*, *tfe*, *ha*, *u* — *fchu*.

Le nouveau procédé consiste à substituer aux noms *alphabétiques* les noms *imitatifs* des voyelles et des consonnes, en sorte que pour épeler la syllabe qui vient de nous servir d'exemple, on fait dire à l'élève dans les deux langues, *ch, ou* — *chou;* ſch, u — ſchu.

Un autre procédé, qui ne diffère du dernier que dans le cas où les voyelles précèdent les consonnes, comme dans *ab, il, or, ast*, etc., consiste à faire prononcer d'une seule émission de voix ces sortes de combinaisons.

§. — VI.

Application des trois méthodes d'Épellation.

Ancienne méthode.

Mou : ème, o, u — mou.
Lieu : èle, i, é, u — lieu.
Trou : té, ère, o, u — trou.
Mal : ème, a, èle — mal.
Char : sé, ache, a, ère — char.
Fleur : èfe, èle, é, u, ère — fleur.
Bagdad : bé, a, jé-bag; dé, a, dé-dad — Bagdad.
Travail : té, ère, a-tra; vé, a, i, èle-vail — travail.

Nouvelle méthode.

Mou : m, ou — mou.
Lieu : l, ieu — lieu.
Trou : tr, ou — trou.
Mal : m, a, l — mal.
Char : ch, a, r — char.
Fleur : fl, eu, r — fleur.
Bagdad : b, a, g-bag; d, a, d-dad — Bagdad.
Travail : tr, a-tra; v, a, il (lïeŭ)-vail — travail.

Nouvelle méthode simplifiée.

Mal : m, al — mal.
Char : ch, ar — char.
Fleur : fl, eur — fleur.
Bagdad : b, ag-bag; d, ad-dad — Bagdad.
Travail : tr, a-tra, v, ail-vail — travail.

Alte Lehrart.

Schau: es, tsé, ha, a, u — schau.
Frau: ef, er, a, u — Frau.
Tag: té, a, gé — Tag.
Wolf: wé, o, el, ef — Wolf.
Warm: wé, a, er, em — warm.
Pferd: pé, ef, é, er, dé — Pferd.
Mensch: em, é, en, es, tsé, ha — Mensch.
Schmerz: es, tsé, ha, em, er, tséd — Schmerz.
Ernst: é, er, en, es, té — ernst.

Neue Lehrart.

Schau: sch, au — schau.
Frau: fr, au — Frau.
Tag: t, a, g — Tag.
Wolf: w, o, l, f — Wolf.
Warm: w, a, r, m — warm.
Pferd: pf, é, r, d — Pferd.
Mensch: m, é, n, sch — Mensch.
Schmerz: schm, é, r, tse — Schmerz.
Ernst: é, r, n, st — ernst.

Neue einfache Lehrart.

Tag: t, ag — Tag.
Wolf: w, olf — Wolf.
Warm: w, arm — warm.
Pferd: pf, erd — Pferd.
Mensch: m, ensch — Mensch.
Schmerz: schm, erz — Schmerz.
Ernst: — ernst.

On voit par ces exemples que la première méthode exige autant d'opérations qu'il y a de lettres
dans la syllabe, et que souvent le son de quelques-unes de ces lettres ne se fait plus entendre
dans le résultat.

On voit, au contraire, qu'il ne peut jamais y avoir plus de quatre opérations dans la seconde méthode, ni plus de deux dans la troisième, quel que soit le nombre de lettres dont la syllabe se compose, et que la troisième sur-tout n'admet de son étranger que celui de l'*e* servant d'appui à toutes les consonnes suivies d'une voyelle.

On pourrait se dispenser de donner cet appui aux consonnes représentées par *f*, *z*, *s*, *j*, *ch*, *l* et *r*, dont le son peut se prolonger à volonté, et d'une manière distincte : il est aisé de s'en convaincre en observant, par exemple, le mouvement qui reste à faire après avoir prononcé *tu* dans *tuf*, *ga* dans *gaz*, *a* dans *as* (terme de jeu), *sa* dans *sage*, *ha* dans *hache*, *ba* dans *bal*, *jou* dans *jour*. Mais les autres consonnes n'ayant qu'un son sourd et étouffé, leur véritable valeur ne peut être rendue sensible qu'au moyen de la voyelle avec laquelle elles se combinent lorsqu'elles aident à former une syllabe, ou de celle qu'on leur donne arbitrairement pour appui lorsqu'elles sont isolées. Dans le premier cas, la manière de prononcer chacune de ces consonnes est donc susceptible d'autant de modifications différentes qu'il y a de voyelles; et tout appui arbitraire devient inutile. Par exemple, la consonne que l'on représente par *b*, et qui, étant considérée isolément, se prononce avec le son de *é* ou de *e*, prend celui de *a* dans *balai*, de *é* dans *bénir*, de *e* dans *besoin*, de *ê* dans *bête*, de *on* dans *bonté*, etc. ; et dans la combinaison inverse, elle reçoit le nom de *ab* dans *Joab*, de *ob* dans *Job*, etc.

Le *b* qui continue à nous servir d'exemple, ne devrait donc. dans une syllabe, se prononcer *bé*, que lorsqu'il est suivi d'un *é*, comme dans *bénir*; ou *be*, que lorsqu'il est suivi d'un *e*, comme dans *besoin*; et quelle que soit d'ailleurs la voyelle avec laquelle cette consonne et toute autre se combinent, il est évident que les différentes opérations qu'exigent l'épellation, peuvent se réduire à une seule, en faisant prononcer en un seul temps *ba*, *mé*, *pé*, *ne*, *don*, *ab*, *op*, etc., au lieu de *be*, *a* — *ba*; *me*, *é* — *mé*; *pe*, *é* — *pé*; *ne*, *e* — *ne*; *de*, *on* — *don*; *a*, *be* — *ab*; *o*, *pe* — *op*, etc. (1)

Cette méthode de *syllaber* sans épeler peut également s'appliquer aux consonnes et aux voyelles multiples; car l'élève ayant, par exemple, à syllaber *blan* dans *blanchir*, et *frui* dans *fruitier*, et sachant quels sont les organes à mettre en mouvement pour articuler *bl* et *fr* qu'il a appris à nommer *ble* et *fre*, n'a plus qu'à substituer au son *e*, celui de *an* dens la première syllabe, et de *ui* dans la seconde.

CHAPITRE V.

DE LA QUANTITÉ PROSODIQUE.

On entend par *quantité*, cette partie de la prosodie qui marque le plus ou le moins de temps que l'on met à prononcer les sons dans les syllabes.

La valeur des sons n'ayant été déterminée, dans les chapitres précédents, que d'une manière absolue et dépendante uniquement de l'ouverture de l'organe, il reste encore à considérer leur valeur relative, c'est-à-dire, celle qui dépend du plus ou du moins de durée dont ils sont susceptibles relativement les uns aux autres.

______

(1) En simplifiant ainsi la marche de l'enseignement, on parvient encore à faire disparaître un inconvénient dont la nouvelle méthode d'épellation n'a pu se garantir. Il arrive assez fréquemment que des élèves ayant, par exemple, à épeler la syllabe *bon*, dont les élémens se nomment *be*, *on*, s'imaginent devoir conserver dans le résultat les mêmes sons qu'ils ont fait entendre dans ces deux opérations, et par conséquent prononcent *be-on* au lieu de *bon*.

Cependant, les sons que nous avons représentés jusqu'ici par des vocales surmontées d'un accent circonflexe (ˆ) et par leurs substitutives, peuvent déjà être considérés non-seulement sous le rapport de la prononciation grave qu'exprime cet accent, mais encore comme rendant presque toujours longues les syllabes dont ils font partie, et par conséquent, les règles qui leur sont applicables dans le tableau des homographes, peuvent servir en même temps à en déterminer la quantité prosodique.

Dans le tableau suivant, la voyelle longue, dépourvue de l'accent circonflexe, est exprimée par le signe -, la voyelle brève par celui-ci ◡, et la voyelle douteuse par cet autre ˅.

§. VII.

Tableau prosodique de la Langue française.

Règles générales.

Ire

Les voyelles sont longues lorsque les vocales qui les représentent sont marquées d'un accent circonflexe, comme dans les mots *pâte, tête, côté, jeûne* (abstinence), etc. Il en est de même de leurs substitutives, telles que *as* dans *appās, e* dans la pénultième de *tērre, aud* dans *réchāud, eux* dans *heureux,* etc.

(Voyez les substitutives de *á, é, ó, eú,* dans le tableau des vocales, pages 4, 5, 6, 7 et 10).

IIe

Les voyelles nasales sont longues dans une syllabe initiale ou médiale : *āmbitieux, plānte, feïndre, craïntif, tēnter, tīmbre, mōnde, sōmbre, hūmble, triōmpher,* etc. (1).

---

(1) Il ne faut pas confondre, parmi les vocales nasales, celles qui sont suivies de deux *m* ou de deux *n,* comme *épigramme, consonne,* etc. nous avons déjà vu que, dans ce cas, elles reprennent la valeur orale qui leur est propre.

III.e

Les voyelles sont longues dans la pénultième d'un mot, lorsque la syllabe finale est muette : *afflĭge, epoūse, excūse, seīze,* etc.

Mais lorsque la syllabe finale muette devient médiale ou se change en syllabe sonore, la voyelle qui la précède est brève : *afflĭger, afflĭgera, excŭser, excŭsable, seĭzième,* etc.

IV.e

Le premier son d'une diphthongue, tel que *i* dans *fiacre, ou* dans *oui,* est toujours très-bref relativement au second ; et celui-ci est soumis aux mêmes règles que les sons simples, par rapport aux lettres ou aux syllabes dont il est suivi.

V.e

Les mêmes voyelles peuvent, devant une syllabe muette finale, être longues ou brèves, suivant la place qu'occupe le mot dont elles font partie : elles sont longues lorsque ce mot est suivi d'un repos ; comme dans *un homme brāve, une maison agréāble, avant le délūge, il est dans le besoīn, il a fait son devoīr, un homme honnēte,* etc. ; et elles sont brèves lorsque ce mot doit être prononcé de suite avec le suivant : *un brăve homme, une agrĕăble nouvelle, le délŭge universel, il a besoĭn de repos, un devoĭr important, un honnĕte homme,* etc.

VI.e

Lorsqu'une vocale est suivie immédiatement d'un *e* muet, elle exprime toujours une voyelle longue : *pensēe, envīe, statūe, joīe, il agrēera, il joūera, nous essuīerons,* etc. Mais cette même vocale exprime une voyelle brève, lorsque l'*e* muet suivant se change en syllabe sonore : *envĭeux, statŭer, joўeux, agrĕez, nous joŭons, j'essuyais,* etc.

VII.e

VII.ᵉ

Les voyelles sont longues lorsque les vocales qui les représentent sont suivies de l'une des lettres finales et muettes *s*, *x* et *z*, comme dans *vérités*, *jaloūx*, *nēz*.

VIII.ᵉ

Le redoublement des consonnantes autres que *r* et *s*, rend ordinairement brève la voyelle qui les précède : *ăbbé*, *ăccabler*, *ăddition*, *ŏffrir*, *ăggraver*, *ăller*, *hŏmme*, *ĭnnover*, *ŏpposer*, *ăttaquer*, etc. (Voyez, pour les exceptions, les règles particulières).

RÈGLES PARTICULIÈRES. (*)

A.

a

Long dans tous les mots où il est identique de *â*, tels que *āgnus*, *chāssis*, *gāgner*, *mādré*, etc. (Voyez la liste de ces mots, page 22, règle n.º 1). Bref dans les syllabes initiales et médiales de tous les mots auxquels ne s'applique pas la règle précédente, tels que *ăpôtre*, *ănălogue*, etc., ainsi qu'à la fin d'un mot, comme dans *lă*, *papă*, *falbală*, *mă*, *tă*, *să*, *il ă*, *il aimă*, *il lĭră*, *oui-dă*, etc.

Mais l'*a* final est un peu moins bref dans les substantifs pris des langues étrangères, tels que *sofă*, *opéră*, *dŭplicată*, *agendă*, ainsi que dans les noms propres anciens ou étrangers, tels que *Attilă*, *Canadă*, *Cinnă*, *Sabă*, *Spă*, etc.

(*) Les voyelles marquées de l'accent circonflexe étant généralement longues, nous avons cru devoir ne les comprendre dans les règles particulières que dans le cas d'exceptions. Toutes les terminaisons qui ne sont point comprises dans le présent tableau, doivent être considérées comme brèves.

à	Bref sans exception : *aller ă Paris*, *çă, decă, déjă, lă, voilă.*
abe	Long dans *Arābe* et *astrolābe.* Bref dans tous les autres mots, tels que *syllăbe, trăbe*, etc.
able	Long dans *fāble, cāble, diāble, rāble, sāble, accāble* et *ensāble.* (Voyez le tableau des homographes, règle n.º 1). Douteux dans les adjectifs, tels que *aimăble, blamăble*, etc., ainsi que dans les deux substantifs *tăble* et *étăble.*
abre	Long dans *cinābre, sābre, il se cābre, il se délābre* et tous les autres mots de cette terminaison, même lorsque la syllabe qui suit immédiatement l'*a* devient sonore : *sābrer, se cābrer, délābré*, etc.
ac	Toujours bref, soit que le *c* se prononce, comme dans *băc, lăc, săc, tillăc*, soit qu'il ne se prononce pas, comme dans *tabăc.* Long au pluriel : *lācs, tabācs*, etc.
ace	Long dans *espāce, il lāce, délāce, entrelāce, grāce* et *disgrāce.* Bref dans tous les autres mots : *audăce, glăce, préfăce, tenăce, vorăce*, etc.
ach	Bref au singulier : *un almanăch.* Long au pluriel : *des almanāchs.*
ache	Bref sans exception : *attăche, flăche, hăche, tăche* (souillure), *văche*, etc.
acle	Toujours long : *mirācle, obstācle, pinācle*, etc., et dans tous les temps du verbe *rācler.*
acre	Long dans *ācre* (piquant), *ācreté* et *sācre* (oiseau). Bref dans *ăcre* (ancienne mesure agraire) et *săcre* (action de sacrer).
ade	Toujours bref : *arcăde, brigăde, cascăde, facăde*, etc
adre	Long dans *cādre, escādre, mādré*, ainsi que dans tous les temps des verbes *cādrer* et *encādrer.* Mais l'*a* est bref dans *lădre*

et dans tous les substantifs où les lettres *dr* sont suivis d'une vocale autre que l'*e* muet ou fermé, tels que *cădran, escădron*, etc.

aſe affe	Toujours bref : *agrăffe, carăffe, eau de năffe, parăfe*, etc.
afle	Long : *rāfle, rāfler, ĕrāfler*.
aſre affre	Long dans *āffres* (frayeur extrême) : *les āffres de la mort*. Bref dans tout autre mot : *balăfre, săfre*, etc.
age	Toujours bref : *badinăge, căge, ĕtăge, hĕrităge*, etc.
agne	Long dans tous les temps des verbes *gāgner* et *regāgner*. Bref dans tous les autres mots : *Allemăgne, campăgne, montăgne*, etc.
ague	Toujours bref : *băgue, dăgue, văgue*, etc.
ai	Bref, 1.° lorsque ces deux lettres sont identiques de *e*, comme dans *je făisais, nous făisions, satisfăisant, bienfăisance*, etc. (Voyez la règle n.° 12, page 24); 2.° dans tous les mots où ces deux lettres ont le son de l'*é*, tels que *ăimant, j'ăi, je parlăi, quăi*, etc. (Voyez la règle n.° 13, page 24). Douteux dans les mots où les lettres *ai* se prononcent comme *è*, tels que *balăi, déblăi, vrăi*, etc. (Voyez la règle n.° 15, page 24).
aid	Bref au singulier : *lăid*. Long au pluriel : *des hommes lāids*.
aigne	Toujours bref : *Bréhăigne, chătăigne, Sardăigne*, etc.
aigre	Long dans *māigre*. Bref dans tous les autres mots : *ăigre, vinăigre*, etc.
ail	Bref au singulier : *attirăil, băil, bétăil*, etc. Long au pluriel : *attirāils, détāils, sérāils*, etc.
aille	Long, 1.° dans les substantifs, tels que *batāille, cāille, pāille, mitrāille*, etc., ex-

7 *

cepté *médăille;* 2.º dans les verbes à l'impératif et au subjonctif: *qu'il batāille, qu'il détāille, qu'il vāille,* etc. ; 3.º dans les verbes suivants, au présent de l'indicatif, savoir : *brāille, chamāille, criāille, débrāille, empāille, rāille, tāille,* etc., excepté seulement *batăille, détăille, émăille, travăille* et *băille* (donne).

aillé ⎱
ailler ⎰ Bref dans *médăiller* ou *médăillier, batăillé, batăiller, émăillé, émăiller, travăillé, travăiller, băillé* et *băiller* (donner). Long dans tous les autres mots de ces deux terminaisons, tels que *brāillé, rāiller,* etc.

aillon ⎱
aillons ⎰ Bref dans *médăillon, batăillon, nous détăillons, émăillons, travăillons* et *băillons* (donnons). Long dans tous les autres mots de ces deux terminaisons : *hāillon, penāillon, nous tāillons,* etc.

aim | Douteux au singulier : *dăim, étăim, essăim* et *făim.* Long au pluriel : *dāims, essāims,* etc.

ain | Douteux au singulier : *băin, écrivăin, grăin,* etc. Long au pluriel : *bāins, écrivāins,* etc.

ainc | Long : *il vāinc, il convāinc.*

aine | Long dans *hāine* et ses dérivés. Douteux dans les autres mots, tels que *capităine, fontăine,* etc.

aint | Toujours long: *māint, sāint, il crāint,* etc.

air | Douteux au singulier: *ăir, chăir, éclăir,* etc. Long au pluriel : *āirs, chāirs,* etc.

aire ⎫
ais ⎪
aise ⎬ Toujours long : *chāire, plāire, palāis, j'avāis, fournāise, qu'il plāise, cāisse, qu'il repāisse, pāix, făix,* etc. (Voyez la III.ᵉ et la VII.ᵉ règle générale, pages 80 et 81).
aisse ⎪
aix ⎭

ait | Bref au singulier : *attrăit, bienfăit, lăit, il aimăit,* etc. Long au pluriel : *attrāits, portrāits,* etc.

aite	Toujours bref : *retrăite*, *parfăite*, etc.
al, ale, alle	Toujours bref : *băl*, *chevăl*, *cigăle*, *morăle*, *bălle*, *mălle*, etc.
am	L'*a* est bref, 1.° dans les mots *Adăm* et *dăm* ; 2.° lorsque chacune de ces deux lettres conserve le son qui lui est propre, comme dans *Ămsterdăm Ămmon*, *Abrahăm*, etc. (Voyez la règle n.° 3o, page 25). Long lorsque, dans une syllabe initiale ou médiale, ces deux lettres expriment une voyelle nasale : *āmbe*, *jāmbon*, *cāmper*, *tāmbour*, etc. (Voyez la II.ᵉ règle générale page 79).
ame amme	Long dans *āme*, *infāme*, *dictāme*, *jusquiāme*, *flāmme* et *oriflāmme*. Bref dans tous les autres mots : *amalgăme*, *dăme*, *anagrămme*, *épigrămme*, *enflămme*, etc.
an	L'*a* est bref lorsque ces deux lettres se prononcent *ane*, comme dans *abănnation*, *ănnuel*, *tyrănniser*, etc. (Voyez, page 25, la règle 34). Mais lorsque les lettres *an* expriment un son nasal, celui-ci n'est bref que lorsqu'il finit un mot au singulier, comme dans *ăn*, *băn*, *courtisăn*, *rubăn*, etc., et il est long dans les mêmes mots au pluriel, ainsi que dans les syllabes initiales et médiales : *courtisāns*, *romāns*, *ānge*, *āntique*, *enfānter*, *blānche*, *dānse*, etc. (Voyez la II.ᵉ et la VII.ᵉ règle générale, pages 79 et 81).
amne ane anne	Long dans *Albāne*, *bardāne*, *bracmāne*, *condāmne*, *dāmne*, *Diāne*, *diaphāne*, *douāne*, *mānne* et *plāne*. Bref dans tous les autres mots : *cabăne*, *orgăne*, *pănne*, etc.
ant	Toujours long : *aimānt*, *élégānt*, *tant puissānt*, etc.
ap	Toujours bref, soit que le *p* se prononce, comme dans *căp*, ou qu'il ne se prononce pas, comme dans *drăp*.

ape appe	Toujours bref : *chăpe*, *étăpe*, *grăppe*, *il jăppe*, etc.
apre	Long dans *āpre*.
aque acque	Long dans *Jācques*. Bref dans tous les autres mots : *attăque*, *Cosăque*, *măcque*, etc.
ar	Bref au singulier et dans les syllabes initiales et médiales : *Césăr*, *chăr*, *păr*, *mărcher*, *désărmer*, etc. Long à la fin des mots au pluriel : *chārs calemārs*, etc.
arbe	Toujours bref : *Bărbe*, *rhubărbe*, etc.
arc	Toujours bref, soit que le *c* se prononce comme dans *ărc*, *părc*, etc., ou qu'il ne se prononce pas, comme dans *ărc-boutant*, *mărc le franc*, etc. (Voyez, page 26, les règles 53 et 54). Long au pluriel : *ārcs*, *pārcs*, etc.
ard	Moins bref que *ar* : *dărd*, *liărd*, etc. Long au pluriel : *billārds*, *étendārds*, *hasārds*, etc.
are	Toujours long : *avāre*, *rāre*, *Ténāre*, etc.
arre	Toujours long, même lorsque les deux *rr* commencent une syllabe sonore : *bārre*, *bārrer*, *bizārre*, *lārron*, etc.
ari arie arri arrie	Long dans *hourvāri*, *mārri* et *mārrie*. Bref partout ailleurs : *mări*, *barbărie*, *Mărie*, etc.
ars	Toujours long : *jārs*, *épārs*, etc.
art	Moins bref que *ar* : *écărt*, *il părt*, etc, Long au pluriel : *ārts*, *écārts*, etc.
arte artre	Toujours bref : *cărte*, *tărtre*, etc.
as	Toujours long, soit que le *s* se prononce, comme dans *ās* (terme de jeu), *Jonās*, *Pallās*, etc., soit qu'il ne se prononce pas, comme dans *appās*, *Judās*, etc. (Voyez, au tableau des homographes, les règles n.os 60 et 61, page 27, et la VII.e règle générale, p. 81).

ase — Toujours long : *emphāse*, *Pĕgāse*, *il embrāse*, *bāse*, *écrāse*, *rāse*, etc., et même lorsque le *s* commence une syllabe sonore: *embrāser*, *nous bāsons*, *vous écrāsez*, *rāsé*, etc.

asse — Long, 1.º dans les substantifs *bāsse*, *cāsse*, *clāsse*, *chāsse* (de saint), *échāsse*, *impāsse*, *nāsse*, *pāsse*, *tāsse*, *māsse* (au jeu) et *savantāsse*; 2.º dans les adjectifs féminins *bāsse*, *grāsse* et *lāsse*; 3.º dans les verbes *il amāsse*, *cāsse*, *concāsse*, *enchāsse*, *pāsse*, *compāsse*, *sāsse* et dans leurs composés; 4.º lorsque dans les dérivés de ces mots, les deux *ss* commencent une syllabe sonore: *bāsson*, *chāssis*, *cāsser*, etc. (Voyez la règle n.º 1, page 22). Bref dans tout autre mot: *chăsse* (poursuite), *cuirăsse*, *Parnăsse*, etc.

.asque — Toujours bref : *Băsque*, *căsque*, *măsque*, etc.

aste
astre
at
ate
atte
atre
attre — Toujours bref: *căste*, *făste*, *văste*; *cadăstre*, *désăstre*; *candidăt*, *dĕbăt*, *mandăt*; *automăte*, *ingrăte*, *pătte*; *quătre*, *băttre*, *combăttre*, etc.

au — Long, 1.º devant une syllabe muette, comme dans *ānge*, *āune*, *āutre*, *tāupe*, *aréonāute*, etc.; 2.º devant une ou plusieurs consonnantes finales muettes, comme dans *Arnāuld*, *Quināult*, *fāux*, *tāux*, etc. Bref dans *Păul*. Douteux devant une syllabe sonore et à la fin d'un mot: *ăubade*, *ăudace*, *ăugmenter*; *coteău*, *joyău*, *étău*, etc.

ave — Bref dans *brăve* (honnête) devant un substantif: *un brăve homme*, *une brăve femme*. Long dans *brāve* (vaillant, courageux), *un brāve soldat*, *c'est un faux brā-*

| | *ve*, et dans tous les autres mots de cette terminaison : *Batāve, cāve, esclāve, rāve*, etc. |
| ax, axe | Toujours brefs : *Ajăx, borăx, Săxe, syntăxe*, etc. |

E.

ebe	Long : *Célēbe, Erēbe, Thēbes*, etc.
ebie ebre	Bref : *Hiĕble, célĕbre, funĕbre*, etc.
ec	Bref au singulier : *échĕc, grĕc*, etc. Long au pluriel : *échēcs, grēcs*, etc.
ece	Bref : *espĕce, piĕce, niĕce*, etc.
eche	Long dans *lēche, allēche* et *griĕche*. Bref dans les autres mots, tels que *brĕche, flĕche, il pĕche* (il fait un péché), etc.
ecle	Bref : *siĕcle, Thĕcle*.
ect	Bref au singulier dans les mots où *ect* se prononce *è*, comme dans *aspĕct, respĕct*, etc. Long au pluriel : *respēcts, suspēcts*, etc. Bref dans tous les autres mots, soit que l'on prononce *èk*, comme dans *infĕct*, ou *èkte*, comme dans *abjĕct, corrĕct*, etc. (Voyez les règles n.° 122, 123 et 124, page 36).
ecte ectre	Bref : *insĕcte, spĕctre*, etc.
ede éder	Bref : *remĕde, tiĕde, cĕder*, etc.
ée	Long : *journēe, pensēe*, etc. (Voyez la VI.ᵉ règle générale, page 80).
ef	Bref au singulier : *chĕf, fiĕf, nĕf*, etc. Long au pluriel : *chēfs, fiēfs*, etc.
effe	Long dans *grēffe*.
efle	Long dans *nēfle*. Bref dans *trĕfle*.
ege	Long : *collēge, cortēge, sacrilēge*, etc. (Quelques auteurs écrivent ces mots avec l'accent aigu : *collége, manége, piége*, etc.).
egle	Bref : *rĕgle*, etc.
egne	Long dans *rēgne* et *duĕgne*.

ègre ègue	Bref dans *intĕgre*, *nĕgre*, etc.; *bĕgue*, *allĕgue*, etc.
eige	Long dans *nēige*.
eigle	Bref dans *sĕigle*.
eigne	Bref dans *pĕigne*, *ensĕigne*, etc.
eil	Bref: *consĕil*, *solĕil*, etc.
eille	Long dans *viēille*, *viēillard* et *viēillesse*. Bref dans les autres mots: *abĕille*, *mervĕille*, *orĕille*, etc.
ein eint	Douteux au singulier: *dessĕin*, *frĕin*, *serĕin*, etc.; *tĕint*, *attĕint*, etc. Long au pluriel: *dessēins*, *attēints*, etc.
eine	Long dans *rēine*. Douteux dans tous les autres mots, tels que *pĕine*, *vĕine*, etc.
einte	Long: *attēinte*, *fēinte*, etc.
eitre	Long dans *rēitre*.
el	Bref au singulier: *autĕl*, *cruĕl*, *sĕl*, etc. Long au pluriel: *autēls*, *cruēls*, etc.
èle	Long dans *zēle* Bref dans les autres mots: *Adĕle*, *Cybĕle*, *fidĕle*, *modĕle*, etc.
elle	Bref: *mortĕlle*, *rebĕlle*, etc.
em	Long comme exprimant une voyelle nasale: *exēmple*, *tēmple*, etc. Bref lorsque le *m* se prononce, comme dans *décĕmvir*, *Jéruslĕm*, *itĕm*, ètc. (Voyez la règle 143, page 37, et la II.ᵉ règle générale, page 79).
ème	Douteux dans *crĕme*. Bref dans *je sĕme*, *il sĕme*. Long dans tous les autres mots: *Apozēme*, *deuxiēme*, etc.
en	Long comme son nasal: *ēntēndre*, *sēntēnce*, etc. Bref lorsque le *n* se prononce, comme dans *décĕnnal*, *amĕn*, etc. (Voyez, au tableau des homographes, la règle n.ᵒ 152, page 37, et la II.ᵉ règle générale, page 79).
ène	Long dans *arēne*, *cēne* et *scène*. Douteux dans les noms propres: *Diogĕne*, *Hélĕne*, etc. Bref dans tous les autres mots: *ébĕne*, *phénomĕne*, etc.

enne	Bref: *antiĕnne*, *étrĕnne*, *qu'il prĕnne*, etc.
ent	Bref au singulier: *ardĕnt*, *parĕnt* etc. Long au pluriel : *opulēnts*, *violēnts*, etc.
èpre	Bref dans *lĕpre*.
epte / eptre	Bref: *inĕpte*, *scĕptre*, etc.
èque / ecque	Bref: *bibliothĕque*, *hypothĕque*, *Sénĕque*, *grĕcque*, etc.
er	Long dans *amēr*, *enfēr*, *fēr*, *hivēr*, *mēr* et *vēr*, ainsi que dans les infinitifs suivis d'une vocale: *aimēr à rire*, etc. Bref, 1.º dans *chĕr*, *éthĕr* et dans les noms propres ou les noms étrangers, tels que *Jupitĕr*, *Lucifĕr*, *magistĕr*, *patĕr*, etc.; 2.º dans tous les mots où le *r* ne se prononce pas, tels que *bouchĕr*, *chantiĕr*, *dangĕr*, *métiĕr* etc., et dans tous les infinitifs suivis d'une consonnante : *aimĕr Dieu*, etc. (Voy. les règles n.ᵒˢ 175 et 176, pages 39 et 40).
erbe / erc / erce / erche / ercle / erde / erdre	Bref: *hĕrbe*, *clĕrc*, *commĕrce*, *il chĕrche*, *cĕrcle*, *qu'il pĕrde*, *pĕrdre*, etc.
ère / èrent	Long: *chimēre*, *pēre*, *sincēre*, *ils aimērent*, etc.
erge / ergue / erle / erme / erne / erpe	Bref: *aspĕrge*, *exĕrgue*, *pĕrle*, *épidĕrme*, *cavĕrne*, *sĕrpe*, etc.
err / erre	Bref dans les mots où les deux *rr* se font entendre séparément, tels que *ĕrrant*, *ĕrreur*, *tĕrreur*, etc. Douteux dans *attĕrre*, *dĕrrière*, *fĕrrière guĕrrier*, *tĕrrible* et

tĕrroir, où l'on ne prononce qu'un *r*. Long dans tous les autres mots où les deux *rr* se prononcent comme un seul, tels que *il ērre*, *fērrer*, *guērre*, *pērruque*, *piērre*, *tērre*, *tērrein*, *tonnērre*, *je vērrai*, *nous envē-rrons*, etc. (Voyez les règles n.ᵒˢ 447 et 448, page 65).

ers — Long, soit que le *r* se prononce ou qu'il ne se prononce point : *univērs*, *pervērs*; *dangērs*, *volontiērs*, etc. (Voyez les règles n.ᵒˢ 182 et 183, page 40).

ert — Bref au singulier : *concĕrt*, *désĕrt*, *ou-vĕrt*, etc. Long au pluriel : *concērts*, etc.

es — Long dans les mots où *es* se prononcent comme *ê* : *tu ēs*, *lēs*, *mēs*, *dēs*, *sēs*, *tēs* et *cēs*. (Voyez la règle n.ᵒ 185, page 40).

ès — Long, soit que l'on prononce le *s*, soit qu'on ne le prononce pas : *Aloēs*, *Thalēs*, *accēs*, *aprēs*, *procēs*, etc. (Voyez les rè-gles n.ᵒˢ 191 et 192, page 40).

èse — Bref dans le verbe *pĕser* lorsque celui-ci est suivi de son sujet *il* : *à peine pĕse-t-il, combien pĕse-t-il?* Long partout ailleurs : *diocēse*, *Genēse*, *thēse*, *il pēse*.

esque — Bref : *burlĕsque*, *grotĕsque*, etc.

esse — Long dans *abbēsse*, *cēsse*, *comprēsse*, *confēsse*, *exprēsse*, *lēsse*, *prēsse*, *profēsse*, *il opprēsse*, *on s'emprēsse*. Bref dans tous les autres mots : *adrĕsse*, *carĕsse*, *il intérĕsse*, etc.

est — Long dans *il ēst*. Bref dans les autres mots : *Brĕst*, *ĕst* (orient), *lĕst* (de navire), *ouĕst* et *zĕst*.

este, estre — Bref : *modĕste*, *terrĕstre*.

et — Bref au singulier : *ballĕt*, *cadĕt*, *filĕt*, etc., ainsi que dans la conjonction *ĕt*. Long au pluriel : *ballēts*, *cadēts*, etc.

ète, ette — Bref : *Athlĕte*, *comĕte*, *poëte*, *prophĕte*, *tablĕtte*, etc.

ète	Bref dans les adjectifs *honnĕte* et *mal-honnĕte*, lorsqu'ils sont suivis immédiatement du substantif auquel ils se rapportent : *une honnĕte femme, un malhonnĕte homme.* Hors de là, toujours long : *un homme honnēte, cela est est très-malhonnēte*, etc.
ètes	Bref dans *vous ĕtes.* En poésie ce mot peut être long ou bref.
etre, ettre	Bref : *diamĕtre, il pénĕtre, lĕttre, mĕt-tre*, etc.
eu	Bref au singulier : *fĕu, jĕu*, etc. Long au pluriel : *jēux, chevēux*, etc.
euf, euil, eul	Bref au singulier : *nĕuf, fautĕuil, til-lĕul*, etc. Long au pluriel : *nēufs, fautēuils, tillēuls*, etc.
eule, eulent	Long dans *mēule* et *ils vēulent.* Bref dans les autres mots, tels que *fillĕule, guĕule, sĕule*, etc.
eune	Bref dans *jĕune* (peu avancé en âge).
eur	Bref au singulier : *actĕur, bonhĕur*, etc. Long au pluriel : *flattēurs, flēurs*, etc.
eure	Bref dans le cas où les mots de cette terminaison en font nécessairement attendre un autre : *la majĕure partie, une hĕure entière.* Long dans le cas contraire : *c'est une fille majēure, dans une hēure.*
eux, euse	Long : *heurēux, heurēuse.*
ève	Long dans *grēve* et *trēve.* Douteux dans les autres mots : *fĕve, brĕve, achĕve*, etc.
èvre	Long : *chēvre, lièvre, orfēvre*, etc.
ex, exe	Bref, quelle que soit la place de la lettre *x* et la manière de la prononcer : *exĕmple, indĕx, ĕxciter, sĕxe*, etc.

I.

idre, ydre	Long : *cīdre, hydre*, etc.
ie	Diphthongue. (Voyez la IV.ᵉ règle générale, page 8o).

ige	Long : *litīge, līge, il afflīge, il oblīge*, etc.
ile, yle	Brefs : *agĭle, habĭle, style, huĭle, tuĭle,* etc. Quelques auteurs le font long dans les deux derniers mots.
im, ym	Long comme exprimant une voyelle nasale : *Joachīm, līmpide, thȳm*, etc. Bref lorsque chacune de ces deux lettres conserve le son qui lui est propre : *Ibrahĭm, intérĭm, ĭmmédiat*, etc. (Voyez les règles n.ᵒˢ 283 et 284, pages 50 et 51, et la II.ᵉ règle générale, page 79).
ĭme yme	Bref : *crĭme, maxĭme, synonȳme*, etc.
ire, ise	Long : *empīre, désīre, remīse, il puīse,* etc. Mais l'*i* devient bref devant une syllabe sonore : *désĭrer, épuĭsé*, etc.
isse issent	Long à l'imparfait du subjonctif : *que j'écrivīsse, que tu fīsses, qu'ils vīssent*, etc. Bref partout ailleurs : *coulĭsse, écrevĭsse, il glĭsse*, etc.
istre	Douteux dans *regĭstre* lorsqu'on prononce le *s*. Quelques-uns écrivent et prononcent *regītre*.
it	Bref : *habĭt, maudĭt*, etc.
ite	Long dans *bénīte*. Bref dans tous les autres mots, tels que *hermĭte, vous dĭtes*, etc.
itre	Douteux : *arbĭtre, mĭtre, ĭtre, vĭtre*, etc.
ive	Long dans les adjectifs féminins dont le masculin se termine en *if*, tels que *captīve, juīve, vīve*, etc. Bref dans les autres mots : *endĭve, gencĭve*, etc.
ivre	Long dans *vīvre* (substantif). Bref partout ailleurs : *cuĭvre, lĭvre, vĭvre* (verbe).

O.

o, hô	Au commencement du mot, l'*o* est long dans *ōsier, ōser* et dans tous les temps de ce verbe. Bref dans tous les autres mots :

	ŏdeur, *ŏlive*, *ŏbéir*, etc. *Hŏ* est bref dans *hŏtel* et *hŏtellerie* seulement.
obe	Long dans *glōbe* et *lōbe*. Bref partout ailleurs : *rŏbe*, *dérŏbe*, etc.
ode	Bref : *mŏde*, *ŏde*, etc.
oge	Long dans *dōge*. Bref dans les autres mots : *élŏge*, *il dérŏge*, etc.
ogne	Long dans *rōgne* (verbe). Bref dans *besŏgne*, *ivrŏgne*, *rŏgne* (substantif), etc.
oi	Douteux à la fin des mots, au singulier : *emplŏi*, *fŏi*, *lŏi*, etc. Long devant un *s* ou un *x* : *emplōis bourgeōis*, *chōix*, etc.
oie	Long : *jōie*, *il envōie*, *qu'il vōie*, etc. (Voyez la VI.ᵉ règle générale, page 80).
oin	Douteux à la fin d'un mot, au singulier : *besŏin*, *sŏin*, *lŏin*, etc. Long devant une consonnante, dans un même mot : *mōins*, *jōindre*, *pōinte*, etc.
oir	Douteux : *devŏir*, *sŏir*, *vŏir*, etc.
oire	Long : *bōire*, *glōire*, *victōire*, etc.
ois	Toujours long, soit que ces trois lettres se prononcent *oua*, comme dans *bōis*, *Bavarōis*, etc., soit qu'elles aient le son de *é*, comme dans *j'avōis*, *Anglōis*, etc. (Voy. les règles n.ᵒˢ 358 et 359, page 59).
oise ⎫ oisse ⎬ oissent ⎪ oivre ⎭	Long, soit que les lettres *ois* expriment une voyelle simple ou une diphthongue : *Anglōise*, *frambōise*, *parōisse*, *qu'il parōisse*, *ils connōissent*, *pōivre*, etc.
oit	Bref, soit que l'on prononce *è* ou *oua* : *il étōit*, *il aurōit*, *adrŏit*, *il vōit*, etc.
oite	Bref : *adrŏite*, *il bŏite*, etc.
ole	Long dans *mōle* et *vōle* (dérobe). Bref dans les autres mots, tels que *Capitŏle*, *idŏle*, *obŏle*, *l'oiseau vŏle*, etc.
om	Long comme exprimant une voyelle nasale : *bōmber*, *tōmbe*, etc. Bref lorsque chacune de ces deux lettres conserve le son qui lui est propre : *calŏmnier*, *autŏm-*

nal, sŏmmité, etc. (Voyez les règles n.ºs 366 et 368, page 60, et la IIe règle générale, page 79).

ome   Bref dans *gastronŏme, hippodrŏme* et *Rŏme.* Long partout ailleurs: *Atōme, monōme, tōme,* etc.

on   Bref lorsque l'o est suivi de deux *nn: cŏnnivence, ordŏnner,* etc. Long, comme exprimant une voyelle nasale: *cōnte, mōnde, ōnzième, sōnder,* etc. (Voyez les règles n.ºs 373 et 374, page 60, et la IIe règle générale, page 79).

one)   Bref dans *autŏmne, monotŏne, nŏnes*
omne) (office) et dans les noms propres, tels que *Barcelŏne, Bellŏne,* etc, excepté *Babylōne, Lacédémōne, Latōne, Suétōne* et *Tisiphōne.* Long dans tous les autres mots de cette terminaison: *amazōne, anémōne, octogōne, zōne,* etc.

or, ord   Bref au singulier: *butŏr, castŏr, ŏr, bŏrd,* etc. Long au pluriel: *butōrs, corridōrs, bōrds,* etc.

ore   Long: *aurōre, éclōre, il décōre,* etc.

ors   Long: *alōrs, dehōrs,* etc.

ort   Bref au singulier: *effŏrt, sŏrt,* etc. Long au pluriel: *ressōrts, tōrts,* etc.

os   Long: *hérōs, grōs,* etc.

ose   Long: *dōse, chōse, il ōse, Délōs,* etc.

osse   Long dans *fōsse, grōsse, il désōsse, endōsse, engrōsse* et leurs dérivés, même lorsque les deux *ss* commencent une syllabe sonore: *fōssé, grōsseur, endōsser,* etc. Bref dans tout autre mot: *brŏsse, crŏsse, Ecŏsse,* etc.

ote   Bref: *anecdŏte, dévŏte,* etc.

oudre)   Long: *pōudre, rōue, rōuille, il em-*
oue) *brōuille, mōule,* etc. Bref devant une
ouille) syllabe sonore: *pŏudré, rŏué, embrŏuillé,*
oule) *mŏulu,* etc.

oure ⎫ ourent ⎰	Douteux : *bravŏure, ils cŏurent,* etc.
ourre	Long : *bōurre, il fōurre, qu'il cōurre,* etc. Bref lorsque les deux *rr* commencent une syllabe sonore : *bŏurrade, cŏurrier,* etc.
ouse	Long : *épōuse, jalōuse, qu'il cōuse,* etc.
ousse	Long dans je *pōusse.* Bref partout ailleurs : *gŏusse, mŏusse, il tŏusse,* etc.
oute	Long : *jōute, il ajōute,* etc. Bref devant une syllabe sonore : *ajŏuté,* etc.
outre	Long dans *cōutre* et *pōutre.* Bref dans tous les autres mots : *lŏutre, ŏutre,* etc.

U.

ûche	Bref dans *bŭcher* et *bŭcheron.* Long dans tout autre cas : *būche, embūche,* etc.
uche	Long dans *il débūche.* Bref partout ailleurs : *autrŭche, crŭche, il trébŭche,* etc.
ue	Long : *charrūe, massūe, vūe,* etc.
uge	Douteux : *délŭge, jŭge, refŭge,* etc. Bref devant une syllabe sonore : *jŭger, réfŭgier,* etc.
ui	Douteux : *cŭir, fŭir,* etc.
uie	Long : *plūie, il s'ennūie,* etc.
ule	Bref : *bascŭle férŭle,* etc.
um	Long dans les syllabes initiales ou médiales, lorsque ces deux lettres expriment un son nasal, soit qu'on les prononce *eun,* comme dans *hūmble,* soit qu'elles aient le son de *on,* comme dans *ūmble* (poisson). Bref au singulier et long au pluriel dans la syllabe finale des mots où *um* se prononce *ome : centŭmvir, Te Deŭm,* etc. (Voyez les règles n.ᵒˢ 498, 499 et 500, page 71).
un	Long dans les syllabes initiales et médiales : *lūndi, défūnte,* et. Bref au singulier et long au pluriel dans les syllabes finales : *brŭn, importŭn; brūns, importūns,* etc.

ure

ure	Long : *augŭre*, *il assūre*, etc. Bref devant une syllabe sonore: *augŭrer*, *assŭré*, etc.
use	Long : *mūse*, *rūse*, *éclūse*, *il excūse*, etc. Bref devant une syllabe sonore: *éclŭsier*, *excŭser*, etc., excepté dans *rūsé*.
usse	Long dans les verbes: *que je reçūsse*, *que tu lūsses*, etc., ainsi que dans *aumūsse*, selon l'usage actuel. Bref dans les autres mots, tels que *Prŭsse*, *rŭsse*, etc.

SECONDE PARTIE.

DE L'EUPHONIE.

Oɴ entend par le mot *euphonie* tout ce qui contribue à rendre la prononciation plus douce et plus coulante. Nous allons donc exposer, sous ce titre, 1.º le mécanisme à employer par les Allemands pour bien distinguer la vraie prononciation des consonnes françaises qu'ils ont l'habitude de confondre, faute des moyens de saisir la différence qu'établit entr'elles une articulation plus forte ou plus faible ; 2.º les différents cas où les consonnantes finales ont une influence sur les mots dont elles sont suivies.

CAPITRE VI.

Des Lettres françaises dont la prononciation offre des difficultés aux Allemands.

Dans plusieurs contrées de l'Allemagne, et dans les départemens français où la langue allemande est encore en usage parmi le peuple, on prononce ordinairement le *b* comme le *p*, le *d* comme le *t*, le *z* comme le *s* dur, le *j* comme le *ch* et le *g* (ghé) comme le *k*. Cette similitude de son entre des élémens aussi distincts, provient de ce qu'en allemand, les consonnes dures se prononcent avec une sorte d'aspiration dont ces mêmes lettres sont totalement dépourvues en français, ce qui leur donne un degré de force qui augmente dans la même proportion celui des articulations molles de la langue allemande, et rend celles-ci absolument égales aux articulations dures de la langue française. Beaucoup d'Allemands prononcent, par exemple, la syllabe *ta* comme *tha*, en aspirant le *h*, et *da* comme *ta*; or, leurs organes n'étant pas habitués à dépasser le degré intermédiaire qui existe entre le *t* aspiré et le *d*, il est difficile de leur faire sentir la véritable valeur de cette dernière lettre et de toutes les autres consonnantes molles de la langue française. Pour y parvenir, il ne suffit pas toujours de bien prononcer devant eux les syllabes où ces lettres se rencontrent; il est souvent nécessaire d'avoir recours à un mécanisme au moyen duquel ils puissent s'exercer eux-mêmes à bien articuler et à se défaire des habitudes vicieuses qu'ils peuvent avoir contractées à cet égard.

Les consonnes dont il vient d'être question sont de deux espèces: les unes peuvent s'articuler sans le secours d'une voyelle; ce sont z, s, j et ch; les autres, c'est-à-dire, b, p, d, t, g et k ont besoin d'un appui pour se faire entendre. Nous allons les examiner sous ces différents points de vue.

§. VIII.
Des Lettres z, s, j *et* ch.

En observant, par exemple, le mouvement qui reste à faire après avoir prononcé *ga* dans *gaze*, *a* dans *as* (terme de jeu), *sa* dans *sage* et *ha* dans *hache*, on remarque que ce mouvement produit un sifflement mol à la fin de *gaze*, un sifflement dur à la fin de *as*, un chuintement (*) mol à la fin de *sage*, et un chuintement dur à la fin de *hache*, résultats qu'il est facile de prolonger à volonté. Mais la rapidité avec laquelle ce mouvement doit s'exécuter dans l'émission des syllabes, ne permet pas à tous les élèves de bien saisir la différence qui existe entre le *z* et le *s*, ou entre le *j* et le *ch*; et quoique le maître ou le moniteur ait prononcé devant eux très-exactement, par exemple, les mots *zizanie*, *Suzon*, *jugé*, *changé*, etc., la plupart prononcent *ciçanie*, *Suçon*, *chuché*, *chanché*, etc. Il y en a même dont l'organe étant assez flexible pour bien prononcer les consonnes faibles, sans cependant que leur oreille soit assez exercée pour les distinguer des consonnes fortes correspondantes, tombent dans le défaut opposé, et prononcent, par exemple, *boisson* pour *poison*; *projet* pour *brochet*, etc.

Le seul moyen de rendre sensible à ces élèves la vraie prononciation des consonnes exprimées par *z*, *s* dur, *j* et *ch*, est de leur faire prolonger, dans chaque syllabe, le mouvement qui les produit, sauf à leur faire diminuer insensiblement la durée de ce mouvement, à mesure que leur organe acquiert la flexibilité nécessaire.

Supposons, par exemple, qu'un élève prononce mal ces mots, *je choisissais*, qui réunissent les quatre articulations dont il s'agit, le maître ou le moniteur dira et fera dire ensuite à l'élève, syllabe par syllabe, *j...e*, *ch...oi*, *z...i*, *ss...ais*, opération dans laquelle on remarquera que le mouvement prolongé des consonnes exprimées par *j* et par *z*, est accompagné d'un bruit léger à

(*) M. l'Abbé Sicard, dans ses élémens de grammaire générale, appelle *chuintantes* les lettres *j* et *ch*.

peu près semblable au bourdonnement d'un in-
secte, ce qui n'a pas lieu pour les deux autres
consonnes.

§. IX.
Des Lettres b, p, d, t, g *et* k.

Nous avons déjà eu occasion de remarquer que
le mouvement qui produit les consonnes représentées par ces lettres, n'est pas de nature à pouvoir
se prolonger, comme celui par lequel on obtient les articulations sifflantes et chuintantes.
Mais ce mécanisme peut aisément se remplacer
par un autre, qui consiste à emprunter le secours
d'autres consonnes de la même classe dont la prononciation sert à préparer les organes à bien articuler celles qui exigent cette préparation. Nous allons
donc les examiner d'après leur classification. (*)

b — p.

Ces deux lettres forment avec le *m* la classe
des labiales, et l'on remarque que le *m* et le *b*
exigent le même mouvement des lèvres. Ainsi,
pour s'habituer à adoucir l'articulation de cette
dernière lettre, il faut la préparer par le son sourd
et nasal de *m*, en prononçant, par exemple, les
mots *bambou*, *bonbon*, *biberon*, comme s'ils
étaient écrits *"bam-"bou*, *"bon-"bon*, *"bi-"be-ron*,
sauf à retrancher le *m* dès que la prononciation
du *b* est parvenue à sa perfection.

(*) Les grammairiens rangent dans une même classe
les consonnantes dont la prononciation exige, à quelques
modifications près, le même mouvement des organes;
en conséquence:
La classe des *labiales* (Lippenlaute) comprend   *m*, *b*, *p*;
— — *labio-dentales* (Lippen-
           und Zahnlaute) — *v*, *f*;
— — *linguales* (Zungenlaute) — *l*, *r*, *n*, *d*, *t*;
— — *sifflantes* (Sauselaute) — *z*, *s*;
— — *chuintantes* (Zischlaute) — *j*, *ch*;
— — *gutturo-palatales* (Gurgellaute)— *i*, *g*, *h*, ch;
— — *pulmonales* (Lungenlaute) — *h*.

Le *p* se prononce sans la préparation qu'exige le *b*, et au moyen d'une pulsation plus forte, qui cependant doit être dénuée de toute aspiration.

d — t.

Ces deux lettres appartiennent à la classe des linguales, dont le *n* fait partie. Or, le mouvement de la langue étant le même pour le *n* que pour le *d*, on parviendra à adoucir l'articulation du *d* par le son sourd et nasal de *n*, en prononçant, par exemple, *dindon*, *dodu*, *dédale*, comme s'il y avait "din-"don, "do-"du, "dé-"dale, sauf à retrancher le *n* dès que l'on entend que le *d* peut se prononcer sans préparation.

L'articulation du *t* s'obtient en appuyant plus fortement la langue contre les dents que pour le *d*, et ne doit être ni préparée, ni aspirée.

g — k.

Le *g*, qu'il faut considérer ici comme articulation gutturale plus molle que le *k*, et non comme identique de *j*, se prépare, dans son émission, par un son guttural et nasal semblable à celui des lettres allemandes ng à la fin des mots fang, streng, Ring. Ainsi, les mots *garder*, *égal*, *cagot*, se prononcent d'abord, ng*garder*, é-ng*gal*, ca-ng*got*, ensuite sans préparation, dès que la bonne prononciation du *g* la rend inutile.

Pour bien prononcer le *k* en français, il suffit de lui ôter l'aspiration qu'il reçoit en allemand, et ne le faire précéder d'aucune préparation.

§. X.

LISTE des mots qui paraissent homonymes, et qui cependant diffèrent dans leur prononciation comme dans leur orthographe.

	B.		P.
abaisse abesse	Bodenteig Aebtiſſinn	(il) appaise	er ſtillet
abaisser	niedriger machen	appaiser	ſtillen
à bas!	herunter!	appas appât	Reizungen Lockſpeiſe
Abel	Abel	appel (il) appelle	Berufung er ruſet
abord	Zugang	apport	Beibringen
abri	Schutzort	appris	gelernet
badaud bateau	Gimpel Flußſchiff	pataud	Patſchfuß
Bade bâte	Baden Seitenwand	pâte	Teig
badin	ſpaßhaft	patin	Schlittſchuh
badiner	ſpaſſen	patiner	auf Schlittſchuhen laufen
Badois	badiſcher	patois	Bauernſprache
bagage	Gepäck	pacage	Weide
bai baie	röthlichbraun Bucht	paie paix pet	Sold Friede Wind
baigner	Baden	peigner	kämmen
bail	Pacht	paille	Stroh
bain	Bad	pain pin	Brod Fichtenbaum
bal	Ball	pal	Pfahl
Bâle	Baſel	pâle	blaß
balle	Spielball	pale	Kelchdeckel
baladin	Poſſenreißer	paladin palatin	Ritter Pfalzgraf
balai	Beſen	palais	Palaſt, Gaumen
ballet	Bühnentanz	palet	Wurfſtein
ban	Aufgeboth	pan	Bahn, Seite, ꝛc.

banc	Bank	paon	Pfau
banne	Wagenkorb	panne	Pelzsammet
		paonne	Pfauhenne
baquet	Kübel	paquet	Pack
bard ou bar	Tragbahre	par	durch, aus
barre	Stange, Strich	(il) pare	er schmücket, pariert
baratte	Butterfaß	parade	Staat
baril	Fäßchen	pari	Wette
		Paris	Paris
baron	Baron, Freiherr	parons	laßt uns schmücken, parieren
barque	Barke	parc	Park
		Parque	Parze
barrer	versperren, durchstreichen	parer	schmücken, parieren
bas	Strumpf, nieder	pas	Schritt, nicht
bât	Packsattel		
baser	gründen	passer	durchgehen, gehen
basse	Baß, nieder	(il) passe	er geht vorüber
basson	Fagott	passons	laßt uns vorübergehen
bâter	satteln	pâté	Pastete
bâtir	bauen	pâtir	ertragen
bâton	Stock	pâton	Stopfundel
batte	Schlägel	patte	Pfote
battre	schlagen	pâtre	Hirt
batterie	Batterie, Geschütz-Bett	patrie	Vaterland
(nous) battrons	wir werden schlagen	patron	Schutzheiliger, Muster
baume	Balsam, Balsamkraut	paume	flache Hand, Ballspiel
		pomme	Apfel
baver	geifern	paver	Pflastern
beau	schön	peau	Haut
		pot	Topf
bécasse	Schnepfe	Pégase	Pegasus

bèche	Spaten	(il) pèche (il) pêche pêche	er sündiget er fischet Pfirsich, Fischfang
bêcher	umgraben	pécher pêcher	sündigen fischen, Pfirsichbaum
béguin	Kinder-Haube	Péquin	Pekin
bel, belle	schön, schöne	pelle (il) pelle	Schaufel er haaret, schälet
bercer	wiegen	percer	durchbohren
berge	Ufer	perche	Stange
berger	Schäfer	percher	aufsitzen
bette	Mangold	(il) pette	er lasset einen Wind
beurre	Butter	peur	Angst
bière	Sarg, Bier	Pierre pierre	Peter Stein
biez	Wassergang	pied	Fuß
bile	Galle	pile	Haufen
billard	Billard	pillard	Plünderer
bis	zweimal, schwarz	pis	schlimmer
biser	schwarz werden	pisser	harnen
biquet	Goldwage, Zieglein	piquet	Pflock, Picket, Feldwache
Blaise	Blasius	(qu'il) plaise	daß er gefalle
blanc	weiß	plan plant	Ebene, eben, Plan Steckreis
blanche	weiße	planche	Bret, Kupferstich
blaser	abstumpfen	placer	stellen, legen, ꝛc.
blason	Wappenkunde	plaçons	laßt uns stellen
blond	blond	plomb	Blei
blouse	Billard-Loch	pelouse	Grasplatz
Bohême	Böhmen	poème	Gedicht
boire	trinken	poire	Birne
bois (je) bois	Holz, Wald ich trinke	poids pois poix	Gewicht Erbse Pech

boisson	Getränk	poison	Gift
		poisson	Fisch
bombe	Bombe	pompe	Pracht, Pumpe
bomber	wölben	pomper	pumpen
bon	gut	(elle) pond	sie legt
bond	Aufsprung	pont	Brücke
bondon	Spund	ponton	Kahnbrücke
bon ton	der gute Ton		
bord	Rand, Ufer	pore	Schweißloch
		port	Hafen, Fracht, Anstand
border	einfassen, begrenzen	porter	tragen
bosse	Höcker	pause	Pause
		(il) pose	er setzet
bottier	Stiefelmacher	potier	Töpfer
boue	Koth	pou	Laus
bout	Endel	pouls	Puls
boule	Kugel	poule	Huhn
boulet	Kanonen-Kugel	poulet	Hünchen
bourbier	Morast-Loch	pourpier	Portulack
bourre	Füll-Haar	pour	für, zu, ꝛc.
bouvier	Ochsenhirt	(vous) pouviez	ihr konntet
bran	Koth	(je) prends	ich nehme
		(il) prend	er nimmt
brandon	Strohfackel	prend-on?	nimmt man?
briser	zerbrechen	priser	schätzen
(nous) brisons	wir zerbrechen	prison	Gefängniß
		(nous) prisons	wir schätzen
broche	Spieß	proche	nahe, Verwandter
brochet	Hecht	projet	Entwurf
broder	sticken	protée	Proteus
broie, il broie	Breche, er zerreibt	proie	Raub, Beute
brosse	Bürste	prose	Prosa
brune	Braune	prune	Pflaume
bu	getrunken	pu	gekonnt
(je) bus	ich trank	(le) pus	der Eiter
		(je) pus	ich konnte

buis	Buchs	puis / (je) puis / puits	hernach / ich kann / Brunnen
buisson	Busch	(nous) puisons	wir schöpfen
bure	grobes Wollen-tuch	pur	rein, bloß
butin	Beute	putain	Hure
combat	Treffen	compas	Zirkel
débâter	absatteln	des pâtés	Pasteten
débit	Abgang, Ver-schluß, ꝛc.	dépit	Aerger
débiter	absetzen	dépiter	ärgerlich werden
déblai	Abraumen	(il) déplaît	er mißfällt
déboire	üble Nachge-schmack	des poires	Birnen
déborder	austreten	déporter	verbannen
débris	Trümmer	des prix	Preise
débuter	anwerfen, auf-treten	députer	abordnen
des baux	Pächte	des peaux / dépôt / des pots	Häute / Niederlage / Töpfe
des beaux	schöne		
débordement	Austreten	déportément	Aufführung
emballer	einpacken	empaler	spießen
embaumer	balsamieren	empaumer	mit der flachen Hand auffangen
obérer	verschulden	opérer	wirken, operieren
(il) obéra	er verschuldete	opéra / (il) opéra	Oper / er wirkte
rembarer	abführen	remparer (se)	sich verschanzen
symbole	Sinnbild	Saint-Paul	der heilige Paulus

D. | | **T.** | |

adhérer	anhangen	atterrer	niederwerfen
aidé	geholfen	été	gewesen, Somer
amande	Mandel	amante	Liebhaberinn
amende	Geldstrafe, Abbitte		
André	Andreas	entrer	hineingehen, ꝛc.
attendez	warten Sie	attentez	freveln Sie

cendre	Asche	centre	Mittelpunkt
(il) daigne	er geruhet	teigne	Grind
daim	Damhirsch	teint	Gesichtsfarbe, gefärbt
		thym	Thimian
		tan	Lohe
dam	Schade	tant	so viel
dans	in	temps	Zeit, Wetter, Tempo
dent	Zahn	t'en	dir davon
		(je) tends	ich spanne, ziele ab
		(il) tend	er spannet, :c.
danser	tanzen	tancer	schmälen
dard	Wurfpfeil, Stachel	tard	spät
		tare	Abgang
darder	schleudern	tarder	säumen
dartre	Flechte	tartre	Weinstein
date	Datum	il) tâte	er fühlet an
dater	datieren	tâter	anfühlen
de	von, des, :c.	te	dich, dir
dé	Würfel, Fingerhut	thé	Thee
dette	Schuld	tête	Haupt, Kopf
		tette	Zitze
		il) tette	er saugt
dédale	Labyrinth	(il) détale	er packt wieder ein
dinde	Truthenne	(il) tinte	er schlägt an
dindon	Truthahn	(nous) tintons	wir schlagen an
dire	sagen	(il) tire	er zieht, :c.
		Tyr	(Name einer Stadt)
(nous) disons	wir sagen	tison	Brand
dogue	Dogge	toque	Faltenmütze
doigt	Finger	toi	du, dich, dir
(je) dois	ich soll, muß, :c.	toit	Dach
(il) doit	er soll, :c.		
dôme	Kuppel	tome	Band
donner	geben	tonner	donnern

dom ou don	Don	ton	dein, Ton
don	Geschenk	taon	Bremse
donc	also, denn, ꝛc.	thon	Thunfisch
dont	deſſen, wovon, ꝛc.		
(il) dort	er ſchläft	tort	Unrecht, Schaden
dos	Rücken	taux	Taxe
dot	Heirathsgut	tôt	bald, früher
douce	ſüße, ſanfte	(il) tousse	er huſtet
douze	zwölf		
douche	Tropfbad	(il) touche	er rührt an, ꝛc.
doucher	das Tropfbad geben	toucher	rühren, ꝛc.
doute	Zweifel	toute	ganze
drame	Schauſpiel	trame	Eintrag, Komplott
dresser	aufrichten, ꝛc.	tresser	flechten
droit	Recht, gerade, ꝛc.	Troie	Troja
		trois	drei
		Troyes	(Name einer Stadt)
du	des, von dem, ꝛc.	tu	du
dû	Forderung, geſollt	(il) tue	er tödtet
(il) élide	er läßt aus	élite	Kern
évident	augenſcheinlich	évitant	vermeidend
évider	ausſchneiden	éviter	vermeiden
fade	unſchmackhaft	fat	Geck, geckiſch
(il) fonde	er gründet	fonte	Schmelzen
mode	Mode, Sprechart	motte	Scholle, Lohballen, ꝛc.
monde	Welt, rein, ꝛc.	(il) monte	er ſteiget
monder	reinigen	monter	ſteigen
odeur	Geruch	auteur	Urheber
peindre	mahlen	peintre	Mahler
rade	Reede	rate	Milz
radeau	Flöße	rateau	Rechen
ride	Runzel	rite	Kirchengebrauch
roder	ſtreichen, ꝛc.	roter	rülpſen
solidaire	ſolidariſch	solitaire	einſam, Einſiedler
tordu	gedreht	tortu	krumm
(qu'il) vende	daß er verkaufe	vente	Verkauf

Z.		S.	
(les) âges	die Alter	(les) sages	die Weisen
(des) ailes	Flügel	(des) selles	Sättel
		(des) sels	Salze
(des) airs	der Lüfte, Liedchen	dessert	Nachtisch
désert	Wüste		
(nous) allons	wir gehen	(nous) salons	wir salzen
		décent	anständig
(des) ans	Jahre	(il) descend	er steiget ab
(les) ans	die Jahre	(les) sens	die Sinne
(les) auteurs	die Urheber		
(les) odeurs	die Gerüche	(les) sauteurs	die Springer
(vous) avez	ihr habet	(vous) savez	Sie wissen
azur	Lasurstein, blau, 2c.	(il) assure	er versichert, 2c.
azuré	lasurblau	assurer	versichern, 2c.
baiser	küssen, Kuß	baisser	niederlassen, 2c.
ciseau	Meißel		
ciseaux	Schere	si sot	so dumm
les eaux	die Wasser	(les) sceaux	die Siegel
les os	die Beine	(les) seaux	die Eimer
		(les) sots	die Dummköpfe
embraser	anzünden	embrasser	umarmen
empoisonner	vergiften	empoissonner	mit Fischbrut besetzen
frison	grober Fries, 2c.	frisson	Schauder
(nous) frisons	wir frisieren, streifen		
guérison	Genesung	(nous) guérissons	wir heilen
(trois) heures	drei Stunden, drei Uhr	(trois) sœurs	drei Schwestern
(deux) hommes	zwei Männer	(deux) sommes	zwei Summen
(les) honneurs	die Ehren	(les) sonneurs	die Glöckner
(les) îles	die Inseln	(les) cils	die Augenwimpern
(des) hommes iniques	ungerechte Menschen	(des hommes) cyniques	cynische Menschen
(des) olives	Oliven	(des) solives	Balken
(les) ondes	die Wellen	(les) sondes	die Bleiwürfe

onze	elf	once	Unze
phase	Lichtgestalt	face	Angesicht, Gestalt
(il) rase	er schiert, rasiert	race	Stamm
résider	wohnen	réciter	hersagen
rose	Rose	rosse	Mähre
rosée	Thau	rosser	prügeln
ruse	List	russe	Russe, russisch
il vise	er zielt	vice	Fehler, Laster, ꝛc.
		vis	Schraube
viser	zielen, Absicht haben	visser	anschrauben
les yeux	die Augen	(les) cieux	die Himmel
		l'essieu	die Achse
zèle	Eifer	sel	Salz
		selle	Sattel, Leibstuhl
zone	Gürtel, Erdstrich	Saône	(Name eines Flusses)

J.		CH.	
âge	Alter	ache	Eppich
agile	flink	Achille	Achilles
alléger	erleichtern	allécher	anlocken
ange	Engel	anche	Mundstück
dejà	schon	des chats	Katzen
déroger	entkräften, ꝛc.	des rochers	Felsen
Gènes	Genua	chaîne	Kette
gêne	Folter, Marter	chêne	Eiche
		chair	Fleisch
		chaire	Stuhl, Kanzel
Gers	(Name eines Flusses)	Cher	(Name eines Flusses)
		cher	lieb, theuer
		chère	Mahlzeit, Kost, ꝛc.
		chabot	Kaulbars, Rüßseil
jabot	Kropf, Herzkrause	chapeau	Hut
jacent	erblos	chassant	jagend, ꝛc.
Jacques	Jacob	chaque	jeder
jalon	Absteckpfahl	Châlons	(Name einer Stadt)

j'ai	ich habe	chez	bei
geai	Aelſter		
j'ancre	ich ankere	chancre	Krebs
jante	Radfelge	il chante	er ſingt
j'ente	ich pfropfe		
(il) jappe	er kläfft	chappe	Chorrock
j'appelais	ich rief	chapelet	Roſenkranz
j'appelle	ich rufe	chapelle	Kapelle
Japon	Japan	chapon	Kapaun
j'arme	ich bewaffne mich	charme	Zauber, Hagebuche
j'arrête	ich halte auf	charrette	Karren
jarretier	Kniekehlmuskel	charretier	Karrner
jars	Gänſerich	char	Wagen
jaser	ſchwatzen	chasser	jagen, ꝛc.
jaseur	Schwätzer	chasseur	Jäger
jatte	Mulde	chatte	Kitze, Katzſchiff
(que) j'atteigne	daß ich treffe erreiche, ꝛc.	châtaigne	Kaſtanie
Jean	Johann	champ	Acker
gens	Leute	chant	Geſang
gent	Volk		
j'ôte	ich nehme weg	chaude	warme
j'ose	ich darf	chose	Ding, Sache
joie	Freude	choix	Wahl
jouet	Spielzeug		
j'opire	ich ſtimme	chopine	Schoppen
joue	Wange	chou	Kohl
mage	Magier	mache	Ackerſalat
		(il) mâche	er kauet
		(le) manche	der Stiel
(il) mange	er ißt	(la) manche	der Aermel
		(la) Manche	Mancha
mangeons	laßt uns eſſen	manchon	Schlupfer
marge	Rand	marche	Marſch, Staffel
		(je) marche	ich gehe, ꝛc.
Roger	Rüdiger	rocher	Fels
Tage	Tajo	tâche	Tagewerk
		tache	Flecken

G.		K.	
aguet	Wacht	acquêt	Erwerb
aguerrir	streitbar machen	acquérir	erwerben
aigrir	ſäuern, erbittern	écrire	ſchreiben
aigu	ſpitzig	écu	Schild, Thaler
(il) briguait	er bewarb ſich eifrig um, ꝛc.	briquet	Feuerſtahl
(il) brigue	er bewirbt ſich eifrig um, ꝛc.	brique	Backſtein
déganter	die Handſchuhe abziehen	décanter	abgießen
dégât	Verwüſtung	des cas	Fälle
		des cous	Hälſe, Schleifſteine
dégoût	Ekel	des coups	Schläge, ꝛc.
égard	Rückſicht, ꝛc.	écart	Seitenſprung
égorger	umbringen.	écorcher	die Haut abziehen
gager	wetten	cacher	verſtecken, ꝛc.
gâcher	einrühren		
gage	Pfand, Lohn	(il) cache	er verbirgt
gâche	Schließkappe	cage	Käſich
gai	frölich	quai	Kai, Flußdamm
guet	Wache		
gale	Krätze	cal	Schwiele
galle (noix de)	Gallnüſſe	cale	Bucht, Unterlage
Galles	Wallis		
galeux	krätzig	calleux	ſchwielig
Gand	Gent	camp	Lager
gant	Handſchuh	quand	wenn, als, ꝛc.
		quant	was .... betrifft
Gàp	Name einer Stadt	cap	Vorgebirge
		cape	Kappenmantel
gare!	aufgeſchaut!	car	denn
		quart	Viertel
		carde	Rippe, Kardätſche
garde	Wache, ꝛc.	carte	Karte
		quarte	Quart
garder	bewachen, behalten	carder	cardätſchen
		gardeur	

gardeur (de cochons)	Schweinhirt	cardeur	Kardätscher
		quart d'heure	Viertelstunde
gardons	laßt uns bewachen	carton	Pappendeckel
(il) garotte	er knebelt	carotte	Möhre, gelbe Rübe
gâteau	Kuchen	cadeau	Geschenk, 2c.
gaz	Gas	case	Hütte, Band, 2c.
gaze	Gase	casse	Cassie
		(il) casse	er zerbricht
gauffre	Wabe, Waffel	coffre	Koffer, Kiste
gazette	Zeitung	cassette	Kästchen, Schatz
gazon	Rasen	cassons	laßt uns zerbrechen
glace	Eis	classe	Klasse, Schule, 2c.
glaçon	Eisscholle	classons	laßt uns classificieren
glaire	Schleim	clair	hell, klar
		clerc	Schreiber, Geistlicher
gomme	Gummi	comme	wie
gourde	Kürbisflasche	courte	kurze
goût	Geschmack	cou	Hals
		coup	Schlag, Stich
(il) goûte	er schmeckt, versucht, 2c.	coude	Elbogen
goutte	Tropfen, Podagra		
goûter	versuchen, billigen	coudée	Vorderarm-Länge
		coûter	kosten
grain	Korn, Beere, 2c.	craint	gefürchtet
		crin	Roßhaar
grand	groß	cran	Kerbe
grasse	fette	crasse	Schmutz
grace	Gnade, Anmuth		
gréle	Hagel, schlank	querelle	Händel, Zank
grès	Sandstein	craie	Kreide
grever	unrecht thun, drücken	crever	zersprengen, bersten
gril	Rost	cri	Geschrei
gris	grau	cric	Wagenwinde

grise	graue	crise	Krankheitsent=schseidung
gros	groß, dick, 2c.	croc	Haken
grosse	große, 2c.	crosse	Bischofsstab
grotte	Grotte	crotte	Koth
groupe	Gruppe	croupe	Kreuz
grue	Kranich	cru	geglaubt
		crû	gewachsen, ver=mehrt, 2c.
grugeons	laßt uns zermal=men, 2c.	cruchon	Krügchen
guérir	heilen, 2c.	quérir	holen
guette	Strebeband	quête	das Suchen, Al=mosensamlung
(il) guette	er passet auf	(il) quête	er spüret nach, er sammelt, 2c.
guetter	aufpassen	quêter	Almosensammeln
guetteur	Laurer	quêteur	Almosensammler
gueux	bettelarm, Bettler	queue	Schwanz, Ende
guide	Führer	quitte	frei, los, 2c.
(il) guide	er führet	(il) quitte	er verläßt, 2c.
guider	führen, anleiten	quitter	verlassen, 2c.
guidon	Standarte, Nach=weisungszeichen	quittons	laßt uns verlassen
ongle	Nagel	oncle	Oheim
segrais	Gehau	secret	Geheimniß, ge=heim

§. XI.

De l'Influence des Consonnantes finales, ou de la Liaison des Mots.

Dans la lecture courante et le discours, il y a des consonnantes finales qui, dans certains cas, se prononcent ou se lient à la vocale suivante comme si les deux mots n'en formaient qu'un seul, et qui, dans d'autres cas, restent muettes; ces consonnantes sont *n, d, t, r, s, x* et *z.*

n (*).

Le *n* final, suivi d'un mot qui commence par une vocale ou un *h* muet, ne se lie avec le mot suivant que dans les cas déterminés ci-après:

1.° Dans les mots *mon, ton, son*, exemples: *mon ame, ton épée, son humeur;*

2.° Dans les adjectifs suivis immédiatement de leurs substantifs: *bon ami, certain auteur, ancien historien;*

(*) Nous avons déjà eu occasion de remarquer que la lettre *n* placée, dans le même mot, entre deux vocales ou entre une vocale et un *h* muet, appartient toujours à la syllabe suivante, et qu'alors le son qui précède cesse d'être nasal, et ne conserve que la valeur orale qui lui est propre. Ainsi, les vocales *a, e, o, u,* qui deviennent nasales dans les mots primitifs *trépan, frein, bon, à jeun*, cessent de l'être dans leurs dérivés *trépa-ner, effré-né, bo-nheur, jeû-ner.* Cet usage étant fondé sur ce que la lettre *n* ne peut servir à la fois à rendre nasal le son qui précède, et sonner avec la voyelle suivante sans produire un effet désagréable, s'applique également aux cas où cette lettre, placée à la fin d'un mot, doit se lier au mot suivant. Exemples:

Vocales nasales primitives.

an	— En entier, en hiver	a-nentier, a-nhiver.
ein	— Ancien ami, bien habillé	ancié-nami, bié-nhabillé.
on	— Mon ame, bon homme	mo-name, bo-nhomme.
cun	— Un avis, un honneur	eu-navis, eu-nhonneur.

(*Prononcez:* au centre de la colonne.)

9 *

3.º Dans les mots *bien, rien, en, un,* mais seulement lorsqu'ils ont un rapport nécessaire au mot suivant; et dans le mot *on* lorsqu'il précède le verbe dont il est le sujet; ainsi l'on prononcera

Avec liaison:	Sans liaison:
Bie*n* apprendre, bie*n* écrire.	Il parlait *bien* et à propos.
Vous êtes bie*n* honnête.	Ce *bien* est à moi.
Rie*n* oublié, rie*n* à dire.	Il ne voyait *rien* et n'entendait pas un mot.
E*n* homme de bien, e*n* Italie.	Prenez-*en* un, allez-vous *en* au jardin.
O*n* écrit, o*n* honore.	A-t-*on* écrit, a-t-*on* hésité?
U*n* habit, u*n* élève.	En voici *un* à vendre.
Bo*n* appétit.	*Maison* à louer.

Le *n* final du mot *non* est toujours muet; ainsi l'on prononce sans liaison: *fonds non employés, le non usage.*

d.

(Voyez, pour la liaison de cette lettre, le tableau des homographes, N.º 98, page 30).

t.

La liaison du *t* final a toujours lieu,

1.º Dans les adjectifs qui précèdent immédiatement les substantifs auxquels ils se rapportent: *méchant homme, mon petit ami,* etc., prononcez *méchan-t'homme, mon peti-t'ami;*

2.º Dans le mot *tout,* ainsi que dans *cent* lorsque ce dernier mot n'est pas suivi d'un autre nombre, *tout à vous, tout habile qu'il soit, cent écus, cent hommes,* etc. Prononcez : *tou-t'à vous, tou-t'habile qu'il soit, cen-t'écus, cen-t'hommes;*

3.º Dans les verbes lorsqu'ils sont suivis de leurs sujets exprimés par les pronoms *il, elle, on* : *que disait-il? que faisaient-elles? voudrait-on?* Prononcez: *que disai-t'il ? que faisai-t'elles? voudrai-t'on?* Il en est de même lorsque le verbe est suivi d'un attribut : *Dieu est éternel, il s'est fait homme,* etc. Prononcez : *Dieu es-t'éternel, il s'est fai-t'homme;*

4.º Dans les verbes suivis d'un infinitif ou d'un participe passif : *il faut écouter, on doit être, il veut avoir raison, on avait espéré*, etc. Prononcez : *il fau-t'écouter, on doi-t'être, il veu-t'avoir raison, on avai-t'espéré.*

Le *t* final ne se prononce ordinairement que dans les vers ou dans le style noble,

1.º Lorsqu'il termine un substantif, quel que soit le mot suivant (*a*) ;

2.º Entre deux substantifs ou deux adjectifs liés par une conjonction (*b*) ;

3.º Dans les verbes lorsqu'ils ne sont suivis ni d'un attribut, ni d'un infinitif, ni de l'un des pronoms *il*, *elle*, *on*, (*c*) ;

4.º Entre les adverbes et les mots qu'ils modifient (*d*) ;

5.º A la fin de tous les mots où il est précédé immédiatement d'une consonne qui se prononce (*e*).

Le *t* final est toujours muet dans la conjonction *et*, ainsi que dans le mot *cent* suivi d'un autre nombre : *lecture instructive et amusante, aimé et honoré; cent un, cent onze*, etc. Pro-

EXEMPLES	PRONONCIATION à observer dans la prose commune.	PRONONCIATION à observer dans le style noble.
(*a*) Le moment est venu, objet aimé, magistrat honoré.	Le momen est venu, objè aimé, magistra honoré.	Le momen-t'est venu objè-t'aimé, magistra-t'honoré.
(*b*) L'intérêt ou la gloire, savant et modeste.	L'intéré ou la gloire, savan et modeste.	L'intéré-t'ou la gloire, savan-t'et modeste.
(*c*) Il se bat en désespéré, il vécut heureusement.	Il se ba en désespéré, il vécu heureusement.	Il se ba-t'en désespéré, il vécu-t'heureusement.
(*d*) Suffisamment instruit, comment avez-vous fait ?	Suffisammen instruit, commen avez-vous fait ?	Suffisammen-t'instruit, commen-t'avez-vou fait ?
(*e*) Sort affreux, le fort et le faible, ils mangent et boivent.	Sor affreux, le for et le faible, ils manje et boivent.	Sor-t'affreux, le for-t'et le faible, ils manje-t'et boivent.

noncez : *lecture instructive é amusante, aimé é honoré, cen un, cen onze.*

s, x et *z.*

La liaison des lettres *s, x* et *z* a toujours lieu,

1.º Dans les adjectifs, les articles, les pronoms, les adverbes et les prépositions, lorsque le sens de la phrase ne permet aucun repos entre ces mots et ceux dont ils sont suivis: *les amis des hommes, nos enfans, aux héritiers, généreux étranger, deux hémisphères, dès aujourd'hui, chez eux, pas encore, leurs élèves,* etc. Prononcez: *lè-z'amis dè-z'hommes, no-z'enfans, au-z'héritiers, généreu-z'étranger, deu-z'hémisphères, dè z'aujourd'hui, ché-z'eux, pa-z'encore, leur-z' élèves;*

2.º Dans les substantifs terminés par un *x* et suivis immédiatement de leurs adjectifs, lorsque cette lettre ne se trouve pas au singulier: *chevaux alertes, cheveux épars, travaux inutiles,* etc. Prononcez : *chevau-z'alertes, cheveu-z'épars, travau-z'inutiles.*

3.º Entre les verbes et les pronoms *nous, vous, ils, elles, en, y,* quelle que soit leur place respective: *nous aimons, vous étudiez, ils écrivent, elles écoutent, prenez-en, allez-y,* etc. Prononcez: *nou-z'aimons, vou-z'étudiez, il-z'écrivent* (*), *elle-z'écoutent, prené-z'en, allé-z'y.*

4.º Enfin dans les verbes suivis d'un infinitif ou d'un attribut: *je veux écrire, tu peux attendre, nous serons appelés,* etc., prononcez : *je veu-z'écrire, tu peu-z'attendre, nous seron-z'appelés.*

Mais ordinairement la liaison de ces lettres finales ne se fait plus sentir que dans les vers ou dans le discours soutenu,

1.º Lorsqu'elles terminent des substantifs, quel que soit le mot dont ils sont suivis, excepté cependant ceux dont le *x* final ne se trouve pas au

---

(*) Quelques personnes instruites prononcent *i-z'écrivent.*

singulier, **comme nous l'avons vu** ci-dessus au n.º 2 (*a*).

2.º Dans les verbes, lorsqu'ils ne sont suivis ni de leurs sujets, ni d'un autre verbe à l'infinitif, ni d'un attribut (*b*);

3.º Lorsqu'elles sont précédées immédiatement d'un *e* muet ou d'une consonnante qui se pro-nonce (*c*).

EXEMPLES.	PRONONCIATION à observer dans la prose commune.	PRONONCIATION à observer dans le style noble.
(*a*) Un cas extraordi-naire, des ennemis acharnés, un nez aquilin, une voix agréable, les mains et les pieds, etc.	Un ca extraordinaire, dè-z'ennemi achar-nés, un né aquilin, une voi agréable, les main et les pieds.	Un ca-z'extraordinaire, dè-z'ennemi-z'achar-nés, un né-z'aquilin, une voi-z'agréable, les main-z'et les pieds.
(*b*) Allons ensemble, parlez à son père, tu peux et tu ne veux pas, etc.	Allon ensemble, parlé à son père, tu peu et tu ne veux pas.	Allon-z'ensemble, par-lé-z'à son père, tu peu-z'et tu ne veux pas.
(*c*) Nous sommes allés, les arts et métiers, des femmes estima-bles, deux heures et demie, des fleurs ar-tificielles, des su-pplices épouvanta-bles, etc.	Nous somme allés, lé-z'ar et métiers, des femme estima-bles, deux heure et demie, des fleur ar-tificielles, des su-pplice épouvanta-bles.	Nous somme-z'allés, lè-z'ar-z'et métiers, des femme-z'estima-bles, deux heure-z'et demie, des fleur-z'ar-tificielles, des su-pplice-z'épouvanta-bles.

RÈGLES PARTICULIÈRES

A LA LANGUE ALLEMANDE.

§. 1.er

Tableau des Vocales simples de la Langue allemande.

| CLASSES. | VOCALES PRIMITIVES. | | VOCALES SUBSTITUTIVES. | | Numéros des règles à consulter dans le tableau des homographes |
	Caractères	Exemples.	Caractères	Exemples.	
a	a	Amalia	aa	Aal	2
			ah	ahnen	5
é grave	ä	Schäfer	Ae	Aelster	4
			äh	fähig	6
			e	Degen	22
			ee	Beere	26
			eh	begehren	28
é aigu	è	. . . .	e	Becher	23
é fermé	é	. . . .	e	ewig	24
			ee	Schnee	27
			eh	Ehre	29
i	i	billig	ie	Biene	39
			ieh	Vieh	40
			ih	ihm	41
			y (*)	Sylbe	90
o	o	Tod	oh	Stroh	49
			oo	Loos	54

(*) Le y, qui correspond à l'*i-grec* français, et dont le nom alphabétique est *ipsilone* (ipsilon), représente tantôt une voyelle, tantôt une consonne; et comme il n'a aucun son propre, il ne peut être compris dans les éléments primitifs.

CLASSES.	VOCALES				Numéros des règles à consulter dans le tableau des homographes
	PRIMITIVES.		SUBSTITUTIVES.		
	Caractères	Exemples.	Caractères	Exemples.	
eu sonore	ŏ	Hören	Oe / öh	Oel / frölich	51 / 52
eu muet ou très-bref	ĕ	. . . .	e	loben	25
ou	u	suchen	uh	Schuh	84
u	ů	über	Ue / üh	Uebel / führen	83 / 85

§. II.

TABLEAU des Vocales multiples ou Diphthongues de la Langue allemande.

DIPHTHONGUES	PRONONCEZ :	EXEMPLES.	Numéros des règles à consulter dans le tableau des homographes	OBSERVATIONS.
ai, ay	aï	Saite, May	7	Quelques-uns regardent comme identiques de *ei* les diphthongues *äu*, *ei*, *eu*, et prononcent de cette seule manière, par exemple, les syllabes *bäu*, *bei*, *beu*, dans Bäume, beißen et Beutel.
au	aou	Pfau	8	
äu	êü	Bäume	9	
ei, ey	êï	Seite, drey	30	D'autres prétendent au contraire qu'il ne faut point confondre ces diphthongues, et qu'elles se distinguent par une ouverture plus ou moins grande de la bouche ; en sorte que dans *äu*, on entend le double son de *ê* et de *u* ;
eu	eü	Freude	31	
oi	oï	Boitzenburg	53	dans *ei*, celui de *ê* et de *i* ; dans *eu*, celui de *e* sourd et de *u*. Cette dernière manière de prononcer est conforme à l'opinion des plus célèbres grammairiens.
ui	oui	Hui	86	

§. III.

TABLEAU des Consonnantes simples de la Langue allemande.

CONSONNANTES						Numéros des règles à consulter dans le tableau des homographes
PRIMITIVES.				SUBSTITUTIVES.		
Caractères	NOMS Alphabétiques.	NOMS Imitatifs.	Exemples.	Caractères	Exemples.	
m	ème	me	Muhme			45
b	bé	be	Bube			10
p	pé	pe	Pumpe	b	Abt	11
w	vé	ve	Wittwe	u	Quelle	80
				v	viel	87
f	èfe	fe	fünfe	ph	Philosophie	56
l	èle	le	(ich) lulle			44
r	ère	re	(ich) rühre			59
n	ène	ne	(ich) nenne			46
d	dé	de	(ich) dulde			19
				d	Hand	20
t	té	te	Tinte	dt	Stadt	21
				th	roth	79
s	èsse	ze	Rose			62
				f	Weste	61
ß	èsse-tsède	se	(ich) beisse	s	was	64
				z(*)	Mütze	93
sch	èsse-tsé-ha	che	Asche	f	dursten	63
j	ïod	ïeu	ja	ŋ	Hoŋa	91
g	ghé, ïé	ghe	Geige			33
				c(*)	Carl	13
k(*)	ka	ke	Klinke	q(*)	Quadrat	57
				ch	Chor	15
h	ha	he	hören			35
ch	tsé-ha		ach! ich	g	Ewigkeit	34

(*) Ce tableau comprend quatre lettres qui n'ayant d'autre son que celui qu'elles empruntent des consonnantes primitives, ne se trouvent point comprises parmi ces dernières: ce sont c, q, k et z, dont la première a pour nom alphabétique tsé (*tsé*), la seconde ku (*kou*), la troisième kau (*faou*), et la quatrième tsed (*tsède*.)

§ IV.

TABLEAU des Consonnantes multiples de la Langue allemande.

Caractères	NOMS — Alphabétiques.	Imitatifs.	Exemples.	Caractères	Exemples.	Numéros des règles à consulter dans le tableau des homographes
bl	bé-èle	ble	Blache	„	„	
br	bé-ère	bre	Bresche	„	„	
pl	pé-èle	plé	plötzlich	„	„	
pr	pé-ère	pre	Probe	„	„	
ps	pé-èsse	pse	Psalm	„	„	
pf	pé-èfe	pfe	Pfau	„	„	
pfl	pé-èfe-èle	pfle	pflöcken	„	„	
pfr	pé-èfe-ère	pfre	Pfründe	„	„	
wr	vé-ère	vre	Wrack	„	„	
fl	èfe-èle	fle	Flöße	„	„	
fr	èfe-ère	fre	Frau	„	„	
dr	dé-ère	dre	dröhnen	„	„	
tr	té-ère	tre	Tröpflein	„	„	
ts	té-èsse	tse	. . . .	z c	Zahl / Cicero	92 / 12
sb	èsse-bé	sbe	Sbirer	„	„	
sf	èsse-èfe	sfe	. . . .	sph	Spähre	74
sts	èsse-té-èsse	stse	. . . .	sc	Scepter	66
schk	èsse-tsé-ha-ka	chke	. . . .	sk / sc	Sklave / Scapulier	67
schl	èsse-tsé-ha-èle	chle	Schlößlein	sl	Slavonien	68
schm	èsse-tsé-ha-ème	chme	schmollen	sm	Smaragd	70
schn	èsse-tsé-ha-ène	chne	Schnepfe	„	„	
schp	èsse-tsé-ha-pé	chpe	. . . .	sp	Spaß	
schpl	èsse-tsé-ha-pé-èle	chple	. . . .	spl	Splitter	72
schpr	èsse-tsé-ha-pé-ère	chpre	. . . .	spr	sprechen	
schr	èsse-tsé-ha-ère	chre	schröpfen	„	„	

| Caractères | NOMS | | Exemples. | Caractères | Exemples. | Numéros des règles à consulter dans le tableau des homographes |
	Alphabétiques.	Imitatifs.				
CONSONNANTES						
PRIMITIVES.				*SUBSTITUTIVES.*		
ſcht	èsse-tsé-ha-té	chte	. . . .	ſt	ſtehen	} 75
ſchtr	èsse-tsé-ha-té-ère	chtre	. . . .	ſtr	Streich	
ſchw	èsse-tsé-ha-vé	chve	ſchwer	"	"	
gl	ghé-èle	gle	Glöcklein	"	"	
gn	ghé-ène	ghne	gnädig	"	"	
gr	ghé-ère	gre	Größe	"	"	
tſw	té-èsse-vé	tsve	. . . .	zw	zwei	92
kl	ka-èle	kle	klein	cl / chl	Clauſur / Chlorit	} 13
kr	ka-ère	kre	krönen	cr / chr	Credit / Chriſt	
kſ	ka-èsse	kse	. . . .	chſ	Fuchs	16

§. V.

Tableau alphabétique des Homographes de la Langue allemande, contenant les règles sur les différentes manières de les prononcer, et toutes les exceptions auxquelles ces règles sont soumises.

Numéros d'ordre des règles.	Homographes.	Prononcez	
1	a	a	Cette lettre conserve, dans tous les cas, la même prononciation que l'*a* français.
2	aa	a	Dans Aal, Haar, Paar, Saal, Waare, etc.
3	ä	ê	— Bär, Färben, Käfer, schräg, etc.
4	Ae	ê	Au commencement des mots dont l'initiale ä doit être majuscule, comme dans Aelster, Aergerniß, etc.
5	ah	a	Dans Ahle, ahnen, Bahn, Jahr, etc.
6	äh	ê	— fähig, Fähnlein, nähe, mähen, etc.
7	ai, ay	a-ï	— Kaiser, Hain, Laie, Main, Saite, Waise, May, Bay, etc. (On écrit aussi Mai, Bai).
8	au	a-ou	Dans Frau, grau, Schraube, etc.
9	äu	ê-ü	— Bäuche, Bäume, räuchern, stäuben, Läufer, säubern, etc.
10	b	b	Le b se prononce comme le *b* français, 1.° Au commencement d'un mot ou d'une syllabe, comme dans Baum, bleiben, zahlbar, etc., 2.° devant les syllabes modificatives ou celles qui marquent une inflexion grammaticale, lorsqu'elles commencent par une vocale, comme dans die Körb-e, dem Knab-en, gläub-ig; 3.° devant les syllabes finales ler, lein, ling, nen et ner, qui servent à marquer la dérivation, comme dans Knäb-lein, Hübler, Sterbling, Hübner, besiebnen, etc.; 4.° dans les mots où il y a contraction, comme Diebsgesindel pour Diebesgesindel, Hebarzt pour Hebearzt, etc., mais dans ce cas le b se prononce *p* lorsqu'il est suivi d'un

Numéros d'ordre des règles.	Homographes.	Prononcez :	
			t: er liebte, du lebteſt, etc.; 5.° lorsque dans un même mot cette consonnante est redoublée, comme dans Abba, Ebbe, Krabbe, etc. (*).
11	b	p	Le b se prononce comme le *p* français, 1.° A la fin d'un mot: Lob, gelb, ab, ob, lieb, derb, etc., ainsi que dans leurs composés : Lobgeſang, abheilen, liebäugeln, etc.; 2.° à la fin d'une syllabe initiale ou médiale suivie d'une consonnante : Erbſe, Erbſchaft, Grobheit, etc. (Voyez, pour les exceptions, la règle précédente); 3.° devant une consonnante dans la même syllabe: Abt, Herbſt, Krebs, Obſt, hübſch, etc.
12	c	ts	Devant les vocales ä, e, i, ö, ü et y: Cäſar, Cicero, Cypreſſe, etc., excepté dans Cöln, Cüſtrin et Cöthen où il se prononce comme *k*.
13	c	k	Devant une consonnante ou l'une des lettres a, o, u: Clauſur, Credit, Carl, Colberg, Cur, etc., ainsi qu'à la fin d'une syllabe, comme dans Spectakel.
14	ch	· ·	Cette consonnante, dont la valeur naturelle ne peut se représenter par des caractères français, conserve cette valeur dans tous les mots auxquels ne s'applique pas la règle suivante.
15	ch	k	Dans les mots d'origine allemande qui commencent par Chur et Char, tels que Churfürſt, Churwürde, Charfreitag, etc.; 2.° devant l'une des lettres a, o, l, r, au co-

(*) C'est une erreur de regarder le b comme identique de *v* lorsqu'il est placé entre deux vocales, ou qu'il est précédé des lettres l ou er et suivi d'une vocale: ainsi, dans les mots Pöbel, Schwalbe, Erbe, que quelques-uns prononcent mal-à-propos Pöwel, Schwalwe, Erwe, le b conserve la prononciation qui lui est propre.

Numéros d'ordre des règles.	Homographes.	Prononcez:	
		·	mmencement des mots étrangers : Charte, Character, Chor, Choral, Chlorit, Christus, Chronik, etc. Cependant le ch reprend sa valeur naturelle dans China, Chaos et Chymie.
16	chs	ks	Dans Wachs, Lachs, Fuchs, Büchse, Achsel, etc.
17	chs	· ·	Le ch suivi de s conserve sa prononciation naturelle, 1.° dans les mots composés, tels que nachsehen, wachsam, Dachspäne, etc. ; 2.° dans les mots où il y a contraction, comme des Buchs, pour des Buches, er sprachs pour er sprach es.
18	ck	kk	Dans Acker, Becker, Hecke, Fackel, etc., que quelques-uns écrivent encore Akker, Bekker, etc.
19	d	d	Le d se prononce comme le *d* français, 1.° Au commencement d'un mot ou d'une syllabe : da, du, das, Bruder, etc.; 2.° devant les syllabes modificatives ou celles qui marquent une inflexion grammaticale, lorsqu'elles commencent par une voyelle : des Tod-es, Blöd-e, Red-e, die Räd-er, freud-ig, Weid-icht, etc.; 3.° dans les mots où il y a contraction, comme dem würdgen pour dem würdigen, du fandst pour du fandest, etc.
20	d	t	Le d se prononce comme le *t* français, 1.° A la fin d'une syllabe initiale ou médiale suivie d'une consonnante : Mädchen, Bündniß, schädlich, etc. (Voyez, pour les exceptions, la règle précédente); 2.° à la fin d'un mot, comme dans Abend, Schuld, Hand, Mund, etc.
21	dt	t	Dans gewandt, verwandt, beredt, todt, Stadt, etc.

Numéros d'ordre des règles.	Homographes.	Prononcez:	
22	e :	ê	L'e a ordinairement le son de *é*, 1.° à la fin d'une pénultième lorsque la syllabe suivante se termine par une consonnante précédée d'un e muet ou très-bref, comme dans Degen, Leben, Feder, Nebel, etc., ainsi que dans leurs composés ou dérivés. (Voy. pour les exceptions, la règle n.° 24); 2.° dans la pénultième de Breme, Rebe, selig et dans leurs composés ou dérivés.
23	e	è	L'e a le son de *è*, 1." lorsqu'il est suivi d'une ou de plusieurs consonnantes dans la même syllabe : der, dem, wer, wem, Schwert, nebst, Herd, Kreis, erst, Herr, herr-lich, gel-ten, er-hören, bequem, bes-ser, El-bing, En-de, Ent-schuß, Gebet (prière), excepté quelques mots étrangers, tels que Magnet, Poet, etc., où l'e se prononce comme *é*; 2." à la fin d'une pénultième lorsque la finale commence par l'une des consonnantes ch et ck suivies d'un e muet òu très-bref, comme dans Becken, Becher, etc.
24	e	é	L'e prend le son de *é*, 1.° au commencement des mots lorsqu'il forme seul une syllabe, comme dans E-den, E-ge, E-pheu, e-wig, etc.; 2 ° dans les mots Béthe (nom d'une plante), Ceder, Cleve, Demuth, Herold, Frêne, je, jeder, jemahls, jemand, jener, Rathéder, Lampre-e, Magnet, Meder, Muskete, Pastete, Poet, Peter, Regel, regieren, Scéne, Schlésien, Schweden et dans leurs composés ou dérivés. (Voyez, pour les exceptions, les regles n.°ˢ 22, 23 et 25).
25	e	muet ou très-bref	L'e est presque muet ou se prononce à-peu-près comme *e*, dans *je*, *me*, etc , 1.° dans

Numéros d'ordre des regles.	Homographe.	Prononcez:	
			dans les particules prépositives be, ge, ver et zer : beſchließen, gewinnen, verdienen, verachten, zerbrechen, etc.; 2.° dans les syllabes finales où il est suivi d'une où de plusieurs consonnantes, pourvu que la syllabe qui précède immédiatement ne se termine pas par un e bref où muet : Himmel, Apfel, Adler, Feder, gebet, lobet, Kinder, gegen, anders, dieſes, dieſem, etc., ainsi que dans leurs composés et dérivés, tels que himmelſchön, Apfelbaum, adlerich, federicht, daß ich lobete, Kinderey, gegenüber, anderswo, etc.; 3.° lorsqu'il termine un mot, comme dans Gatte, Affe, ich lobe, Freude, etc. (*).
26	ee	ê	Dans Beere, Meer, Speer, Theer et tous les mots qui ne sont pas compris dans la règle suivante.
27	ee	é	Dans Allee, Armee, Beet, Camee, Fee, Galeere, Guinee, Heer, leer, Kaffee, Klee, Reede, Schnee, See, Seele, Spree, Thee, zween et dans leurs composés et dérivés. Nota. Il arrive quelquefois que les deux ee se prononcent séparément; c'est 1.° lorsqu'ils appartiennent à deux syllabes, comme dans les mots composés dont le radical commence par un e, et dont la particule prépositive finit par la même lettre, tels que be-ehren, ge-endiget, etc.; 2.° quand ils sont employés pour ee-e, comme dans die Se-en, des Kle-es, die Arme-en, au lieu de See-en, Klee-es, Armee-en.

(*) Quelques-uns prononcent cet e final comme l'é français dans *bonté.*

Numéros d'ordre des règles.	Homographies.	Prononcez :	
28	eh	ê	Dans begehren, dehnen, drehen, entbehren, Fehde, fehlen, hehlen, Kehle, lehnen (être appuyé), Mehl, nehmen, Quehle, Sehne, sehnen, versehren, stehlen, Theer, wehen, wehren, zehen (dix), zehren et dans leurs composés et dérivés.
29	eh	é	Dans ehr, eher, Ehe, ehern, Ehre, Fehe, Fehm, flehen, gehen, geschehen, Kamehl, kehren, Lehen, Darlehn, lehnen (prêter) lehren, mehr, Reh, Schlehe, sehen, sehr, Sprehe, stehen, Weh, wehe, Zehe et dans leurs composés et dérivés.
30	ei, ey	êï	Dans Blei, Heide, Seite, Ey, drey, Kinderey, etc. (On écrit aussi Ei, drei, Kinderei).
31	eu	e-ü	L'*e* de cette diphthongue se prononce comme l'*e* du mot *je*, et l'*u* comme l'*u* français: scheu, Leute, deutsch, etc.
32	f	f	Cette lettre conserve, dans tous les cas, la prononciation qui lui est propre : Farbe, Faden, Hof, Schwefel, etc.
33	g	gh	Le g se prononce comme le *g* français dans *garder*, *gomme*, *guttural*, 1.° au commencement d'une syllabe: Gabe, gehen, gießen, etc.; 2.° devant une ou plusieurs consonnantes dans la même syllabe: Angst, sags, verbirgs, etc.; 3.° à la fin d'une syllabe lorsqu'il est précédé d'un l, comme dans Talg; et généralement dans tout autre cas que celui qui fait l'objet de la règle suivante.
34	g	ch	Le g se prononce à peu près comme le ch, lorsqu'il termine une syllabe, et qu'il est précédé d'une vocale ou d'un r, comme dans Tag, Weg, zwanzig, Ewigkeit, Berg,

Numéros d'ordre des règles.	Homographes.	Prononcez.	
			etc., excepté cependant après un *e* bref, comme dans weg, où il est presqu'aussi dur que le *k*.
35	h	h	Le h est toujours aspiré lorsqu'il commence une syllabe : Haar, haben, behaupten, etc.; il est muet comme lettre finale, ou lorsque, dans la même syllabe, il est précédé d'une vocale : Fahne, nehmen, Stroh, Schuh, etc. (Voyez les règles N.ºs 5, 6, 28, 29, 40, 41, 49, 52, 84 et 85).
36	i	i	Cette lettre conserve, dans tous les cas, la même prononciation que l'*i* français.
37	ie	i-é	Les lettres ie se prononcent séparément, et l'*e* a le son de *é* fermé dans certains mots étrangers qui conservent la même prononciation que dans la langue d'où ils sont tirés; tels sont Hieroglyph, Kyrie, etc.
38	ie	i-eu	Les lettres ie se prononcent séparément, et l'*e* a le son de *e* très-bref, 1.° dans les mots où, par contraction, l'on écrit simplement ie pour ie-e, tels que knie-en, die Knie-e, sie schri-en, die Poesi-en, aulieu de knie-en, die Knie-e, sie schrie-en, die Poesie-en, etc ; 2.° dans les syllabes finales lorsque l'accent prosodique se trouve sur la pénultième, comme dans Histori-e, Komödi-e, Lili-e, Schlesi-en, ein Spani-er, etc.
39	ie	î	Les lettres ie expriment le son simple de l'*i* dans tous les cas auxquels les deux dernières règles ne sont point applicables, et principalement dans les syllabes initiales et médiales : niemand, Biene, Dienstag, ich gieng, du giebst, verdienen, etc., ainsi que dans les syllabes finales qui reçoivent l'accent prosodique, comme dans Ceremonie,

Numéros d'ordre des règles.	Homographes.	Prononcez.	
			Melodie, Poesie, Barbier, Officier, Courier, etc., excepté cependant le pluriel de céux de ces mots où les lettres ie étant employées pour ie-e, comme dans Ceremoni-en, Poesi-en, etc., se prononcent séparément et suivent la règle n.° 38.
40	ieh	î	Dans Vieh, ich gedieh, du stiehlst, etc.
41	ih	î	— ihm, ihn, ihr, ihnen, ihren, etc.
42	j	ï	Le j a la même prononciation que la consonnante ï dans les mots a-ïeul, pa-ïen, etc., et la conserve dans tous les cas : ja, Jahr, jemand, jung, etc.
43	k	k	Dans kaum, kommen, stark, Bank, kranken, etc.
44	l	l	Dans lassen, Lilie, Saal, Fall, etc.
45	m	m	— Muhme, Mammuth, Strom, schlimm, etc.
46	n	n	Dans nun, Nonne, Huhn, wenn, etc.
47	ng, nk	· ·	Les lettres ng et nk se prononcent du nez, et parconséquent rendent nasale la vocale dont elles sont précédées dans la même syllabe (*) : Fang, Schrank, streng, Gelenk, Ring, Fink, Sprung, Punkt, etc. Mais dans les mots composés dont le radical commence par un g ou un k, et dont la particule prépositive finit par un n, cha-

(*) Il est nécessaire d'entendre de la bouche d'un Allemand ces différentes combinaisons pour en connaître la véritable prononciation, d'autant plus que les vocales i et ou n'étant jamais nasales dans la langue française, celle-ci n'offre aucun signe propre à représenter le caractère de nasalité que reçoivent en allemand leurs correspondantes i et u. Les vocales a et e, dans les combinaisons ang, ank, eng, enk, expriment à peu près le même son que les nasales françaises an et ein, avec cette différence qu'en français la langue est sans mouvement, au lieu qu'en allemand elle se porte rapidement au fond du palais, et y reste attachée pour que l'émission d'air qui produit le n et le g se fasse par le nez.

Numéros d'ordre des règles.	Homographes	Prononcez	
			cune de ces lettres reprend sa prononciation naturelle: an-kaufen, un-klug, Un-glaube, Ofen-gabel, etc.
48	o	o	Cette lettre a le même son que l'o français, et le conserve dans tous les cas: oft, Echo, etc.
49	oh	o	Dans Bohne, Ohnmacht, Stroh, etc.
50	ö	eu	L'ö a le même son que l'*eu* français du mot *jeu*, et le conserve dans tous les cas: öffnen, hören, schön, etc.
51	Oe	eu	Dans les mots dont la lettre initiale doit être majuscule, comme Oede, Oeffnung, Oel, etc.
52	öh	eu	Dans Böhme, argwöhnen, frölich, Höhle, etc.
53	oi	o-ï	Dans Groitzsch, Boitzenburg et quelques autres noms propres.
54	oo	o	Dans Boot, Moor, Moos, etc.
55	p	p	— Papagei, schnappen, Puppe, etc.
56	ph	f	— Philosophie, Philipp, Adolph, etc.
57	q	k	— Quadrat, quetschen, quittieren, etc.
58	qu	kv	Le u qui suit toujours le q a le son du *v* français ou du w allemand; ainsi Qualm, Quelle, Quittung, etc., se prononcent Qwalm, Qwelle, Qwittung, etc.
59	r	r	Dans Richter, Rohr, rühren, etc.
60	ß	s (dur)	— Maße, verdrießen, weiß, etc.
61	s	s (dur)	Le s a le son de s dur 1.° lorsque, dans le même mot, il termine une syllabe et que la syllabe suivante commence par un t ou un p: ges-tern, Wes-pe, etc.; 2.° devant un t final dans les verbes à la seconde et à la troisième personne: du bist, du lehrst, er ist, etc.; 3.° dans la terminaison superlative ste: der sicherste, schwerste, etc., (voyez les

Numéros d'ordre des règles	Homographe.	Prononcé.	
			règles n.ᵒˢ 72, 73, 75 et 76); 4.° lorsque, dans le même mot, il est précédé de l'une des consonnantes b, ch, g, k, p, et suivi d'une vocale: Krebſe, wachſam, Mengſel, Eckſäule, klappſen, etc. (*).
62	ſ	z	Le ſ a le son mol du z francais lorsque, dans le même mot, il est placé entre deux vocales, comme dans Roſe, Reiſe, Blaſe, Buſen, Maſer, böſe, etc. (*).
63	ſ	ch	Le ſ a le son du *ch* français lorsqu'il commence un mot et qu'il est suivi de l'une des consonnantes cl, l, m, p, t: Slave ou Sclave, Smaragd, ſpringen, ſtehen, etc., (voyez les règles n.ᵒˢ 67, 68, 69, 72 et 75).
64	ß	s (dur)	Dans eß, waß, daß, böslich, die Bosheit, etc.
65	ſc	sk	Les lettres ſc se prononcent *sk* lorsqu'elles ne sont pas suivies de l'une des vocales ä, e, i, ou de la consonnante l, comme dans Scalde, Scapulier, Scorpion, etc., (quelques-uns prononcent Schkalde, Schkapulier, Schkorpion, etc.)
66	ſc	sts	Les lettres ſc se prononcent comme la triple consonnante *sts*, au commencement d'un mot, lorsqu'elles sont suivies de l'une des vocales ä, e, i, comme dans Scävola, Scepter, Scipio, etc.
67	ſc	chk	Dans Sclave, Sclaverei, Sclavonien, etc., que l'on écrit actuellement Sklave, Sklave=

(*) Les avis sont partagés sur la prononciation du ſ lorsque, dans le même mot, il est suivi ou devrait être suivi d'une vocale, et qu'il n'est pas précédé de l'une des consonnantes b, ch, g, k et p, comme dans Seele, Perſon, empfindſam, Amſel, er bläſ't (pour blä=ſet), ſie raſ'ten (pour raſeten): dans ce cas, les uns lui donnent le même son dur que celui du *s* français dans *Samson*, et les autres le même son mol que celui du *z* français dans *zizanie*.

Numéros d'ordre des règles.	Homographes.	Prononcés.	
			rei, etc., et dans tous les autres mots qui commencent par ſcla ou ſſla. (Quelques-uns observent la même prononciation dans tous les cas où les lettres ſc ne sont pas suivies de l'une des lettres ä, e, i et l, comme nous l'avons vu dans la règle n.° 65).
68	ſl	chl	Dans tous les mots qui commencent par ſla, tels que Slave, Slavonien, etc, que l'on écrit actuellement Sklave, Sklavonien, etc. (Voyez la règle précédente).
69	ſl	sl	Les lettres ſl conservent toujours la prononciation qui leur est propre: böslich, Drechsler, etc.
70	ſm	chm	Dans Smaragd, Smeite et Smirnenkraut, ainsi que dans Smalte, Smerbutte, Smergel et Smerle, que l'on l'on écrit actuellement Schmalte, Schmerbutte, etc.
71	sm	sm	Les lettres sm conservent toujours la prononciation qui leur est propre: Rosmarin, Wismuth, etc.
72	ſp	chp	Au commencement des mots, comme dans Spaß, Sprache, ſpeiſen, ſperren, ſpringen, ainsi que dans leurs composés ou dérivés: verſprechen, verſperren, anſpringen, etc.
73	sp	sp	Les lettres sp conservent toujours la prononciation qui leur est propre: Espe, Knospe, Hospital, Wispel, etc.
74	ſph	sf	Dans Sphäre, Sphäne, Sphinx, etc.
75	ſt	cht	1.° Au commencement des mots, comme dans Stand, ſtehen, Stein, Stern, ainsi que dans leurs composés ou dérivés: beiſtehen, Beiſtand, Edelſtein; 2.° après un r, soit au milieu ou à la fin d'une syllabe:

Numéros d'ordre des règles.	Homographes.	Prononcé.	
			berſten, garſtig, Durſt, etc. (Voyez, pour les exceptions, la règle suivante).
76	ſt	st	Les lettres ſt se prononcent comme les correspondantes françaises *st*, 1.° à la seconde et à la troisième personne des verbes, même après un r : du haſt, du biſt, du wirſt, du lehrſt, er iſt, etc.; 2.° dans la terminaison ſte servant à former le superlatif : der ſicherſte, der ſchwerſte, etc.; 3.° et généralement dans tous les cas auxquels la règle précédente n'est pas applicable : geſtern, Chriſten, etc.
77	t	ts	Devant une vocale dans les mots tirés du latin, tels que Motion, Nation, Portion, etc.
78	t	t	Dans Teſtament, Tritt et tous les cas auxquels ne s'applique pas la règle précédente.
79	th	t	Dans That, Theil, thun, roth, etc.
80	u	v	— Quadrat, Queckſilber, Quinte, etc. (Voyez la règle n.° 58).
81	u̇	ou	Dans um, Blut, Mund, Uhu, etc.
82	ü	u	— über, grünen, blühen, grüßen, etc.
83	Ue	u	— les mots où la lettre initiale doit être majuscule, comme Ueberdruß, Uebung, etc., que l'on écrit aussi Überdruß, Übung, etc.
84	uh	ou	Dans Uhr, Fuhrmann, Ruhm, Schuh, etc.
85	üh	u	— Bühne, führen, Mühle, Mühe, etc.
86	ui	oui	— hui! et pfui! que quelques-uns écrivent et prononcent huj, pfuj.
87	v	f	Dans Vater, vervollkommner, brav, etc.
88	w	v	— Waſſer, Gewalt, Wittwe, etc.
89	x	ks	— Alexander, Hexe, Kur, etc.
90	y	i	— Sylbe, System et tous les mots auxquels ne s'applique pas la règle suivante.

Numéros d'ordre des règles.	Homographes.	Prononcez.	
91	ŋ	ï (j)	Le ŋ se prononce comme la consonnante française *ï* ou comme le j allemand, lorsqu'il est précédé d'un ɒ ou d'un ɥ : dans Hoŋa, Hoŋers=werda, Boŋ, huŋ, pfuŋ, que l'on écrit aussi Hoja, Hojers=werda, Boj ou Boje, huj, pfuj.
92	ʒ	ts	Dans Zahl, ziehen, zwey, Kanzel, Unze, etc.
93	ʒ	s (dur)	Le ʒ se prononce comme le *s* dur lorsqu'il est précédé d'un *t*, comme dans Schaʒ, troʒig, Müʒe, etc.

━━━━━ • ━━━━━

§. VI.

APPLICATION des différentes Méthodes d'Epellation.

(Voyez le même paragraphe dans les règles particulières à
la langue française, pages 75 et 76).

§. VII.

TABLEAU prosodique de la Langue allemande.

RÈGLES GÉNÉRALES.	EXCEPTIONS.

VOYELLES LONGUES.

Les vocales expriment dés
voyelles longues,

1.° A la fin d'une syllabe
initiale ou médiale, lorsque
la syllabe suivante est brève,
comme dans a=ber, Va=ter,
e=wig, ü=ber, ge=bet (donnez),
Grö=ße, gewe=sen, Spra=che,
su=chen, etc. ;

Excepté Ra=che, Sa=che,
Be=cher, bre=chen, spre=chen,
Kü=che.

2.° Devant une conso-nnante simple terminant une syllabe quelconque : trat, Spur, schön, kam, Pfad, Gras, Weg, groß, begeg-nen, Geber-de, seg-nen, etc ;

3.° Lorsqu'elles sont re-doublées ou suivies d'un e ou d'un h : Haar, Beere, Klee, Boot, nie, Liebe, Jahr, nehmen, gehen, fröhlich, Stroh, nahe, etc. ;

4.° Lorsqu'elles sont pré-cédées ou suivies d'un th : That, Thor, thun, Rath, Blüthe, etc ;

5° A la fin d'un monosy-llabe, comme dans ja, je, so, du, etc. ;

6.° Lorsqu'étant jointes à d'autres vocales elles forment diphthongues , comme dans blau, bei, Haufen, scheiden, reißen, etc.

7.° Enfin dans les syllabes radicales (*) et toutes celles qui reçoivent l'accent prosq-

Excepté ab, an, bis, das, des, er, es, gib, grob, er hat, hin, in, Koch, man, ob, um, un, was, weg.

Excepté dies ou dieß, vier-te, Viertel, vierzehn et vierzig. Il en est de même des mots où l'i ne recevant point l'ac-cent prosodique , les lettres ie se prononcent séparément, comme dans Historie, Spa-ni-er, etc. (Voyez les règles n.ᵒˢ 37 et 38, page 131.)

(*) On distingue dans les mots, 1.° le *radical*, qui en est la partie invariable; 2.° les syllabes *modificatives*, c'est-à-dire, celles qui s'ajoutent au radical pour en modifier la signification. Par exemple, dans le mot gelobet (loué), Lob (louange) en est le radical, et les syllabes ge et et en sont les modificatives. Celles qui se placent au commencement des mots s'appellent aussi *prépositives*.

dique (**), comme geb dans vergeben, Furcht dans furcht=bar, gleit dans begleiten, etc.

VOYELLES BRÈVES.

Les vocales expriment des voyelles brèves,

1.° Devant une consonnante redoublée ou multiple,

Excepté Agstein, Art, Arzt, Bart, Bort, Börs, erst, Erz, Flöz, Geburt, Harz, Herd, Jagd, Kebsehe, Kebsweib,

---

(**) On entend par *l'accent prosodique* une inflexion de la voix, qui s'élève ou qui s'abaisse sur les syllabes. La prosodie allemande admet pour règle générale que les syllabes sur lesquelles la voix s'élève, et que l'on appelle *syllabes accentuées* (betonte Sylbe), sont toujours longues, et que les autres, que l'on appelle *syllabes non accentuées* (unbetonte ou tonlose Sylbe), sont toujours brèves.

Cette différence de quantité déterminée par l'accent prosodique, ne se fait pas seulement sentir entre les syllabes d'un même mot, mais encore entre les parties du discours considérées sous le rapport de leurs fonctions respectives. Or, voici l'ordre qu'établissent entre elles, dans la prosodie allemande, les différents degrés d'importance de ces fonctions: 1.° le substantif, 2.° l'adjectif, 3.° le verbe, 4.° l'interjection, 5.° l'adverbe, 6.° le verbe auxiliaire, 7.° la conjonction, 8.° le pronom, 9.° la préposition et 10.° l'article. Le substantif et l'adjectif sont toujours longs, et les autres sont brefs par rapport aux mots qui les précèdent, et longs par rapport à ceux dont ils sont suivis. Par exemple, le verbe est bref devant un substantif, et il est long devant une interjection.

Cependant l'article, qui est bref par rapport à toutes les autres parties du discours, comme dans der Mann, die Frau, das Kind, devient long devant une syllabe prépositive, comme dans der Gerechte, die Geliebte, das Gebäude.

Il y a encore d'autres monosyllabes dont la quantité varie selon leur signification ou l'importance de leurs fonctions: par exemple, ist est long dans Gott ist (Dieu existe), et il est bref dans Gott ist ewig (Dieu est éternel). Le mot Schuh (soulier), qui est long par lui-même, devient bref dans Handschuh (gant). Les particules ab, an, auf, aus, bei, dar, durch, ein, für, her, hin, mit, nach, um, von, vor, weg, weil, will, zu, dont quelques-unes sont brèves, étant employées comme adverbes ou comme prépositions, sont généralement longues lorsqu'elles entrent dans la composition des mots, comme dans anhalten, daran, hinreisen, dahin, etc.

comme dans all, Fall, Lamm, Herr, soll, oft, gern, Stadt, Blick, schaffen, nennen, etc.;

2.° Lorsqu'elles terminent un mot de plusieurs syllabes, comme dans etwa, Galle, Uhu, etc.;

3.° Dans les syllabes prépositives be, emp, ent, er, ge, um, ver et zer: begleiten, empfangen, entstehen, erhalten, gelobet, umarmen, verachten, zerstoßen, etc.;

4.° Dans les syllabes finales modificatives, telles que e, el, em, en, er, et, ig, te, etc.: Lieb=e, Spieg=el, Ath=em, That=en, Führ=er, lob=et, art=ig, lieb=te, etc.

Krebs, Magd, Mond, Nest, nebst, Obst, Pabst, Pferd, Probst, Quarz, Schwert, Stätte, stets, Trost, Vogt, Wuchs, Wust et zart. Il en est de même des mots où il y a contraction, comme dans er sprachs, du redst, der spätste, au lieu de sprach es, redest, späteste, etc.

Les syllabes finales bar, haft, heit, in, keit, lein, lich, niß, sal, sam, schaft, thum et ung sont longues ou brèves, selon qu'elles sont précédées de syllabes brèves ou longues;

EXEMPLES:

Longues.	Brèves.
Offenbar,	Achtbar,
tugendhaft,	boshaft,
Sicherheit,	Freiheit,
Königin,	Fürstin,
Fingerlein,	Mährlein,
wunderlich,	tröstlich,
Finsterniß,	Kenntniß,
Wanderschaft,	Freundschaft,
Fürstenthum,	Irrthum,
Besserung, etc.	Handlung, etc.

EXERCICES.

Ire PARTIE.

ÉLEMENS PRIMITIFS DE LA LECTURE.

Ire LEÇON.

Vocales simples primitives.

	â		ê		ô		eû.
	a		ä		o		ö.

a	è	é	i	o	e	eu	ou	u.
a	è	é	i	o	e (*)	ö	u	ü.

	an		ein		on		eun.
	n		n		n		n

2.e LEÇON.

Consonnantes simples primitives.

m	b	p	v	f.
m	b	p	w	f.
l	r	n	d	t.
l	r	n	d	t.

	z	s	j	ch.
	f	ß	ſch	ſch.

ï	g (gh)	k	h	«
j	g	k	h	ch

(*) L'e non accentué se prononce *e* comme dans *je*.

3.ᵉ Leçon.

1.ᵉʳ Exercice français sur la 1.ʳᵉ et la 2.ᵉ Leçon.

ma, me, mu, mou, peu, ne, ni, de, ta,
ma, me, mů, mu, pȯ, ne, ni, de, ta,
te, tu, je, jeu, chou, sa, se, si, sou, vu,
te, tů, ſche, ſchȯ, ſchu, ſa, ſe, ſi, ſu, wů,
feu, fou, la, le, lu, ri. A-ga, a-mi, a-pi,
fȯ, fu, la, le, lů, ri. A-ga, a-mi, a-pi,
dé-fi, dé-jà, de-mi, do-du, é-mu, é-pi, fa-né,
dé-fi, dé-ſcha, de-mi, do-dů, é-mů, é-pi, fa-né,
fi-ni, fu-mé, ga-la, ha-ro, Hé-bé, ho-la! je-té,
fi-ni, fů-mé, ga-la, ha-ro, hé-bé, ho-la! ſche-té,
jo-li, la-vé, ma-ri, mi-di, no-té, Nu-ma, ô-té,
ſcho-li, la-wé, ma-ri, mi-di, no-té, nů-ma, o-té,
rô-ti, so-fa, ta-ri, te-nu, u-ni, ve-nu, zé-ro.
ro-ti, ſo-fa, ta-ri, te-nů, ů-ni, we-nů, ſé-ro.
A-bo-li, dé-mo-li, dé-pu-té, dé-vo-ré, é-ra-to,
A-bo-li, dé-mo-li, dé-pů-té, dé-wo-ré, é-ra-to,
fi-gu-ré, i-mi-té, mo-dé-ré, nu-di-té, nu-mé-ro,
fi-gu-ré, i-mi-té, mo-dé-ré, nů-di-té, nů-mé-ro,
o-pé-ra, pi-lo-ri, re-bu-té, u-ni-té, va-ni-té,
o-pé-ra, pi-lo-ri, re-bů-té, ů-ni-té, wa-ni-té.
A-mé-ni-té, fa-ta-li-té, ma-j-o-ri-té, fé-o-da-li-té,
A-mé-ni-té, fa-ta-li-té, ma-ſcho-ri-té, fé-o-da-li-té,
vo-lu-bi-li-té.
wo-lů-bi-li-te.

Ton, mon, sein, son, bon, ga-zon, li-on,
di-van, é-lan, ma-man, se-rein, bon-bon, a-
ban-don, a-né-an-ti.

4.ᵉ Leçon.

2.ᵉ Exercice français sur la 1.ʳᵉ et la 2.ᵉ Leçon.

abandon	Verlassenheit	hola!	holla!
aboli	abgeschafft	imité	nachgeahmt
Aga	Aga	je	ich
aménité	Anmuth	jeté	geworfen
ami	Freund	jeu	Spiel
anéanti	vernichtet	joli	artig
api	Api = Apfel	la	die
bon	gut	lavé	gewaschen
bonbon	Gutchen	le	der
chou	Kohl	lion	Löwe
de	von	lu	gelesen
défi	Ausforderung	ma	meine
déjà	schon	majorité	Mündigkeit
demi	halb	maman	Mama
démoli	abgebrochen	mari	Gatte
député	Abgeordnete	me	mich, mir
dévoré	zerrissen	midi	Mittag
divan	Divan	modéré	mäßig
dodu	quatschelig	mon	mein
élan	Sprung	mou	weich
ému	gerührt	mu	bewogen
épi	Aehre	ne	nicht
Erato	Erato	ni	weder
fané	verwelkt	noté	gezeichnet
fatalité	Verhängniß	nudité	Nacktheit
féodalité	Lehenbarkeit	Numa	Numa
feu	Feuer	numéro	Nummer
figuré	abgebildet	óté	weggethan
fini	geendiget	opéra	Oper
fou	Narr	peu	wenig
fumé	geraucht	pilori	Drillhäuschen
gala	großes Fest	rebuté	abgewiesen
gazon	Rasen	ri	gelacht
haro	Zeter	rôti	gebraten
Hébé	Hebe	sa	seine

se	sich	ton	dein
sein	Brust	tu	du
serein	heiter	uni	eben, glatt
si	wenn, so	unité	Einheit
sofa	Sofa	van	Wanne
son	sein	vanité	Eitelkeit
sou	Sou	venu	gekommen
ta	deine	volubilité	Leichtschwung
tari	ausgetrocknet	vu	gesehen
te	dir, dich	zéro	Null
tenu	gehalten		

5.ᵉ LEÇON.

1.ᵉʳ Exercice allemand sur la 1.ʳᵉ et la 2.ᵉ Leçon.

Bö = se, Bu = be, Bu = se, Da = me, dé = ro,
beu-ze (beu-zĕ)(*), bou-be, bou-ze, da-me, dé-ro,

Do = se, Dü = ne, Ju = de, La = sche, Mu = se, Na = se,
do-ze, du-ne, ïou-de, la-che, mou-ze, na-ze,

Pa = scha, Ra = be, Ru = be, Sa = ra, Scha = de, Schu = le,
pa-cha, ra-be, rou-be, Sa-ra, cha-de, chou-le,

Ta = sche, Hé = lé = na, Ma = ri = a, Ro = si = na, Sa = lo = mo,
ta-che, Hé-lé-na, Ma-ri-a, Ro-zi-na, Sa-lo-mo,

Fa = schi = ne, Ma = ro = ne, Ma = schi = ne, Mé = lo = ne,
fa-chi-ne, ma-ro-ne, ma-chi-ne, mé-lo-ne.

A = ma = li = a, A = mé = ri = ka, Lu = do = wi = ka, Ro = sa = li = a,
A-ma-li-a, A-mé-ri-ka, Lou-do-vi-ka, Ro-za-li-a,

Scho = ko = la = de, E = lé = o = no = re.
cho-ko-la-de, E-lé-o-no-re.

(*) La lettre *e*, qui est souvent muette en français,
conserve, dans les exercices allemands, la même valeur
que dans *je*, *me*, *le*, etc. Ainsi, les mots Dame (da-me),
Tasche (ta-che), etc., se prononcent *da-meu*, *ta-cheu*,
et non pas *dam'*, *tach'*, comme en français.

Busche

Buche, China, Wache, Echo, Sache,
Küche, Bache, Epoche, Hagebuche.

6.e Leçon.

2.e *Exercice allemand sur la* 1.re *et la* 2.e *Leçon.*

Amalia	Amélie	Ludowika	Louise
Amerika	Amérique	Maria	Marie
Bache	laie	Marone	marron
Böse	(le) mal	Maschine	machine
Bube	garçon	Melone	melon
Buche	hêtre	Muse	muse
Buße	pénitence	Nase	nez
China	Chine	Pascha	Pacha
Dame	dame	Rabe	corbeau
Dero	votre	Rosalia	Rosalie
Dose	boîte	Rosina	Rosine
Düne	dune	Rube	navet
Echo	écho	Sache	chose, affaire
Eleonore	Éléonore	Salomo	Salomon
Epoche	époque	Sara	Sara
Faschine	fascine	Schade	dommage
Hagebuche	charmille	Schokolade	chocolat
Helena	Hélène	Schule	école, classe
Jude	Juif	Tasche	poche
Küche	cuisine	Wache	(la) garde
Lasche	chanteau		

7.e Leçon.

Vocales multiples ou Diphthongues primitives.

aï aoü éü eï eü ia iê iè ié ieu io
ai au au ei eu ia ia ie ie io io
oa oï oua ouè oui uè ué ui.
oa oi ua ué ui uè ué ui.
    ian ien ion ouan ouin uin.

8.ᵉ Leçon.

1.ᵉʳ Exercice français sur la 7.ᵉ Leçon.

Dieu, pieu, lieu, lui. Mi-lieu, châ-tia,
Diö, pio, liö, lui. mi=liö, scha=tia,
pia-no, é-pieu, pi-tié, lui-ra, é-tui, a-dieu,
pia=no, e=piö, pi=tié, lui=ra, é=tui, a=diö,
pio-ché, nui-ra. Sé-dui-ra, Ba-ta-via, ra-ta-
pio=ché, nui=ra. Sé=dui=ra, Ba=ta=wia, ra=ta=
fia, bo-ni-fia, Ri-che-lieu, a-mi-tié, pu-ri-fia,
fia, bo=ni=fia, Ri=sche=liö, a=mi=tié, pu=ri=fia,
ré-pu-dia. Ba-ra-goui-né, fa-mi-lia-ri-té.
ré=pu=dia. Ba=ra=gui=né, fa=mi=lia=ri=té.

Bien, pion, tien, juin, chien, sien, rien,
ba-bouin, pié-ton, cha-fouin, suin-té, sou-
tien, vio-lon, ma-rin-gouin, ba-ra-gouin,
Pé-ru-vien.

9.ᵉ Leçon.

2.ᵉ Exercice français sur la 7.ᵉ Leçon.

adieu	lebe wohl	épieu	Spieß
amitié	Freundschaft	étui	Futteral
babouin	Pavian	familiarité	Vertraulichkeit
baragouin	Gewälsch	Juin	Brachmonat
baragouiné	gewälscht	lieu	Ort
Batavia	(Name einer Stadt)	lui	er, ihm, ihn.
		luira	(er) wird scheinen
bien	Gut, wohl	maringouin	Schnake
bonifia	(er) besserte	milieu	Mitte
chafouin	schmächtig	nuira	(er) wird schaden
châtia	(er) züchtigte	Péruvien	Peruvianer
chien	Hund	piano	Piano
Dieu	Gott	pieu	Pfahl

piéton	Fußgänger	rien	nichts
pioché	gehackt	séduira	(er) wird verfüh=
pion	Bauer (im		ren
	Spiele)	sien	(der) seinige
pitié	Mitleid	soutien	Stütze
purifia	(er) reinigte	suinté	geschweißet
ratafia	Ratafia	tien	(der) deinige
répudia	(er) verstieß	violon	Geige, Violine
Richelieu	(Eigenname)		

10.e Leçon.

1.er *Exercice allemand sur la 7.e Leçon.*

Scheu, Bau, Sau, Schau, Tau, Bäu=me,
Cheü, baou, saou, chaou, taou. Bêü-me,

Bei=de, Beu=te, Dau=be, Do=nau, Eu=le,
bëi-de, beü-te, daou-be, do-naou, eü-le,

Hau=be, Hau=e, Hei=de, Lau=ge, Leu=te,
haou-be, haou-e, hèi-de, laou-ghe, leü-te,

Mäu=se, Pau=se, Rau=de, Schei=be, Sai=te,
mêü-ze, paou-ze, raou-de, chèi-be, saï-te,

Sei=te, Schei=de, Tau=be, Wai=se, Wei=se,
sëi-te, chèi-de, taou-be, vaï-ze, vèi-ze,

Eu=ro=pa, Bau=leu=te, Hei=li=ge, Ge=bäu=de.
Eü-ro-pa, baou-leü-te, hèi-li-ghe, ghe-bêü-de.

11.e Leçon.

2.e *Exercice allemand sur la 7.e Leçon.*

Bau	construction	Daube	douve
Bauleute	ouvriers	Donau	Danube
Bäume	arbres	Eule	hibou
beide	deux	Europa	Europe
Beute	butin	Gebäude	bâtiment

Haube	coiffe	Schau	vue
Haue	houe, pioche	Scheibe	poulie
Heide	païen	Scheide	point de sépa-
Heilige	saint		ration
Lauge	lessive	scheu	farouche
Leute	gens	Seite	côté
Mäuse	souris	Tau	cable, cordage
Pause	pause	Taube	pigeon
Raude	gale	Waise	orphelin
Saite	corde	weise	sage
Sau	porc, truie		

12.ᵉ Leçon.

Consonnantes multiples primitives.

---

bl br pf pl pn pr ps pt vr fl fr ft

bl br pf pl pn pr ps pt wr fl fr ft

ill dr tr ts sb sk sl sm sp st sv sf

ll dr tr ts sb ss sl sm sv st sw ss

chk chl chm chn chp chr cht chv gl

schk schl schm schn schp schr scht schw gl

gn (dur) gn (mouillé) gr gz kl kr ks pfl

gn nj gr gs kl kr ks pfl

pfr sgr skr spl spr str sts chpr chtr.

pfr sgr skr spl spr str sts schpr schtr.

13.ᵉ Leçon.

1.ᵉʳ Exercice français sur la 12.ᵉ Leçon.

---

bleu, blé, pli, gré, pré, trou. Bla-mé,

blö, blé, pli, gré, pré, tru. bla=mé,

blu-té, bro-ché, bro-dé, beu-glé, pleu-ré,

blü=té, bro=ché, bro=dé, bö=glé, plö=ré,

pli‑é, plu‑ma, pri‑a, tri‑bu, gla‑né, de‑vra,
pli‑é, plu‑ma, pri‑a, tri‑bu, gla‑né, de‑vra,
flé‑tri, ré‑glé, bou‑illi, mou‑illé, ga‑gné,
flé‑tri, ré‑glé, bu‑lji, mu‑ljé, ga‑njé,
ré‑gna, pro‑gné. Bre‑dou‑illé, ba‑la‑fré,
ré‑gna, pro‑gné. Bre‑du‑ljé, ba‑la‑fré,
tré‑pi‑gné, sti‑mu‑lé, dé‑ré‑glé, dé‑pra‑vé.
tré‑pi‑gné, sti‑mu‑lé, dé‑ré‑glé, dé‑pra‑vé.
Fru‑ga‑li‑té, stu‑pi‑di‑té, pro‑ba‑bi‑li‑té.
fru‑ga‑li‑té, stu‑pi‑di‑té, pro‑ba‑bi‑li‑té.
Brun, plan, frein, plein, blan‑chi, bran‑chu,
bran‑don, bre‑lan, bron‑zé, plan‑té, dra‑gon,
tran‑ché, fran‑chi, fri‑pon, glou‑ton, gran‑di,
gon‑flé, An‑dré, gron‑da, gno‑mon, brou‑illon,
spon‑ta‑né.

14.ᵉ Leçon.

2.ᵉ *Exercice français sur la* 12.ᵉ *Leçon.*

André	Andreas	brouillon	Entwurf, verwirrter Kopf
balafré	zerfetzt		
beuglé	gebrüllt	brun	braun
blâmé	getadelt	dépravé	verderbt
blanchi	weiß gemacht	déréglé	regellos
blé	Korn, Getreide	devra	(er) wird {schuldig seyn, sollen
bleu	blau		
bluté	gebeutelt	dragon	Drache, Dragoner
bouilli	gesottenes Fleisch		
branchu	ästig	flétri	verwelkt
brandon	Strohfackel	franchi	hinüber gesetzt
bredouillé	gestottert	frein	Gebiß, Zaum
brelan	Trischak‑Spiel	fripon	Schelm, Spitzbube
broché	durchwirkt		
brodé	gestickt	frugalité	Genugsamkeit
bronzé	erzfarbig	gagné	gewonnen

glané	Aehren gelesen	pluma	(er) rupfte
glouton	{ Vielfraß / gefräßig	pré	Wiese
		pria	(er) bat
gnomon	Sonnenzeiger	probabilité	Wahrscheinlichkeit
gonflé	aufgeblähet	progné	
grandi	groß geworden	réglé	{ regelmäßig / eingerichtet
gré	Wille		
gronda	(er) zankte	régna	(er) regierte
mouillé	naß	spontané	freiwillig
plan	Plan, Fläche	stimulé	getrieben
planté	gepflanzt	stupidité	Dummheit
pleuré	geweint	tranché	geschnitten
plein	voll	trépigné	gestampft
pli	Biege	tribu	Zunft, Stamm
plié	gebogen	trou	Loch

15.e LEÇON.

1.er Exercice allemand sur la 2.e Leçon.

Treu, Frau, gräu, Pfau, schlau, blei=be,
treü, fraou, graou, pfaou, chlaou, blëi-be,

blö=de, Blö=ße, Blu=me, Brä=sche, Drü=se,
bleu-de, bleu-se, blou-me, brè-che, dru-ze,

Fla=sche, Flö=ße, Flö=te, Fra=ge, Freu=de,
fla-che, fleu-se, fleu-te, fra-ghe, freü-de,

Fri=sche, ge=treu, Glau=be, Grö=ße, Gna=de,
fri-che, ghe-treü, glaou-be, greu-se, gna-de,

Grä=te, Gru=be, Kla=ge, Krei=de, Kro=ne,
grê-te, grou-be, kla-ghe, krëi-de, kro-ne,

Kru=me, Pfei=fe, Pflau=me, Pflä=ge, Pfo=te,
krou-me, pfeï-fe, pflaou-me, pflè-ghe, pfo-te,

Pro=be, Pro=sa, Schlei=fe, Schlei=ße, Schleu=ße,
pro-be, pro-za, chlëi-fe, chlëi-se, chleü-se,

Schlo=ße, Schnei=de, Schnö=de, Schrau=be,
chlo - se, chnëï - de, chneu - de, chraou - be,

Schwe=re, Trau=be, be=flei=ße, Ge=brä=me,
chvè - re, traou - be, be-flëï - se, ghe-brê-me,

Ge=brau=ße, Ge=krö=ße, Ge=schmei=de, Ge=
ghe-braou-se, ghe-kreu-se, ghe-chmëï-de, ghe-

klo=pfe, Ma=tro=ne, Ma=tro=ße, O=bla=te,
klo-pfe, ma-tro-ne, ma-tro-ze, o-bla-te,

Pa=tro=ne, Po=da=gra.
pa-tro-ne, po-da-gra.

Bla=che, Blei=che, Bra=che, Flä=che, Swä=
che.

16.ᵉ Leçon.

2.ᵉ *Exercice allemand sur la* 12.ᵉ *Leçon.*

befleiße	applique	Gebräme	bordure
Blache	banne	Gebrauße	bruissement, mugissement
bleibe	demeure		
Bleiche	pâleur	Geklopfe	bruit de marteaux
blöde	faible, délicat		
Blöße	nudité	Gekröße	mésentère, fraise
Blume	fleur		
Brache	jachère	Geschmeide	bijoux
Bresche	brèche	getreu	fidèle
Drüße	glande	Glaube	foi, croyance
Fläche	surface	Gnade	grace, bonnes graces
Flasche	bouteille		
Flöße	flottage	Gräte	arête
Flöte	flûte	grau	gris
Frage	demande	Größe	grandeur
Frau	femme	Grube	fosse, creux
Freude	joie, plaisir	Klage	plainte
Frische	fraîcheur	Kreide	craie

Krone	couronne	Probe	épreuve, preuve
Krume	mie		
Matrone	matrone	Prosa	prose
Matrose	matelot	schlau	fin, rusé
Oblate	oublie, pain à cacheter	Schleife	traîneau, claie
		Schleiße	éclisse, charpie
Patrone	cartouche	Schleuße	écluse
Pfau	paon	Schloße	grêle
Pfeife	pipe	Schneide	tranchant
Pflaume	prune	schnöde	frivole, vil
Pflege	administration	Schraube	vis, cheville
Pfote	patte	Schwäche	faiblesse
Podagra	goutte (maladie)	Schwere	pesanteur
		Traube	raisin
		treu	fidèle

17.ᵉ LEÇON.

Consonnantes précédées de vocales dans la même syllabe.

COMBINAISONS COMMUNES AUX DEUX LANGUES.

am'	em'	im'	om'	ab	eb	ib	ob	ub	ap
am	em	im	om	ab	eb	ib	ob	ub	ap

ep	ip	op	up	oup	af	ef	if	of	uf	euf
ep	ip	op	up	up	af	ef	if	of	uf	of

ouf	al	el	il	ol	ul	eul	oul	ar	er	ir
uf	al	el	il	ol	ul	ol	ul	ar	er	ir

or	ur	eur	our	an'	en'	in'	on'	ad	ed
or	ur	or	ur	an	en	in	on	ad	ed

id	od	ud	at	et	it	ot	ut	az	as	es	is
id	od	ud	at	et	it	ot	ut	af	aß	es	is

os	us	ous	ag	eg	ig	og	oug	ak	ek	ik
os	us	us	ag	eg	ig	og	ug	ak	ek	ik

ok   uk   ouk   ams   abs   ald   alk   ars   ark

akt   aks   ekt   est   ist   ikt   iks   obs   ors   ost

ork   urk.

COMBINAISONS PARTICULIÈRES A LA LANGUE FRANÇAISE.

ail   eil   euil   ouil   ial   ias   iar   iel   ief   ier'

ieur   eurs'   ouaf   oual   ouar   ouat'   uif   uir.

ank   ans'   eink   eins'   onk   ons'.

COMBINAISONS PARTICULIÈRES A LA LANGUE ALLEMANDE.

als   alp   alg   algst   ampf   an't's   aps'   arf

arfst   arm   arg   art'   ast'   ats'   aupt'   êfst

êtst   èbs   ègst   eïl   eïpst   eïts   èks   èlbst

èlm   èlt   èmbd   ènf   ènch   ènst   ènt'   èrd'

èrk   èrl   èrnst   èrts'   igs   ild   ilfst   ilft   iltst

in's'   ips   irbst   irgst   irgt   irn   irch   itch

oft   ogt   oks   olf   olgt   olk   oins'   orms

opf orb orf ort öln uks umt und
opf orb orf ort euln ouks oumt oun'd

unft úrtſt.
oun'ft urtst.

ach åch èch ich och uch úch öch ang eng
ing ung ank enk ings ingt inks inkt unkt
acht ilch önch ichſt.

18.ᵉ LEÇON.

1.ᵉʳ *Exercice français sur la* 17.ᵉ *Leçon.*

Job, sud, fat, bref, vif, tuf, veuf, pouf,
ſchob, ßüd, fat, bref, wif, tüf, wöf, puf,

Nil, sol, seul, Toul, char, mer, sur,
nil, ßol, ßöl, tul, ſchar, mår, ßür,

fleur, four, bail, deuil, fier, fiel, fuir,
flör, fur, balj, dölj, fièr, fièl, füir,

juif, fief, joug, jour, suif, gaz', fer,
ſchüif, fièf, ſchug, ſchur, ßüif, gaſ, får,

brut, neuf, dot, chut, nul. Ja‑lap, op‑té,
brüt, nöf, dot, ſchüt, nül. Scha=lap, op=té,

Bag‑dad, Al‑fred, A‑bel, Da‑vid, Nem‑rod,
Bag=dad, Al=frèd, A=bèl, Da=wid, Nèm=rod,

zig‑zag, Dé‑los, fru‑gal, A‑zof, che‑val,
ßig=ßag, Dé=los, frü=gal, A=ſof, ſche=wal,

nou‑vel, fi‑nir, Jo‑ram, Si‑chem, Ab‑ner,
nu=wèl, fi=nir, ſcho=ram, Si=ſchèm, Ab=nèr,

so‑leil, fe‑nouil, Jo‑ab, é‑gal, dou‑leur,
ßo=lèlj, fe=nulj, Scho=ab, é=gal, du=lör,

four‑nir, bé‑mol, tar‑dif, Mo‑gol, ou‑est',
fur=nir, bé=mol, tar=dif, Mo=gol, u=èſt,

tal-mud, pro-fil, Up-sal, Fré-jus, jo-vial,
tal=mûd, pro=fil, ûp=ßal, Fré=ſchûs, ſcho=wial,
fil-tré, tra-vail, So-lim, i-tem, ché-tif,
fil=tré, tra=walj, So=lim, i=tèm, ſché=tif,
Nes-tor, fu-tur, at-las, I-ris. Pré-té-rit,
Nès=tor, fû=tûr, at=las, i=ris. pré=té=rit,
ad-ver-bial, dé-gar-nir, Am's-ter-dam', a-dap-té,
ad=wèr=bial, dé=gar=nir, Ams=tèr=dam, a=dap=té,
A-bra-ham, A-do-nis, bap-tis-mal, ma-la-dif.
A=bra=ham, A=do=nis, bap=tis=mal, ma=la=dif.
A-mi-na-dab, ad-mi-nis-tré, u-ni-ver-sel.
A=mi=na=dab, ad=mi=nis=tré, û=ni=wèr=ſèl.

19.ᵉ LEÇON.

2.ᵉ *Exercice français sur la* 17.ᵉ *Leçon.*

Abel	. . .	bref	kurz
Abner	. . .	brut	roh
Abraham	. . .	char	Wagen
adapté	paſſend, ange=	chétif	elend
	meſſen	cheval	Pferd
administré	verwaltet	chut!	pſt!
Adonis	. . .	David	. . . .
adverbial	nebenwörtlich	dégarnir	abmachen
Alfred	. . .	Délos	. . . .
Aminadab	. . .	deuil	Trauer
Amsterdam	. . .	dot	Heirathsgut
atlas	Landkarten=	douleur	Schmerz
	ſammlung	égal	gleich
Azof	. . .	fat	geckiſch
Bagdad	. . .	fenouil	Fenchel
bail	Pacht	fer	Eiſen
baptismal	tauf=gehörig	fief	Lehen
bémol	B. mol	fiel	Galle

fier	stolz	Nil	Nil = Strom
filtré	geseihet	nouvel	neu
finir	endigen	nul	kein, ungültig
fleur	Blume	opté	gewählt
four	Ofen	ouest	West
fournir	versehen	pouf	Puff
Fréjus	. . .	prétérit	vergangene Zeit
frugal	genügsam	profil	Seitenansicht
fuir	fliehen	seul	allein
futur	zukünftig	Sichem	
gaz	Gas	sol	Erdreich
Iris	Regenbogen	soleil	Sonne
item	ingleichen	Solim	
jalap	Jalappe	sud	Süden
Joab	. . .	suif	Unschlitt
Job	. . .	sur	auf
Joram	. . .	talmud	Talmud
joug	Joch	tardif	spät
jour	Tag	travail	Arbeit
jovial	fröhlich	Toul	
juif	Jude	tuf	Tuferde
maladif	kränklich	universel	allgemein
mer	Meer	Upsal	
Mogol	Mogol	veuf	Witwer
Nemrod	. . .	vif	lebendig, lebhaft
Nestor	. . .	zigzag	Zickzack
neuf	neun, neu		

20.ᵉ Leçon.

1.ᵉʳ *Exercice allemand sur la* 17.ᵉ *Leçon.*

Grab, Rad, Hof, Trog, Vogt, Takt, Schild,
grab, rad, hof, trog, fogt, takt, child,

Wolf, Balg, Volk, Schelm, Köln, Hals,
volf, balg, folk, chelm, keuln, hals,

Wèlt, Baum, Hèmd, Dampf, Bèin, Bund,
vèlt, baoum, hèmd, dampf, bèïn', boun'd,

Sènf, Mènſch, Kopf, Gips, Haupt, Pferd,
sènf, mèn'ch, kopf, ghips, haoupt, pfèrd,

Dorf, Sarg, Wèrk, warm, Worms, Mars,
dorf, sarg, vèrk, varm, vorms, mars,

Hirſch, Fleiſch, Wort, Faß, Laſt, Froſch,
hirch, flëïch, vort', fass, last, froch,

du lèbſt, be=täubt, du ſchläfſt, du hilfſt, èr
dou lèbst, bè-tëübt, dou chlêfst, dou hilfst, èr

hilft. Ge=ſchwulſt, du giltſt, be=blümt, fol=
hilft. ge-chvoulst, dou ghiltst, bé-blumt, fol-

gènds, du knèipſt, du brâtſt, Be=trug,
ghènds, dou knèïpst, dou brêtst, bé - troug,

Um=ſchlag, Ge=walt, Ka=paun, Gé=gènd.
oum'-chlag, ghé-valt, ka-paoun, ghé-ghènd.

Schmach, Nacht, Milch, Fang, Ring, rings,
Schrank, Mònch, Pèch, rècht, ich, noch,
reich, links, auch, Rauch, Be=ſuch, Kir=che,
Kra=nich, Ge=ſchlècht, fiſch=rèich, brauch=bar,
furcht=ſam, mâch=tig, èr=dicht, An=fang, Hor=
nung, Ge=lenk, Tiſch=tuch, Knob=lauch, Pfir=
ſich, Menſch=lich=keit.

21.ᵉ Leçon.

2.ᵉ Exercice allemand sur la 17.ᵉ Leçon.

Anfang	commence- ment	Baum	arbre
Auch	aussi	beblümt	parsemé de fleurs
Balg	peau, écale	Bein	os, jambe, pied

betäubt	{ assourdi { étourdi	du kneipst	tu pinces
Betrug	tromperie	Knoblauch)	ail
Besuch	visite	Köln	Cologne
du brätst	tu rôtis	Kopf	tête
brauchbar	qui peut servir	Kranich	grue
Bund	lien, bande	Last	fardeau
Dampf	fuméc, vapeur	du lebst	tu vis
Dorf	village	links	à gauche
erdicht	terreux	mächtig	puissant
Fang	prise, capture	Mars	le dieu Mars
Faß	vase, tonneau	Mensch	{ homme { personne
Fischreich	poissonneux	Menschlichkeit	humanité
Fleisch	chair, viande	Milch	lait
folgends	{ ensuite { désormais	Mönch	moine
		Nacht	nuit
Frosch	grenouille	noch	encore
furchtsam	craintif, timide	Pech	poix
Gegend	contrée	Pferd	cheval
Gelenk	jointure	Pfirsich	pêche (fruit)
Geschlecht	{ genre { sexe { race	Rad	roue
		Rauch	fumée
		recht	juste, vrai, bien
Geschwulst	enflure	reich	riche
Gewalt	force, pouvoir	Ring	anneau, boucle
du gilst	tu vaux	rings	auteur
Gips	plâtre, gypse	Sarg	cercueil
Grab	fosse	Schelm	fripon
Hals	cou	Schild	{ bouclier { enseigne
Haupt	tête, chef		
Hemd	chemise	du schläfst	tu dors
du hilfst	tu aides	Schmach	injure
er hilft	il aide	Schrank	armoire
Hirsch	cerf	Senf	moutarde
Hof	cour	Takt	mesure
Hornung	février	Tischtuch	nappe
ich	je, moi	Trog	auge
Kapaun	chapon	Umschlag	cataplasme
Kirche	église	Vogt	tuteur

Volf	peuple	Wolf	loup
warm	chaud	Worms	Worms
Welt	monde	Wort	mot, parole
Werk	{ œuvre / ouvrage }		

IIe PARTIE.

ÉLÉMENS SUBSTITUTIFS DE LA LECTURE.

EXERCICES FRANÇAIS.

22.e Leçon.

à, a, an.

1.er *Exercice.*

á.

A - mas, tu *as*, bas, bât, chas, dé-bats, é-cha-las, fa-tras, fri-mas, gras, Ju-das, lacs, las, mât, pas, ra-mas, ras, re-pas, tas, tré-pas.

a.

A-chat, *ah !* al-ma-nach, a-pos-tat, chat, dam-né, dé-bat, dé-jà, drap, es-to-mac, é-tat, gou-jat, gra-bat, hen-nir, lé-gat, man-dat, o-do-rat, pri-mat, ra-bat, rat, sé-nat, sol-dat, so-len-nel ou so-lem-nel, ta-bac, tri-bu-nat.

A - *dam*, ar - *pent*, a - *vant*, a - *vent*, bam - *bou*, *banc*, *blanc*, bri - *gand*, cha - *land*, *champ*, *chant*, *dam*, *dans*, de - *dans*, *dent*, den - *té*, em - brou - *illé*, *en*, en - *fant*, en - *fer*, en - *fin*, j'en - *tends*, é - *tang*, é - *tant*, tu é - *tends*, *faon*, il *fend*, flam - *bé*, *flanc*, fon - *dant*, fri - *and*, *Gand*, *gant*, *gland*, *grand*, ha - *reng*, i - gno - *rant*, jam - *bon*, *Jean*, *Laon*, *lent*, lieu - te - *nant*, le *Mans*, mar - *chand*, mar - *chant*, il *ment*, né - *ant*, o - *rang* - ou - *tang*, Or - lé - *ans*, *paon*, pé - *dant*, je *pends*, pen - *sé*, il *prend*, *rang*, rem - *plir*, je *rends*, ré - vé - *rend*, *sang*, *sans*, *sens*, il *sent*, sen - *tir*, tam - *bour*, *tant*, *temps*, je *tends*, il *vend*, *vent*, vio - *lent*.

2.e *Exercice.*

il a	er hat	chant	Gesang
à	zu, in	chas	Nadelöhr
achat	Einkauf	chat	Katze
Adam	Adam		Schade, Berau=
ah!	ach!	dam	bung der An=
almanach	Kalender		schauung Gottes
amas	Haufen	damné	verdammt
apostat	Abtrünniger	dans	in
arpent	Morgen (Landes	débat	Streit
tu as	du hast	dedans	hinein, darin
avant	vor	déjà	schon
avent	Advent	dent	Zahn
bambou	Bambus	denté	gezähnt
banc	Bank	drap	Tuch
bas	Strumpf, nieder	échalas	Pfahl
bât	Packsattel	embrouillé	verwirrt
il bat	er schlägt	en	in, davon
blanc	weiß	enfant	Kind
brigand	Straßenräuber	enfer	Hölle
chaland	Kunde	enfin	endlich
champ	Acker, Feld	j'entends	ich höre
			estomac

estomac	Magen	il ment	er lügt
état	Stand	néant	Nichts
étang	Teich	odorat	Geruchssinn
étant	seyend	orang-outang	Waldmensch
tu étends	du breitest aus	Orléans	(N. einer Stadt)
faon	Hirschkalb	paon	Pfau
fatras	Plunder	pansé	verbunden
il fend	er spaltet	pas	Schritt, nicht
flambé	verloren	pédant	Pedant, Schul-fuchs
flanc	Weiche		
fondant	schmelzend, grün-dend	je pends	ich hänge
		pensé	gedacht
friand	leckerhaft	il prend	er nimmt
frimas	Reif	primat	Primas
Gand	Gent (Stadt)	rabat	Kragen
gant	Handschuh	ramas	Haufen
gland	Eichel	rang	Reihe
goujat	Soldatenknecht	ras	rasch, geschoren
grabat	Schragen	rat	Ratte
grand	groß	remplir	auffüllen
gras	fett	je rends	ich gebe zurück
hareng	Häring	repas	Mahlzeit
hennir	wiehern	révérend	ehrwürdig
ignorant	unwissend	sang	Blut
jambon	Schincken	sans	ohne
Jean	Johann	sénat	Senat
Judas	Judas	sens	Sinn
lacs	Schlinge, Schnur	il sent	er fühlt
Laon	(N. einer Stadt)	sentir	empfinden, fühlen
las	müde	soldat	Soldat
légat	Legat	solennel ou solemnel	feierlich
lent	langsam		
lieutenant	Stellvertreter	tabac	Taback
mandat	Vollmacht / Anweisung	tambour	Trommel
		tant	so viel
le Mans	(N. einer Stadt)	tas	Haufen
marchand	Kaufmann	temps	Zeit, Wetter
marchant	gehend	je tends	ich spanne
mât	Mast	trépas	Tod

| tribunat | Tribunat | vent | Wind |
| il vend | er verkauft | violent | heftig |

23.ᵉ LEÇON.

ê, è, ein.

1.ᵉʳ *Exercice.*

é.

An-glais, An-glois, j'a-vais, tu a-vois, (ils) a-vàient, (ils) a-voient, a-pres, baie, les bou-lets, é-checs, j'é-tais, tu é-tois, tu es, il est, faix, je fe-rois, tu fe-rais, fo-rét, fu-taie, haie, har-nais, har-nois, Ir-lan-dais, Ir-lan-dois, ja-mais, laie, legs, je li-rais, tu li-rois, tes li-vrets, mais, ma-rais, mes, il naî-tra, or-fraie, pa-lais, il pa-raît, il pa-roît, paix, les Po-lo-nais, les Po-lo-nois, pré-legs, (ils) pren-draient, (ils) pre-noient, près, prét, pro-grès, pro-têt, raie, (ils) se-raient, (ils) sur-pren-draient, taie, têt, traits, très, ses va-lets.

è.

As-pect, il a-vait, il a-voit, ba-lai, bai, Bey, bien-fait, bou-let, il chan-tait, il chan-te-roit, dais, dé-blai, dé-lai, Dey, je fais, fi-let, fleu-ret, foi-ble-ment, fai-ble-ment, jou-et, laid, lait, li-vret, mai, ob-jet, rets, rai-deur, roi-deur, sept francs, il se-rait, il se-roit, su-jet, trait.

ein.

A-fin, bain, Ben-ja-min, ché-ru-bin, daim, dé-dain, de-main, de-vin, di-vin, en-fin, é-taim, é-tain, é-teint, eu-ro-pé-en, faim, tu feins, feint, fin, flo-ren-tin, flo-rin, fo-rain, gain, grain, gra-tin, im-bu, im-portant , *im-pri-mé*, *in-di-gné*, *in-*grat , *ins-tinct*, jar-*din*, Jour-*dain*, la-*pin*, len-de-*main*, le-*vain*, lu-*trin*, *main*, ma-*tin*, mâ-*tin*, mon-*dain*, *nain*, *pain*, pa-la-*din*, pa-la-*tin*, je *peins*, *peint*, *pin*, pro-*chain*, ra-*vin*, re-*gain*, ri-ve-*rain*, ro-*main*, *sain*, *saint*, sa-*pin*, sa-*tin*, *seing*, sou-ve-*rain*, ster-*ling*, *tain*, ta-ma-*rin*, je *teins*, *teint*, je *tins*, *train*, Tu-*rin*, *vain*, je *vaincs*, il *vainc*, ven-dé-*en*, ve-*nin*, *vin*, *vingt* francs, je *vins*, il *vint*, Ur-*bain*.

2.e *Exercice.*

Afin	damit	dédain	Verſchmähung
Anglais	} Engländer	délai	Aufſchub
Anglois		demain	morgen
après	nach , nachdem	des	der , von den
aspect	Anblick	dès	von . . . an
j'avais	} ich hatte	devin	Wahrſager
j'avois		Dey	(der) Dey
tu avais	} du hatteſt	divin	göttlich
tu avois		échecs	Schach
il avait	} er hatte	enfin	endlich
il avoit		étaim	Kammwolle
(ils) avaient	} ſie hatten	étain	Zinn
(ils) avoient		tu es	du biſt
bai	röthlichbraun	il est	er iſt
baie	Beere , Bucht	j'étais	} ich war
balai	Beſen	j'étois	
bain	Bad	tu étais	} du wareſt
Benjamin	Benjamin	tu étois	
Bey	(der) Bey	il était	} er war
bienfait	Wohlthat	il étoit	
boulet	Kanonen-Kugel	(ils) étaient	} ſie waren
il chantait	er ſang	(ils) étoient	
chérubin	Cherub	européen	europäiſch
daim	Damhirſch	faiblement	} ſchwächlich
dais	Himmel , Thron-himmel	foiblement	
		faim	Hunger
déblai	(das) Abräumen	je fais	ich thue

12 *

faix	Laſt	je lirais	} ich würde leſen
feint	erdichtet	je lirois	
tu ferais	} du würdeſt	livret	Büchlein
tu ferois	thun	lutrin	Chorpult
filet	Fädchen, Netz	mai	Mai
fin	Ende, fein	main	Hand
fleuret	Rappier, Floret=	mais	aber, allein
	ſeide	marais	Moraſt
florentin	Florentiner	matin	Morgen
florin	Gulden	mâtin	Bauerhund
forain	auswärtig	mes	meine
forêt	Wald	mondain	weltlich
futaie	Hochholz	nain	Zwerg
gain	Gewinn	il naîtra	er wird geboren
grain	Korn		werden
gràtin	Scharre	objet	Gegenſtand
haie	Hecke	orfraie	Fiſchadler
harnais	} Pferdegeſchirr	pain	Brod
harnois		paix	Friede
imbu	eingenommen	paladin	Ritter
important	wichtig	palatin	Pfalzgraf
imprimé	gedruckt	palais	Pallaſt
indigné	aufgebracht	il paraît	} er, es ſcheint
ingrat	undankbar	il paroît	
instinct	Naturtrieb	il paraîtra	} er, es wird
Irlandais	} Irrländer	il paroîtra	ſcheinen
Irlandois		je peins	ich mahle
jamais	nie, niemals	peint	gemahlt
jardin	Garten	pin	Fichte
jouet	Spielzeug	plaie	Wunde
Jourdain	Jordan	les Polonais	} die Polaken
laid	häßlich	les Polonois	
laie	Bache	prélegs	Vorvermächtniß
lait	Milch	(ils) prenaient	} ſie nahmen
lapin	Kaninchen	(ils) prenoient	
legs	Vermächtniß	(ils) pren=	ſie würden neh=
lendemain	(der) folgende	draient	men
	Tag	près	nahe
levain	Gährungsſtoff		

prêt	} Verleihung, bereit	sterling	Sterling
prochain	(der) Nächste	sujet	Unterthan, unterworfen
progrès	Fortschritt	tain	Spiegelbeleg
protêt	Protest	taie	Züge
raie	Strich, Roche	tamarin	Tamarinde
ravin	Schlucht	je teins	ich färbe
raideur	} Steife	teint	Gesichtsfarbe, gefärbt
roideur			
regain	Nachgras	je tins	ich hielt
rets	Netz, Garn	tes	deine
riverain	Uferbewohner	têt	Scherbe
romain	römisch	train	Gang, Lärm, ꝛc.
sain	gesund	trait	Pfeil, Strich
saint	heilig	traits	Pfeile, Züge
sapin	Tanne	très	sehr
sept francs	sieben Franken	Turin	(N. einer Stadt)
satin	Atlaß	ses valets	seine Bedienten
seing	Unterzeichnung	vain	eitel
je serais	} ich würde seyn	je vaincs	ich überwinde
je serois		il vainc	er überwindet
tu serais	} du würdest seyn	vendéen	. . . .
tu serois		venin	Gift
il serait	} er würde seyn	vin	Wein
il seroit		vingt francs	zwanzig Franken
(ils) seraient	} sie würden seyn	je vins	ich kam
(ils) seroient		il vint	er kam
souverain	Oberherr	Urbain	Urban, städtisch.

24.e Leçon,

é.

1.er *Exercice.*

Ai-gu, *ai*-lé, *ai*-mer, *ai*-rain, a-rai-gn*ée*,
ar-ch*er*, ar-m*ée*, ar-m*er*, (vous) a-v*ez*, (je)
bla-m*ai*, bl*é* ou bl*ed*, bou-ch*ée*, bou-ch*er*,
bû-ch*er*, (je) chan-t*ai*, chan-t*er*, chan-t*ez*,

che-mi-née, che-mi-ner, chez, (je) dan-se-
rai, den-rée, dé-ta-cher, du-rée, du-rer, eh!
E-née, en-ter, (j') en-trai, en-trée, en-trer,
en-trez, é-pée, et, fée, (je) fe-rai, (je) fi-ni-
rai, fu-mée, fu-mer, gar-der, han-ter, hâ-ter,
i-dée, (j') ai, jour-née, (je) mar-chai, mar-
cher, ma-ti-née, nez, pen-sée, pen-ser, pen-
sez, ro-cher, sai-gnée, sai-gner, ta-cher, tâ-
cher, tour-ner, tran-chée, tran-cher.

2.e Exercice.

Aigu	spitzig, scharf	eh!	ei!
ailé	geflügelt	Enée	Aeneas
aimer	lieben	enter	pfropfen
airain	Erz	j'entrai	ich gieng hinein
araignée	Spinne	entrée	Eingang, Zutritt
archer	Bogenschütze	entrer	hineingehen
armée	Heer, Armee	entrez	gehet hinein
armer	bewaffnen	épée	Degen
vous avez	ihr habet	et	und
je blamai	ich tadelte	fée	Fee
blé ou bled	Getreide	je ferai	ich werde thun
bouchée	mundvoll	je finirai	ich werde endigen
boucher	verstopfen, Metzger	fumée	Rauch, Dampf
bûcher	Scheiterhaufen, Holzboden	fumer	rauchen, düngen
		garder	hüten, behalten
je chantai	ich sang	hanter	besuchen
chanter	singen	hâter	beschleunigen
chantez	singen Sie	idée	Gedanke
cheminée	Kamin	j'ai	ich habe
cheminer	gehen	journée	Tag, Tagewerk, Tagreise
chez	bei	je marchai	ich gieng
je danserai	ich werde tanzen	marché	gegangen, Kauf, Markt
denrée	Eßwaare		
détacher	losmachen, ablösen	marcher	gehen
		marchez	gehen sie
durée	Dauer	matinée	Vormittag
durer	dauern	nez	Nase

pensée	Gedanke, Dreifaltigkeitsblume	tacher	beflecken
		tâcher	trachten
penser	denken	tourner	drehen, wenden
pensez	denken Sie	tranchée	Graben, Leibschneiden
rocher	Felsen		
saignée	Aderlaß	trancher	schneiden
saigner	aderlassen		

25.e Leçon.

i.

1.er Exercice.

A-by-mer, a-mi, a-mict, a-mis, a-nis, (tu) a-ver-tis, a-vis, ba-illif ou ba-illi, ba-ril, (je) bé-nis, (je) châ-tie, che-nil, dé-bit, dé-bris, (il) dé-die, dé-dit, dé-lit, De-nys, dé-pit, dix francs, (tu) é-di-fies, é-me-ril, (j') en-ten-dis, (tu) en-vies, é-pris, (ils) é-tu-dient, fe-nil, fi, fils, (tu) fis, (il) fit, four-nil, frit, gril, gris, ha-chis, hor-mis, in-di-vis, (ils) in-ju-rient, (il) lie, lis, (il) lit, li-on, Lou-is, Ly-on, mé-nil, mis, ni, nid, ou-bli, ou-blie, ou-til, pain bis, pa-ra-dis, Pa-ris, pa-ri, per-drix, per-sil, pe-tit, Pie, pie, pris, prix, pro-fit, pyg-mée, py-ra-mi-dal, ris, riz, six francs, si, sou-ris, ta-pis, ty-ran, ver-nis, vui-der, ou vi-der.

2.e Exercice.

Abymer	in den Abgrund versinken	avis	Meinung, Nachricht
ami	Freund	baillif ou bailli	Amtmann
amict	Achseltuch	baril	Fäßchen
amis	Freunde	je bénis	ich segne
anis	Anis	je châtie	ich züchtige
(tu) avertis	du benachrichtigst	chenil	Hundsstall
		débit	Abgang, Verschluß

débris	(die) Trümmer	mis	gestellt, gelegt
je dédie	ich eigne zu	ni	weder
dédit	Widerruf, Reu=kauf	nid	Nest
		oubli	Vergessenheit
délit	Uebelthat	oublie	Hippe, Oblate
Denys	Dionysius	il oublie	er vergißt
dépit	Aerger, Verdruß	outil	Werkzeug
dix francs	zehn Franken	pain bis	schwarz Brod
tu édifies	du erbauest	paradis	Paradies
émeril	Schmirgel	pari	Wette
j'entendis	ich hörte	Paris	Paris
tu envies	du beneidest	perdrix	Rebhuhn
épris	bezaubert	persil	Petersilie
(ils) étudient	sie studieren	petit	klein
fenil	Heuscheuer	Pie	Pius
fi!	pfui!	pie	Aelster, Atzel
fils	Sohn	pis	schlechter, schlim=mer
tu fis	du thatest		
il fit	er that	pris	gefangen, genom=men
fournil	Bäckerei		
frit	gebacken	prix	Preis, Werth
gril	Rost	profit	Gewinn
gris	grau	pygmée	Pygmäe
hachis	Gehacktes	pyramidal	pyramidenför=mig
hormis	ausgenommen		
indivis	unzertheilt	je ris	ich lache
(ils) injurient	sie schimpfen	riz	Reiß
il lie	er bindet	six francs	sechs Franken
lis	Lilie, lies	souris	Lächeln, Maus
il lit	er liest	tapis	Teppich
lion	Löwe	tyran	Tirann
Louis	Ludwig	vernis	Firniß
Lyon	Lyon	vuider ou vi-der	leeren
ménil	Dorfwohnung		

26.ᵉ LEÇON.

Ô, O, on.

1.ᵉʳ *Exercice.*

Ô.

A-gneau, Ar-nauld, ar-ti-chaut, au, au-
tel, au-teur, ba-daud, ban-deau, ba-teau,
bau-det, beau, bien-tôt, bu-reau, cha-peau,
châ-teau, chaud, chau-deau, che-vaux, défaut, dé-pôt, dos, eau, en-tre-pôt, é-tau,
faulx, ou faux, il faut, faux, flam-beau, glu-
au, gros, gru-au, ha-meau, haut, Hé-rault,
hé-raut, hé-ros, im-pôt, lam-beau, man-teau,
ma-raud, les maux, Meaux, ni-gaud, nos,
os, Pau, peau, Pô, pré-vôt, re-pos, rôt,
saut, seau, sau-veur, ta-bleau, tan-tôt, taureau, taux, tôt, trou-peau, (il) vaut, (je)
vaux, veau, vos.

O.

Bi-got, broc, dé-vot, fa-got, ga-lop, Goth,
ja-bot, lin-got, man-chot, mar-mot, oh !
oi-gnon ou o-gnon, Os-tro-goth ou Os-tro-
got, pot, rot, sa-bot, san-glot, si-rop, sot,
trop.

on.

A-mont, (ils) au-ront, bar-long, blond,
bond, (nous) chan-tons, Don ou Dom, donc,
dont, fond, (tu) fonds, (il) fond, (ils) font,
fonts, fu-ri-bond, gond, jonc, long, mont,
nom, ob-long, (nous) par-lons, pla-fond,
plomb, pro-fond, prompt, pro-nom, re-nom,
(il) ré-pond, (je) romps, (il) rompt, rond,
(ils) sont, sund, sur-nom, taon, tom-ber,
trom-per, tronc.

2.ᵉ *Exercice.*

Agneau	Lamm	étau	{ Schraubſtock { Krämerbank
Arnauld	(Eigenname)		
artichaut	Artiſchoke	fagot	Welle
(ils) auront	ſie werden haben	faulx ou faux	Senſe
autel	Altar	il faut	man muß
auteur	Urheber, Ver- faſſer	flambeau	Fackel
		fond	Boden, Tiefe, ꝛc.
badaud	Gimpel	(tu) fonds	du ſchmelzeſt
barlong	zipfelig	(ils) font	ſie thun
bandeau	Binde	fonts (baptis- maux)	Taufſtein
bateau	Flußſchiff		
baudet	Eſel	furibond	Wüter, wütend
beau	ſchön	galop	Galopp
bientôt	bald	gluau	Leimruthe
bigot	ſcheinheilig	Goth	Gothe
blond	blond	gond	Angel
bond	Wiederſprung	gros	groß
broc	Schleifkanne	gruau	Grütze
bureau	{ Schreibtiſch, { Schreibſtube	hameau	Weiler
		haut	hoch
chapeau	Hut	Hérault	(Name eines Fluſſes)
château	Schloß		
chaud	warm, heiß, Hitze	héraut	Herold
chaudeau	Glühtrank	héros	Held
(nous) chan- tons	wir ſingen	impôt	Auflage
		jabot	Kropf, Herz- krauſe
chevaux	Pferde		
défaut	Fehler, Mangel	jonc	Binſe
dépôt	Niederlage, An- vertrauung	lambeau	Lappen
		lingot (d'ar- gent)	(Silber-) Stan- ge
dévot	fromm		
Dom ou Don	Don	long	lang
don	Geſchenk	manchot	einarmig
donc	alſo	manteau	Mantel
dont	deſſen, wovon, ꝛc.	maraud	Schurke
dos	Rücken	marmot	{ Meerkatze { Knäblein
eau	Waſſer		
entrepôt	Niederlage	les maux	die Uebel

Meaux	(Name einer Stadt)	(il) rompt	er bricht
mont	Berg	rond	rund
nigaud	einfältig	rôt	Braten
nom	Name, Nennwort	rot	Rülps
nos	unſere	sabot	Holzſchuh
oblong	länglich	sanglot	Schluchzen
oh!	o! oh!	sauveur	Retter, Heiland
oignon ou og-non	Zwiebel	sirop	Sirop
os	Knochen	(ils) sont	ſie ſind
Ostrogoth ou Ostrogot	Oſtgothe	sot	dumm
(nous) parlons	wir reden	Sund	Sund (Meerenge)
Pau	(Name einer Stadt)	surnom	Zuname
peau	Haut, Fell	tableau	Gemählde, Tabelle
plafond	Decke	tantôt	bald
plomb	Blei	taon	Bremſe
pot	Topf, Hafen	taureau	Stier
prévôt	Vorſteher	taux	Taxe
profond	tief	tomber	fallen
prompt	ſchnell, hurtig	tôt	bald
pronom	Fürwort	tromper	betrügen
renom	Ruf	tronc	Stamm
(il) répond	er antwortet	troupeau	Herde
repos	Ruhe	(il) vaut	er gilt
(je) romps	ich breche	(je) vaux	ich gelte
		veau	Kalb
		vos	euere

27.ᵉ Leçon.

eû, eu, eun.

1.ᵉʳ Exercice.

eû.

Bœuf, un bœuf gras, des bœufs, é-teuf, eux, feux, ma-nœu-vrer, mœurs, neuf francs, Newton, nœud, œ-illet, œuf, un œuf frais, (des)

œufs, or-gue-illeux, (il) *peut*, (je) *peux*, sœur,
(tu) *veux*, *vœu*.

eun.

A *jeun*, a-*lun*, Au-*tun*, brun, dé-*funt*, em-pru*nt*, em-prun-ter, im-por-*tun*, lun-di, Me-*lun*, par-*fum*, tri-b*un*, *un*, Ver-d*un*.

2.ᵉ *Exercice.*

A jeun	nüchtern	mœurs	Sitten
alun	Alaun	neuf francs	neun Franken
Autun	(Name einer	Newton	(Eigenname)
	Stadt)	nœud	Knoten, Band
bœuf	Ochs	œillet	Nelke, Schnürloch
un bœuf gras	ein fetter Ochs	œuf	Ei
(des) bœufs	Ochsen	un œuf frais	ein frisches Ei
brun	braun	(des) œufs	Eier
défunt	verstorben	orgueilleux	hochmüthig
emprunt	Anlehn	parfum	Wohlgeruch
emprunter	entlehnen	(il) peut	er kann
éteuf	Ball	(je) peux	ich kann
eux	sie	sœur	Schwester
feux	Feuer	tribun	Zunftmeister
importun	beschwerlich	un	ein, eins
lundi	Montag	Verdun	(Name einer
manœuvrer	manövrieren		Stadt)
Melun	(Name einer	(tu) veux	du willst
	Stadt)	vœu	Gelübde

28.ᵉ LEÇON.

ou, u.

1.ᵉʳ *Exercice.*

ou.

Août, (il) a-*voue*, ba-joue, boue, bout,
(il) b*out*, *Doubs*, doux, (tu) é-ch*oues*, é-g*out*,

é-*poux*, *fol* ou *fou*, *goût*, *houe*, *houx*, *ja-loux*, *joue*, (il) *joue*, (il) *loue*, *loup*, *Man-toue*, *mou*, (il) *moud*, (tu) *mouds*, *moue*, *moût*, *noue*, *nous*, *ou*, *où*, *pou*, *poulx*, *proue*, *ra-goût*, *roue*, *roux*, *saoul* ou *soûl*, *sol* ou *sou*, *sous*, *tous*, *tout*, *toux*, (je) *voue*, *vous*.

U.

A-*bus*, a-ve-*nue*, bé-*vue*, (il) *but*, dé-*but*, *du*, *dû*, é-ten-*due*, *eu*, *Eu*-gé-nie, (j') *eus*, *flux*, (il) *fut*, *grue*, in-*trus*, ins-ti-*tut*, *jus*, (il) mou-*rut*, *mue*, *nud* ou *nu*, *nue*, ob-*tus*, (il) pa-*rut*, *plus*, (il) *plut*, (il) *pue*, (il) *put*, re-*bus*, re-*flux*, re-*fus*, *rue*, *rut*, sa-*lut*, sang-*sue*, sta-*tue*, sta-*tut*, *sur*, *sûr*, (tu) *sus*, tor-*tue*, *tu*, *tû*, *vu*, *vue*.

2.ᵉ *Exercice*.

Abus	Mißbrauch	étendue	Ausdehnung,
Août	August, Ernte=		Umfang
	monat	eu	gehabt
avenue	Zugang	Eugénie	(Eigenname)
(il) avoue	er gesteht	j'eus	ich hatte
bajoue	Schweinskinn=	flux	Flut
	backen	fol ou fou	Narr, närrisch
bévue	Versehen	il fut	er war
boue	Koth	goût	Geschmack
bout	Ende, Spitze	grue	Kranich
(il) bout	er siedet	houe	Hacke
(il) but	er trank	houx	Stechpalme
début	der erste Auftritt	institut	Anstalt
Doubs	(Name eines	intrus	eingedrungen
	Flusses)	jaloux	eifersüchtig
doux	süß, lieblich	joue	Backen
dû	Forderung, ge=	(il) joue	er spielt
	sollt	jus	Saft
(tu) échoues	du scheiterst	(il) loue	er lobet
égout	Abzucht, Traufe	loup	Wolf
epoux	Gatte	Mantoue	Mantua

mou (de veau)	Kalbslunge	reflux	Ebbe
mou	weich	refus	Weigerung
(faire la) moue	das Maul auf= werfen	roue	Rad
(tu) mouds	du mahlest	(il) roue	er rädert
(il) mourut	er starb	roux	roth
moût	Most	rue	Gasse, Raute
mue	Mause	rut	Brunft
noue	Kehlziegel	salut	Wohl, Heil, Gruß
(il) noue	er knüpfet	sang-sue	Blut=Egel
nous	wir, uns	saoul ou soûl	trunken, beweint
nud ou nu	nackt	sol ou sou	Sou
nue	Wolke	sous	unter
obtus	stumpf	statue	Bildsäule
ou	oder	statut	Grundgesetz
où	wo, wohin, wozu	sûr	sicher
(il) parut	er schien, er er= schien	(tu) sus	du wußtest
plus	mehr	tortue	Schildkröte
(il) plut	es regnete	tous	alle
pou	Laus	tout	ganz, all
poulx	Puls	toux	Husten
proue	Vorschiff	tribut	Tribut
(il) pue	er stinkt	tû	geschwiegen
(il) put	er konnte	(je) voue	ich widme
ragoût	Gewürzfleisch	vous	Ihr, Sie
rebut	Ausschuß, Ab= weisung	vue	Gesicht, Ansicht, Absicht

29.ᵉ Leçon.

ié, io, ian, ien, ieu.

1.ᵉʳ *Exercice.*

ié.

Ar - mu - *rier*, (vous) a-*viez*, bé - *lier*, cha-pe-
lier, che - va - *lier*, der - *nier*, en - *tier*, (vous)
é - *tiez*, fer - *mier*, jar - di - *nier*, lau - *rier*, mar=

che-*pied*, mé-*tier*, pa-*nier*, (vous) par-le-*riez*,
pied, plu-*riel*, pre-*mier*, (vous) se-*riez*, sou-
lier, tré-*pied*, vo-lon-*tiers*.

io.

M*iau*-ler, p*iau*-ler.

ian.

In-gré-*dient*, o-*rient*.

ien.

A-m*iens*, (je) main-*tiens*, (tu) pré-*viens*,
(il) *tient*, (je) sou-*tiens*, (tu) *tiens*, (il) v*ient*.

ieu.

Ban-*lieue*, *dieux*, *lieu*, *lieue*, mon-*sieur*,
v*ieux*.

2.e *Exercice.*

Amiens	(Name einer Stadt)	métier	Handwerk
armurier	Waffenschmied	miauler	miauen
(vous) aviez	Sie hatten	monsieur	mein Herr
banlieue	Gebiet	orient	Oſt, Oſten
bélier	Widder	panier	Korb
chapelier	Hutmacher	vous parleriez	ſie würden ſprechen
chevalier	Ritter	piauler	pipen
dernier	(der) letzte	pied	Fuß
dieux	Götter	pluriel	Mehrzahl
entier	ganz	premier	erſte
(vous) étiez	Sie waren	(tu) préviens	du kömmſt vor / du baueſt vor
fermier	Pächter	(il) retient	er behält
ingrédient	Beſtandtheil	(vous) seriez	Sie würden ſeyn
jardinier	Gärtner	soulier	Schuh
laurier	Lorbeerbaum	(je) soutiens	ich halte, behaupte
lieu	Ort, Platz	(tu) tiens	du hältſt
lieue	Meile	trépied	Dreifuß
lieux	Oerter, Abtritt	(il) vient	er kömmt
(je) maintiens	ich handhabe	vieux	alt
marchepied	Fußtritt	volontiers	gern

30.e LEÇON.

oua, ouin.

1.er *Exercice.*

oùa.

A-boi, (il) a-boie, a-bois, a-droit, an-chois, Ar-bois, Ar-tois, ba-va-rois, bois, (je) bois, chi-nois, choix, da-nois, doigt, doig-ter, doig-tier, (il) doit, droit, em-ploi, (ils) em-ploient, en-voi, (j') en-voie, é-troit, foi, foie, Foix, fois, Fon-te-noy, froid, Gau-lois, Gé-nois, Hon-grois, joie, lam-proie, loi, moi, mois, (ils se) noyent ou noient, noix, oie, pa-roi, poê-lier, poê-lon, poids, pois, poix, ren-voi, (ils) ren-voyent ou ren-voient, Sa-voie, soi, soie, sois, (qu'il) soit, Sué-dois, toi, toit, Troie, trois, Troyes, voie, (ils) voient, (je) vois, (il) voit, voix.

ouin.

Ad-joint, Bour-goin, foin, groin, joint, (je) joins, loin, moins, né-an-moins, oing, oint, poing, point, soin, té-moin.

2.e *Exercice.*

Aboi	Gebell	(je) bois	ich trinke
(il) aboie	er bellt	Bourgoin	(Name einer
abois	(die) letzten Züge		Stadt)
adjoint	Amtsgehülfe	Chinois	Chinesisch
adroit	geschickt	choix	Wahl
anchois	Sardelle	Danois	Däne, Dänisch
Arbois	(Name einer	doigt	Finger
	Stadt)	doigter	fingern, Finger=
Artois	(Name einer		satz
	Provinz)	doigtier	fingerling
Bavarois	Baier	(il) doit	er muß, er ist
bois	Holz, Wald		schuldig
			droit

droit	gerade, Recht	oint	gesalbt
emploi	Anwendung, Amt	paroi	Wand
(ils) emploient	sie wenden an	poêlier	Ofenmacher
envoi	Sendung	poêlon	Pfännchen
(j') envoie	ich schicke	poids	Gewicht, Last
étroit	enge	poing	Faust
foi	Glaube, Treue	point	Stich, Punkt, nicht, 2c.
foie	Leber		
foin	Heu	pois	Erbse
fois	Mahl	poix	Pech
Foix	(Name einer Stadt)	renvoi	Zurücksendung
Fontenoy	(Name eines Dorfes)	(ils) renvoyent ou renvoient	sie schicken zurück
froid	kalt, Frost	Savoie	Savoien
Gaulois	Gallier	soi	sich
Génois	Genueser	soie	Seide, Borste
groin	Rüssel	soin	Sorge, Sorgfalt
Hongrois	Ungar, ungarisch	sois	sey
joie	Freude	qu'il soit	daß er sey
joint	vereinigt, zusammen gefüget	Suédois	Schwede, schwedisch
je joins	ich vereinige	témoin	Zeuge
loi	Gesetz	toi	du, dich, dir
loin	weit	toit	Dach
moi	ich, mich, mir	Troie	Troja
moins	weniger	trois	drei
mois	Monat	Troyes	(Name einer Stadt)
néanmoins	dessen ungeachtet	voie	Straße, Spur, Gleis
(ils) se noient ou noyent	sie ertränken sich	(ils) voient	sie sehen
noix	Nuß	(je) vois	ich sehe
oie	Gans	(il) voit	er sieht
oing	Schmeer	voix	Stimme

31.ᵉ Leçon.

ui.

1.ᵉʳ *Exercice.*

B*ui*s, (je m') en - n*ui*e, ou en - n*uy*e, (tu t')
en - n*ui*es, (il s') en - n*ui*e, mi - n*ui*t, m*ui*d, (je)
n*ui*s, (il) n*ui*t, n*ui*t, N*ui*ts, ·pa - ra - pl*ui*e,
pl*ui*e, p*ui*s, (je) p*ui*s, p*ui*ts, ré - d*ui*t, (il)
ré - d*ui*t, s*ui*e, (je) s*ui*s, (il) s*ui*t, tr*ui*e.

2.ᵉ *Exercice.*

Buis	Buchs	parapluie	Regenschirm
je m'ennuie,	ich habe lange	pluie	Regen
ou ennuye	Weile	puis	hernach
tu t'ennuies	du hast lange	je puis	ich kann
ou ennuyes	Weile	puits	Brunnen
il s'ennuie,	er hat lange	réduit	{ ein verborgener
ou ennuye	Weile		{ heimlicher Ort
minuit	Mitternacht	il réduit	{ er löset auf
muid	Mud		{ er zwingt
je nuis	ich schade	suie	Ruß
il nuit	er schadet	je suis	ich bin, ich folge
nuit	Nacht	il suit	er folget
Nuits	(Name einer	truie	Sau ·
	Stadt)		

32.ᵉ Leçon.

m, b, p.

1.ᵉʳ *Exercice.*

m.

A - bon - da - *mm*ent, en - fla - *mm*er, ins - ta -
*mm*ent, no - *mm*é - ment, no - *mm*er, po - *mm*é,
po - *mm*ier, sa - va - *mm*ent, so - *mm*eil, so - *mm*er,
so - *mm*ier.

b.

A - *bbé*, ra - *bbi*, ra - *bb*in, sa - *bb*at.

p.

A - *ppa* - rat, a - *ppa* - reil, a - *ppa* - rent, a - *ppar* - te - ment, a - *ppar* - te - nir, a - *ppau* - vrir, a - *ppel*, a - *ppen* - tis, a - *ppé* - tit, a - *pplau* - dir, a - *ppoint*, a - *ppor* - ter, a - *ppren* - ti, a - *ppris*, a - *ppro* - cher, a - *pprou* - ver, a - *ppui*, é - cha - *pper*, fra - *pper*, ni - *ppé*, su - *pplan* - ter, su - *pplé* - er, su - *ppli* - er, su - *ppor* - ter, su - *ppôt*, su - *ppu* - rer, su - *ppu* - ter.

2.ᵉ *Exercice.*

Abbé	Abt	échapper	entgehen
abondamment	überflüssig	enflammer	entzünden
apparat	Zurüstung, Wör-terbuch)	frapper	schlagen, treffen
		instamment	inständig
appareil	Zurüstung, Ver-band	nippé	ausstaffiert
		nommément	namentlich
apparent	augenscheinlich	nommer	nennen, heißen
appartement	Wohnung	pommé	Apfelmost, aus-gemacht
appartenir	gehören		
appauvrir	arm machen		
appel	Berufung, Aus-forderung	pommier	Apfelbaum
		rabbi	Rabbi
		rabbin	Rabbiner
appentis	Schuppen	sabbat	Sabbath
appétit	Eßlust	savamment	gelehrt
	mit den Händen klatschen,	sommeil	Schlaf
applaudir	klatschen,	sommer	auffordern
	Beifall geben	sommier	Lastpferd, ꝛc.
appoint	Ergänzung	supplanter	ausstechen
apporter	bringen	suppléer	ergänzen, ersetzen
apprenti	Lehrjunge	supplier	bitten
appris	gelehrt, gelernt, erfahren	supporter	vertragen
		suppôt	Anhänger
approcher	nähern	suppurer	eitern
approuver	billigen	supputer	berechnen
appui	Stütze		

13

33.ᵉ Leçon.

f.

—

1.ᵉʳ *Exercice.*

A-*ffai*-ré, a-*ffa*-mer, a-*ffer*-mir, a-*ffi* cher, a-*ffi*-ni-té, a-*ffir*-mer, a-*fflu*-er, a-*ffran*-chir, a-*ffreux*, a-*ffron*-ter, a *ffût*, a-*phé*-lie, bi-*ffer*, bou-*ffée*, bou-*ffon*, chau-*ffer*, chi-*ffon*, chi-*ffrer*, Da*ph*-né, di-*ffa*-mer, di-*ffé*-rent, di-*ffor*-mi-té, di-*ffus*, o-*ffen*-ser, o-*ffrir*, Pha-é-ton, Pha-ra-on, *Phi*-la-del-phie, phos-pho-reux, ra-*ffi*-ner, ra-*ffo*-ler Sa-*pho*, si-*phon*, sou-*ffler*, sou-*fflet*, sou-*ffrir*, tri-om-*pher*, tou-*ffu*, tro-*phée*, ty-*phon* ty-po-gra-*phie*, zé-*phir*.

2.ᵉ *Exercice.*

Affairé	geſchäftig	Daphné	..., Kellerhals
affamer	aushungern	diffamer	verläſtern
affermir	befeſtigen	différent	Streit, verſchieden
afficher	anſchlagen	difformité	Ungeſtaltheit
affinité	{ Schwägerſchaft, Verwandtſchaft	diffus	weitſchweifig
affirmer	behaupten	offenser	beleidigen, verletzen
affluer	ergießen, zuſammenfließen	offrir	anbieten, darbieten
affranchir	befreien		Phaeton,
affreux	fürchterlich	Phaéton	Schwimmer,
affronter	trotzen		(Art Wagen)
affût	Laffette	Pharaon	Pharao
aphélie	Sonnenferne	Philadelphie	Philadelphia
biffer	durchſtreichen	(acide) phos-	Phosphorſaure
bouffée	Schuß	phoreux	
bouffon	Poſſenreißer	raffiner	läutern, verfeinern
chauffer	heizen		
chiffon	Hader	raffoler	ſich vernarren
chiffrer	beziffern	Sapho	(Eigenname)

siphon	Heber, Wasser-hose	touffu	buschig
souffler	blasen, keuchen, wehen	triompher	triumphieren, siegen
soufflet	Blasebalg, Maul-schelle	trophée	Siegeszeichen
		typhon	Seehose
souffrir	leiden, dulden, erlauben	typographie	Buchdruckerkunst
		zéphir	Zephir

34.ᵉ Leçon.

l, r.

1.ᵉʳ *Exercice.*

l.

A-*ll*er, a-*ll*i-er, a-*ll*ou-er, a-*ll*u-mer, ba-*ll*et, ba-*ll*on, ba-*ll*ot, bu-*ll*é, dis-ti-*ll*er, em-ba-*ll*er; fa-*ll*oir, fa-*ll*ot, fo-*ll*et, ma-*ll*ier, mo-*ll*ir, va-*ll*ée, va-*ll*on.

r.

Al-be*r*t, An-ve*rs*, a*r*c-bou-tant, a*r*c-bou-ter, a-*rr*i-ver, a-*rr*on-dir, a*r*t, ba-*rr*eau, ba-va*r*d, Bé-a*r*n, Ber-na*r*d, brou-illa*r*d, cha-*rr*on, da*r*d, dé-pa*r*t, é-ga*r*d, en-ve*rs*, é-pa*rs*, é-pi-na*r*d, fa*r*d, fau-bou*r*g, Fri-bou*r*g, ja*rs*, la*r*d, lé-o-pa*r*d, lia*r*d, ma*r*c, (je) mo*rds*, (il) mo*r*d, mo*rs*, mo*r*t, ne*rf* de bœuf, les ne*rfs*, nou-*rr*ir, o-ffe*r*t, ou-ve*r*t, (tu) pa*rs*, (il) pa*r*t, (je) pe*rds*, (il) pe*r*d, poi-gna*r*d, du po*r*c frais, pou-*rr*ir, re-ga*r*d, re-na*r*d, re-ve*rs*, Ri-cha*r*d, Ro-be*r*t, (je) se*rs*, (il) se*r*t, sou-ffe*r*t, sou*r*d, ta*r*d, (tu) to*rds*, (il) to*r*d, to-*rr*ent, to*r*t, to*rs*, tou-jou*rs*, tou*r*, Tou*rs*, ve-lou*rs*, ve*rs*, ve*r*t.

2.ᵉ *Exercice.*

Albert	Albrecht	follet	Irrlicht
aller	gehen	Fribourg	Freiburg
allier	verbinden, vermischen, Steckgarn	jars	Gänserich
		lard	Speck
		léopard	Leopard
allouer	einräumen	liard	Pfenning
allumer	anzünden	mallier	Felleisenpferd
Anvers	Antwerpen	marc	Mark (8 Unzen) Trester
arc-boutant	Gewölbpfeiler		
arc-bouter	stützen	mollir	weich werden
arriver	abhalten, ankommen, entstehen	(je) mords	ich beiße
		(il) mord	er beißt
arrondir	runden	mors	beiß, Gebiß
art	Kunst	mort	Tod, todt, Todte
ballet	Bühnentanz	nerf de bœuf	Ochsensehne
ballon	Windball	les nerfs	die Nerven
ballot	Pack	nourrir	ernähren, erziehen
barreau	Gitterstange, Gerichtssaal		
		offert	angeboten
bavard	Schwätzer, schwatzhaft	ouvert	offen
		(tu) pars	du reisest ab
Béarn	(Name einer Provinz)	(il) part	er reiset ab
		(je) perds	ich verliere
Bernard	Bernhard	(il) perd	er verliert
brouillard	Nebel	poignard	Dolch
charron	Wagner	du porc frais	frisches Schweinefleisch
dard	Wurfpfeil		
départ	Abreise	pourrir	faulen
distiller	destillieren	regard	Blick
égard	Rücksicht	renard	Fuchs
emballer	verpacken	revers	Rückseite, Unglücksfall
envers	gegen		
épars	zerstreut	Richard	Reichard, reicher Kauz
épinard	Spinat		
fallot	Stocklaterne	Robert	Ruprecht
falot	lächerlich	(je) sers	ich diene
fard	Schminke	(il) sert	er dient
faubourg	Vorstadt	souffert	gelitten

sourd	taub, dumpf	Tours	(Name einer Stadt)
tard	spät		
(tu) tords	du dreheſt	vallée	Thal
(il) tord	er dreht	vallon	Thälchen
tors	gedreht	velours	Sammet
tort	Unrecht, Schade	ver	Wurm
torrent	Strom	vers	Vers, gegen
toujours	immer	vert	grün
tour	Thurm, Umlauf, Reihe, Stück		

35.ᵉ Leçon.

n, t.

1.ᵉʳ *Exercice.*

n.

A-ban-do-*nn*er, a-mi-do-*nn*er, a-*nn*eau, a-*nn*ée, a-*nn*on-cer, a-*nn*u-ler, ba-*nn*ir, bou-illo-*nn*er, bo-*nn*et, bou-to-*nn*ier, chanso-*nn*ier, do-*nn*er, em-pa-*nn*er, or-do-*nn*er, per-so-*nn*a-li-té, Re-*gn*ard, si-*gn*et, so-*nn*er, ta-to-*nn*er, ta-*nn*eur, to-*nn*er.

t.

A-*tt*a-cher, a-*tt*en-ter, a-*tt*en-tif, ba-*tt*u, bo-*tt*ier, da-*tt*ier, fla-*tt*eur, ga-rro-*tt*er, gran*d* i-gno-rant, li-*tt*é-ra-teur, mar-mo-*tt*er, na-*tt*ier, pren*d*-on? pré-ten*d*-il? ra-*tt*acher, tro-*tt*er, ven*d*-il?

2.ᵉ *Exercice.*

Abandonner	verlaſſen, abgeben	annoncer	ankündigen, melden
amidonner	ſtärken	annuler	vernichten
anneau	Ring	attacher	befeſtigen, binden
année	Jahr		

attenter	vergreifen	marmotter	murmeln
attentif	aufmerkfam	nattier	Mattenflechter
bannir	verbannen	ordonner	anordnen, befeh= len
battu	geschlagen		
bonnet	Haube, Kappe	personnalité	Perfönlichkeit
bottier	Stiefelmacher	prend-on?	nimmt man?
bouillonner	sprudeln	prétend-il?	strebet er?
boutonnier	Knopfmacher	rattacher	wiederanmachen
chansonnier	Liederdichter	Regnard	(Eigenname)
dattier	Dattelbaum	signet	Blattzeichen
donner	geben, verurfa= chen, ic.	sonner	läuten, klingen, schlagen
empanner	beidrehen	tatonner	tappen
flatteur	Schmeichler, schmeichlerifch	tanneur	Gerber
		tonner	donnern
garrotter	knebeln, binden	trotter	traben, herum= laufen
grand ignorant	großer Unwiffen= der		
		vend-il?	verkauft er?
littérateur	Litterator		

36.e Leçon.

Z , S.

1.er *Exercice.*

Z.

A-bu=ser, a-na-ly=ser, a-rro-ser, As-dru= bal, ba-sa-né, ba-ser, ba-sin, dé-po-ser, des en-fans, di-vi-sion, em-bra-ser, é-ter-ni-ser, fa-vo-ri-sé, ils ont, im-po-ser, lé-ga-li=ser, mar-ty=ri-ser, nous o=sons, ra-ser, re-fu-ser, re-po-ser, ro-sée, ses ou-tils, tes a-mis, tran= sal pin, tran si-tif, u-ser, vous o-sez.

S.

Aix, A-len-çon, am-bi-tion, ar-çon, a-ssa= illir, a=ssa-ssin, a=ssaut, a-ssem-bler, (il) a=

van‑ça, bal bu‑*t*ier, ba‑*ss*in, ba‑*ss*on, Bé‑o‑
*t*ie, ça et là, cé‑ci‑té, cha‑*ss*er, Ci‑cé‑ron,
Dal‑ma‑*t*ie, dé‑ci‑der, dé‑po‑si‑*t*ion, de‑*ss*ous,
de‑*ss*us, di*x*, fa‑ci‑li‑té, for‑cer, gla‑çon,
i‑ci, i‑nep‑*t*ie, i‑ner‑*t*ie, (je) lan‑çai, le‑
çon, Le Ti‑*t*ien, li‑ma‑çon, ma‑çon, ma‑*ss*if,
Me*tz*, mi‑nu‑*t*ie, o‑bli‑ga‑*t*ion, o‑*ss*eux,
par‑*t*ial, pa‑*t*ient, pla‑cer, nous pla‑çons, pro‑
phé‑*t*ie, re‑çu, re‑la‑*t*ion, sa‑*t*ié‑té, sceau,
scé‑lé‑rat, scé‑no‑gra‑phie, scier, sé‑di‑
*t*ieux, si*x*, ta‑*ss*er.

2.e *Exercice.*

Abuser	mißbrauchen	Cicéron	Cicero
Aix	(Name einer Stadt)	Dalmatie	Dalmatien
		décider	entscheiden
Alençon	(Name einer Stadt)	déposer	absetzen, niederlegen, aussagen
ambitieux	ehrgeizig	déposition	Absetzung, Aussage
analyser	zergliedern		
arçon	Sattelbaum	des enfans	Kinder
arroser	begießen, bewässern	dessous	Untertheil, darunter
Asdrubal	(Eigenname)	dessus	Obertheil, darauf
assaillir	angreifen, anfallen	division	Theilung
assassin	Mörder	dix	zehen
assaut	Sturmanlauf	embraser	anzünden
assembler	versammeln	éterniser	verewigen
(il) avança	er rückte vor	facilité	Leichtigkeit
balbutier	stammeln	favorisé	begünstigt
basané	schwarzbraun	forcer	zwingen
baser	gründen	glaçon	Eisscholle
bassin	Becken	ici	hier
basson	Fagott	imposer	auflegen
Béotie	Böotien	ils ont	sie haben
ça et là	hin und her	ineptie	Albernheit
cécité	Blindheit	inertie	Trägheit
chasser	jagen	je lançai	ich schoß

leçon	Unterricht, Auf-gabe, Lehrstunde	reçu	empfangen, Quit-tung
légaliser	beurkunden	refuser	verweigern
Le Titien	(Eigenname)	relation	Beziehung, Ver-hältniß
maçon	Maurer		
martyriser	martern	reposer	ruhen, (sich) ver-lassen
massif	massiv		
Metz	(Name einer Stadt)	rosée	Thau
		satiété	Sättigung
minutie	Kleinigkeit	sceau	Siegel
(nous) osons	wir dürfen	scélérat	Bösewicht
(vous) osez	Sie dürfen	scénographie	Aufriß
obligation	Verbindlichkeit, Schuld	séditieux	aufrührisch
		ses outils	seine Werkzeuge
osseux	knochig	six	sechs
partial	parteiisch	tasser	aufhäufen
patient	geduldig	tes amis	deine Freunde
placer	stellen	transalpin	überalpisch
(nous) plaçons	wir stellen	transitif	überleitend
prophétie	Weissagung	user	gebrauchen, ab-nützen
raser	scheren		

37.ᵉ Leçon.

j, ch.

***

1.ᵉʳ *Exercice.*

j.

A - gé, a - gi - té, bou - gie, bour - geon, chan - ger, (nous char - geons, dan - ger, (ils) di - ri - geaient, ga - ger, ge - nou, Geo - ffroi, geô - lier, gi - got, gi - ron, gru - ger, (je) ju - geai, lar - geur, (il) lo - geait, (tu) man - geas, (je) na - geais, pi - geon, (il) son - gea, (tu) par - ta - geais.

ch.

Sche - lling, shé - rif ou sché - rif.

2.e *Exercice.*

Agé	alt	gruger	zermalmen, aufzehren
agité	bewegt		
bougie	Wachskerze	je jugeai	ich urtheilte
bourgeon	Knospe	largeur	Breite
changer	verändern, vertauschen	(il) logeait	er wohnte, beherbergte
(nous) chargeons	wir laden	(tu) mangeas	du aßest
		(je) nageais	ich schwamm
danger	Gefahr	pigeon	Taube
(ils) dirigeaient	sie richteten	schelling	Schilling
gager	wetten, besolden	shérif ou shérif	Scherif
genou	Knie		
Geoffroi	Gottfried	(il) songea	er dachte, träumte
geôlier	Kerkermeister		
gigot	Hammelskeule	(tu) partageais	du theiltest
giron	Schooß		

38.e Leçon.

ï, g (ghe), k.

1.er *Exercice.*

ï.

Ba - *y*on, Bis - ca - *y*e, ga - *y*ac, pa - *y*en ou
pa - *ï*en.

g.

A - *gg*lu - ti - ner, a - *gg*ra - ver, bé - *gu*in, *gu*é,
*gu*e - non, *gu*é - rir, *gu*et, *gu*eux, *gu*i - don,
*gu*i - chet, *gu*i - gnon, on - *gu*ent, pro - di - *gu*er,
se - cond, sub - ju - *gu*er, vo - *gu*er.

k.

A - *c*a - jou, a - *cc*a - bler, ac - cès, ac - ci - dent,
a - *cc*om - pa - gner, a - *cc*om - plir, a - *cq*ué - rir, a -
*cq*uet, a - *cq*uit, a - *cq*ui - tter, bou*c*, ca - ca - o,

ca - co - pho - nie, *C*aen (Kan); car - tier, *Chal*-
dée, *cha* - os, comp - tant (Kon - tan), con - tant,
con - tent, *chi* - ro - man - cie, choc, *choeur*, cinq,
coeur, *coq*, cor, corps (Kor), cou, coup (Kou),
(il) *coud*, *cour*, *cours*, (tu) cours, court, (il)
court, cuir, dis - tri*ct*, é - cho, é - cot, é - qui - té,
eu - *cha* - ris - tie, ex - cep - té, ex - cès, ex - ci - ter,
froc, in - fe*ct*, long ac - cès, Mel - *chior*, oc - ci-
dent, parc, pas - *chal*, pa - triar - *chal*, pic, porc,
pro - vo - *quer*, qua - li - té, *quand*, *quant*, *quar*-
tier, *queue*, *quin* - tal, sac, sang et eau, sec,
suc - cès, tric - trac.

2.e *Exercice.*

Acajou	Mahagonibaum	Chaldée	Chaldäa
accabler	erdrücken, über=	chaos	Chaos, Urge=
	häufen		menge
accès	Zugang, Zutritt,	comptant	zählend
	Anstoß	(de l'argent)	baares Geld
accident	Zufall	comptant	
accompagner	begleiten	contant	erzählend
accomplir	erfüllen	content	vergnügt, zu=
acquérir	erwerben		frieden
acquet	Erwerb	chiromancie	Handwahrsage=
acquit	Bescheinung,		rei
	Quittung	choc	Stoß
acquitter	berichtigen	chœur	Chor
agglutiner	anheilen	cinq	fünf
aggraver	vergrößern	cœur	Herz
(être aux) a-	auf der Lauer	coq	Hahn
guets	seyn	cor	Horn, Hühner=
Bayon	(Name einer		auge
	Stadt)	corps	Körper, Leib
Bicaye	Biscaja	cou	Hals
béguin	Kinderhaube	(il) coud	er näht
bouc	Bock	coup	Schlag, Stoß,
cacao	Cacao		Streich
cacophonie	Uebellaut	cour	Hof, Aufwar=
cartier	Kartenmacher		tung

cours	Lauf, Cursus	occident	Westen
(tu) cours	du läufst	occupé	beschäftigt
court	kurz	onguent	Salbe
(il) court	er läuft	parc	Park
cuir	Leder	paschal	österlich
district	Bezirk	patriarchal	patriarkalisch
écho	Wiederschall, Echo	payen ou païen	Heide, heidnisch
		pic	Specht, Spitzberg
écot	Zeche		
équité	Billigkeit	porc	Schwein
eucharistie	(das) heilige Abendmahl	prodiguer	verschwenden
		provoquer	ausfordern
excepté	ausgenommen	qualité	Eigenschaft
excès	Ueberfluß, Ausschweifung	quand	wenn, als, da
		quant (à moi)	was mich betrift
exciter	erregen, aufmuntern		
		quartier	Viertel, Quartal, Quartier
froc	Mönchsgewand		
gayac	Lebensholz	queue	Schwanz, Schweif
gué	Furt		
guenon	Affenweibchen	quintal	Zentner
guérir	heilen, genesen	sac	Sack, Plünderung
guet	Wache		
gueux	bettelarm, Bettelmann	sang et eau	Blut und Wasser
		sec	trocken
guidon	Standarte	second	zweite
guichet	Pförtchen	subjuger	unterjochen
guignon	Unglück	succès	Erfolg
infect	verpestet	trictrac	Bretspiel
long accès	langer Anfall	voguer	wogen, rudern
Melchior	(Eigenname)		

39.ᵉ Leçon.

ill (*l* mouillé), gz, kl, kr, ks.

1.ᵉʳ Exercice.

ill.

A-ccue*il*, (a-keuil), a-pos-ti-*ll*er, a-ppa-r*eil*,

a - vr*il*, ba - b*il*, ba - bi - *ll*er, ber - ca*il*, bi - *ll*ard, bi - *ll*on, bi - *ll*et, bou - vreu*il*, Bré - s*il*, bri - *ll*er, cer - feu*il*, cer - cue*il* (cer - keuil), che - vreu*il*, ci - *ll*er, con - se*il*, deu*il*, é - ven - ta*il*, é - chan - ti - *ll*on, é - cue*il* (é - keuil), é - cu - reu*il*, en - tor - ti - *ll*er, é - tri - *ll*er, fau - teu*il*, fi - *ll*eul, four - mi - *ll*er, fu - sï - *ll*er, gou - ver - na*il*, gré - s*il*, gr*il*, gri - *ll*er, lin - ceu*il*, mi - *ll*et ou m*il*, na - si - *ll*er, oi - si - *ll*on, or - gue*il* (or - gheuil), or - te*il*, pa - vi - *ll*on, pé - r*il*, pé - ri - *ll*eux, poi - tra*il*, pi - *ll*er, re - cue*il* (re - keuil) sau - ti - *ll*er, so - mme*il*, si - *ll*on, ti - *ll*eul, tour - bi - *ll*on.

gz.

E - *x*a - gé - rer (ég - za - gé - rer), e - *x*al - ter, e - *x*a - mi - ner, e - *x*au - cer, e - *x*é - cra - tion, e - *x*i - ger, e - *x*i - ler, e - *x*is - ter, e - *x*or - bi - tant, e - *x*ul - ter, Xa - vier, Xé - no - phon.

kl.

A - c*cl*a - ma - tion, a - c*cl*i - ma - ter, bou - *cl*é, *cl*air, *cl*a - meur, C*l*er - mont, c*l*i - mat, c*l*o - cher, c*l*ou, c*l*ub ou clob, dé - *cl*a - rer, dé - *cl*in, dé - c*l*i - ner, é - *cl*at, re - *cl*u, sar - *cl*er.

kr.

A - c*cr*é - di - té, a - c*cr*o - ché, a - c*cr*u, *chr*é - tien, *Chr*is - tia - nia, *cr*o - chu, c*hr*o - no - lo - gie, *cr*u - ci - fix (Kru - ci - fi), é - *cr*an, Jé - sus - *Chr*ist (Jé - zu - kri), lu - *cr*a - tif, ma - ssa - *cr*er, sa - *cr*er, su - *cr*er.

ks.

A - ja*x*, Béa - tri*x*, bo - ra*x*, é - qui - no - *x*ial, Fé - li*x*, fi - *x*er, in - de*x*, Pa - la - fo*x*, Phé - ni*x*, Pol - lu*x*, pré - fi*x*, Sty*x*, ta - *x*er.

Acclamation	Freudengeſchrei	clou	Nagel
acclimater	gewöhnen	club ou clob	Klubb
accrédité	bevollmächtigt	crochu	krumm
accroché	aufgehängt	crucifix	Cucifix
accru	vermehrt	déclarer	erklären
accueil	Empfang	déclin	Abnahme, Neige
Ajax	(Eigenname)	décliner	neigen, umenden
apostiller	anmerkungen	deuil	Trauer
appareil	Anſtalt, Pflaſter	échantillon	Muſter
avril	April	éclat	Splitter, Glanz
babil	Gewäſch, Ge=		Knall
	ſchwäß	éclater	zerſpringen, glän=
babiller	ſchwaßen		zen, krachen
Béatrix	(Eigenname)	écran	Feuerſchirm
bercail	Schafſtall	écueil	Klippe
billard	Billiard	écureuil	Eichhorn·
billet	Zettel	entortiller	einwickeln
billon	Kupfergeld	équinoxial	zur Tag u. Nacht=
borax	Borax		Gleiche gehörig
bouclé	geſchnallt	étriller	ſtriegeln
bouvreuil	Blutfink	exagérer	übertreiben
Brésil	Braſilien	exalter	preiſen
briller	glänzen	examiner	unterſuchen, be=
cercueil	Sarg		trachten
cerfeuil	Kerbel	exaucer	erhören
chevreuil	Rehbock	exécration	Grauel, Ver=
chrétien	Chriſt		wünſchung
Christiania	Chriſtiania	exiger	fordern
chronologie	Zeitrechnung	exiler	verbannen
ciller	blinzen	exorbitant	ungeheuer
clair	hell, deutlich,	exulter	frohlocken
	klar	fauteuil	Lehnſeſſel
clameur	Geſchrei	Félix	Felix
Clermont	(Name einer	filleul	Pathe
	Stadt)	fixer	feſtſeßen, beſtim=
climat	Erdſtrich, Klima		men
clocher	Glockenthurm,	fourmiller	wimmeln, krib=
	hinken		beln

fusiller	erſchießen	piller	plündern
gouvernail	Steuerruder	poitrail	Bruſt (eines Pferdes)
grésil	Grauppen		(Eigenname)
gril	Roſt	Pollux	
griller	rôſten, vergit-tern	préfix	beſtimmt
		reclu	eingeſchloſſen
index	Zeigefinger	recueil	Sammlung
Jésus - Christ	Jeſus = Chriſtus	sacrer	weihen
linceuil	Betttuch	sarcler	gäten
lucratif	einträglich	sautiller	hüpfen
massacrer	ermorden	sillon	Furche
millet ou mil	Hirſe	sommeil	Schlaf
nasiller	näſeln	Styx	Styx
oisillon	Vögelchen	sucrer	zuckern
orgueil	Hochmuth	taxe	Taxe
orteil	(die) große Zehe	tilleul	Linde
Palafox	(Eigenname)	tourbillon	Wirbel
pavillon	Zeltvorhang, Flagge	vermillon	gereinigter Zin-nober
péril	Gefahr	vieil	alt
périlleux	gefährlich	Xavier	Xaver
Phénix	Phönix	Xénophon	Xenophon

III.e PARTIE.

HOMOGRAPHES.

40.e LEÇON.

a, ac, ai, am, an, ao, aon, ap, arc, as, at.

1.er *Exercice.*

a.

Prononcez.
a dans Al-ca-la, A-tti-la, Ca-li-gu-la, Ca-na-da, fal-ba-la, etc.

Pro-

é dans A-ttra-yant, ba-la-yer, dé-bla-yer, dé-pa-y-ser, é-ga-yer, é-ta-yer, fra-yer, fra-yeur, mé-ta-yer, mo-nna-yeur, pa-yer, pa-ys, pa-y-san, ra-yo-nner.

ac.

ak — Bi-ssac, cor-nac, ga-ïac, ha-vre-sac, etc.

a — Al-ma-nac, es-to-mac (ès-to-ma), ta-bac.

ai.

e — (Je) fai-sais, (tu) fai-sais, (il) fai-sait, (nous) fai-sions, (vous) fai-siez, (ils) fai-saient, bien-fai-sant, sa-tis-fai-sant.

é — Ai-ga-yer, ai-mant, aî-né, ai-rer, (j') ai, (j') é-cri-rai, (je) par-lai, (je) sau-rai, quai, etc.

ê — Haï-neux, mai-greur, mai-grir, etc.

è — Bai, gai, geai, Dou-ai, Tokai, vrai, etc.

am.

ame — A-bra-ham, Am-man, am-meis-tre, am-mi, Am-mon, Ams-ter-dam, Pri-am.

an — A-dam, am-ba-ssa-deur, bam-bin, jam-bé, tam-bou-rin, etc.

a — Con-dam-ner, con-dam-na-tion, dam-ner, dam-na-tion.

an.

ane — A-ban-na-tion, an-nal, an-ni-hi-ler (an'-ni-i-ler), an-no-ter, an-nuel, an-nu-ller, etc.

an dans *An*- dré, *an*- ti - qui - té, ban, bi -*lan*,
ro -*man*, vol -*can*, etc.

ao.

a — Fao - nné, Lao - nnais, pao - nneau.
ô — *Ao* - ris- te (ô - rist') et Sao - ne (Sôn').

aon.

an — L*aon*, faon et paon.
on — T*aon*.

ap.

ape — B*ap*-tis -mal, C*ap*, G*ap*.
a — B*ap* - tis - tè - re (ba - tis - tèr), b*ap* - ti-
ser, B*ap* - tis - te (ba tis - te), dr*ap*,
spa - ra - dr*ap*.

arc.

ar — A*rc* -bou -tant, a*rc* - bou - ter, ma*rc*,
le franc, ma*rc* d'or ou d'argent,
ma*rc* de rai - sins.
ark — *Arc*, Ma*rc* et p*arc*.

as.

âsse — A - gé - si -*las*, A - rr*as*, *as*, At -*las*,
B*ias*, Cal - ch*as*, E - pa - mi - non -*das*,
Jo -*nas*, Ly - si*as*, Mé - cé -*nas*, Mé-
né -*las*, Pa - ll*as*, Pé - lo - pi -*das*,
Phi - di*as*, Pho -*cas*, Pri - v*as*.
â — A - pp*as*, (tu) *as*, br*as*, c*as*, com-
p*as*, Ju -*das*, Ni - co -*las*, Tho -*mas*
(to - ma), Lu - c*as*.

at.

ate — F*at*, fi*at*, m*at*, o - pi*at*, mé - di*at*, im-
mé - di*at*, vi - v*at*.
a — Al - ter -*cat*, can - di -*dat*, cer - ti - fi - c*at*,
ma - gis - tr*at*.

Abannation	einjährige Ver=bannung	bai	röthlichbraun
Abraham	Abraham	balayer	kehren
Adam	Adam	bambin	Kindchen
aigayer	schwemmen	ban	Ausruf, Bann
aimant	liebend, Magnet	baptiser	taufen
aîné	erstgeboren	baptismal	zur Taufe gehö=rig
airer	Horsten	baptistère	Taufbuch
Alcala	(Name einer Stadt)	Baptiste	Baptista
		bienfaisant	gutthätig
almanac	Kalender	bilan	Bilanz
altercat	Wortwechsel	bissac	Quersack
ambassadeur	Gesandte	bras	Arm
Amman	Amtmann	Caligula	} (Eigennamen)
ammeistre	Ammeister	Calchas	
ammi	Ammei	Canada	Neufrankreich
(corne d') am-mon	Ammonit	candidat	Candidat, Be=werber
Amsterdam	Amsterdam	cap	Vorgebirge
André	Andreas	cas	Fall
annal	jährig	certificat	Zeugniß
annihiler	vernichten	compas	Zirkel
anhoter	aufzeichnen	condamnation	Verurtheilung
annuel	jährlich	condamner	verurtheilen
annuller	vernichten	dam	Schade
antiquité	Alterthum	damnation	Verdamniß
aoriste	Aoristus	damner	verdammen
appas	Reize	déblayer	abraumen
arc	Bogen	dépayser	in die Fremde schicken
arc-boutant	Gewölbpfeiler		
arc-bouter	stützen	Douai	(Name einer Stadt)
Arras	(Name einer Stadt)	drap	Tuch
as	Aß	(j') écrirai	ich werde schrei=ben
atlas	Kartensamm=lung	effrayer	erschrecken
Attila	(Eigenname)	égayer	erheitern
attrayant	einnehmend	Epaminondas	(Eigenname)

estomac	Magen	(au) marc le franc	nach Verhältniß
étayer	stützen	mat	matt, glanzlos
falbala	Falbel	Mécénas	} (Eigennamen)
faon	Hirschkalb	Ménélas	
(la biche a) faonné	(die Hirschkuh hat) geworfen	médiat	mittelbar
fat	Geck, geckisch	métayer	Meier
(je) faisais	ich that	Nicolas	Nikolaus
(tu) faisais	du thatest	opiat	Zahnlatwerge
(il) faisait	er that	Pallas	(Eigenname)
(nous) faisions	wir thaten	paon	Pfau
(vous) faisiez	ihr thatet	paonneau	(ein) junger Pfau
(ils) faisaient	sie thaten		
fiat!	es sey!	parc	Park
frayer	bahnen	(je) parlai	ich redete
frayeur	Schrecken	pas	Schritt, nicht
gai	fröhlich	payer	zahlen
gaïac	(das) heilige Holz	pays	Land
		paysan	Bauer
Gap	(Name einer Stadt)	Pélopidas	
		Phocas	} (Eigennamen)
geai	Häher	Phidias	
haineux	feindselig	Priam	
havresac	Schnappsack	Privas	(Name einer Stadt)
immédiat	unmittelbar		
jambé	beinig	rayonner	strahlen
Jonas	Jonas	roman	Roman
Judas	Judas	Saône	(N. eines Flusses)
Laon	(Name einer Stadt)	satisfaisant	befriedigend
		(je) saurai	ich werde wissen
Lucas	} (Eigennamen)	sparadrap	Durchzug
Lysias		tabac	Tabak
magistrat	Beamter	tambourin	Schellentrommel
maigreur	Magerkeit	taon	Bremse
maigrir	mager werden	Thomas	Thomas
Marc	Marcus	Tokai	(N. einer Stadt)
marc de raisins	Weintrester	vivat!	es lebe!
marc d'or ou d'argent	Mark Goldes oder Silbers	volcan	Feuerberg
		vrai	wahr

41.ᵉ Leçon.

e (*eŭ* ou muet).

	Prononcez :	
épartement	dé-par-teŭ-ment	Departement
ontentement	con-.tent'-ment	Zufriedenheit
rlequin	ar-leŭ-quin	Hanswurst
rodequin	brod'-quin	Halbstiefel
u courberas	tu cour-beŭ-ras	du wirst krümmen
u tomberas	tu tomb'-ras	du wirst fallen
l pelait	il peŭ-lait	er schälte
l appelait	il app'-lait	er rief
n morceau de pain	un mor-ceau d'pain	ein Stück Brod
ne miche de pain	une mich' deŭ pain	er Leib Brod
e dois partir	jeŭ dois par-tir	ich soll abreisen
i je dois partir	si j'dois par-tir	wenn ich abreisen soll
ne leçon	une leŭ-çon	eine Lection
a leçon	la l'çon	die Lektion
e partirai demain	je par-ti-rai d'main	} morgen reise ich ab
e pars demain	je pars deŭ-main	
l se plaint	il seŭ plaint	er } beklagt sich
n se plaint	on s' plaint	man
l peut se vanter	il peut s' van-ter	er kann sich rühmen
l se vante	il seŭ van-t'	er rühmt sich
eur cheval	leur cheŭ-val	ihr Pferd
n beau cheval	un beau ch'-val	ein schönes Pferd
evez-vous	leŭ-vez-vous	stehen Sie auf
l s'est levé	il s'est l'vé	er ist aufgestanden
e vois	jeŭ vois	ich sehe
ue vois-je?	queŭ vois-j'	was sehe ich?
e donneras-tu?	meŭ donn'-ras-tu	wirst du mir geben?
u me donneras	tu m' donn'-ras	du wirst mir geben
'est tout ce que je puis faire	c'est tout c'que j'puis fair'	das ist alles, was ich thun kann
e ne me trompe pas	jeŭ n'meŭtromp'pas	ich irre mich nicht
il ne le recevra pas	{ il neŭ l' reŭ-ceŭ-vra pas il neŭ leŭ r'ceŭ-vra pas	er wird es nicht annehmen

42.ᵉ LEÇON.

e (a, an, ê, è, é).

1.ᵉʳ *Exercice.*

PRONONCEZ

a dans Ar-*de*-mment, a-ppa-*re*-mment, con-
cur-*re* mment, con-sé-*que*-mment,
di-li-*ge*-mment, é-lo-*que*-mment,
é-mi-*ne*-mment, fe-mme, fré-*que*-
mment, he-nnir, he-nni-sse-ment,
in-di-ffé-*re*-mment, o-pu-*le*-mment,
pa-*tie*-mment, per-ti-*ne*-mment,
ré-*ce*-mment.

an — *E*-na-rrher, *e*-nher-ber, *e*-ni-vrer,
e-noi-se-ler et *e*-nor-gue-illir.

ê — A-bbe-sse, An-gle-*te*-rre, il *ce*-sse,
ci-me-*te*-rre, il con-*fe*-sse, com-
pre-sse, il s'em-*pre*-sse, ex-*pre*-
sse, é-*que*-rre, *gue*-rre, le-sse,
lie-rre, il o-ppre-sse, par-*te*-rre,
Pie-rre, pre-sse, il pro-*fe*-sse, *se*-
rre, *te*-rre, to-nne-rre, *ve*-rre.

è — Ad-ver-se, a-gres-te, *ce*-sser,
ce-ssion, *el*-le, *el*-lé-bo-re,
el-lip-se, *es*-ca-dre, *es*-clan-dre,
es-cla-ve, *es*-co-gri-ffe, *es*-cor-te,
ex-cla-ma-tion, *ex*-clu-re, fer-me,
me-sse, *res*-pec-té, *tra*-ver-se,
ter-me.

é — Con-*de*-scen-dan-ce, *de*-scen-dre,
e-cclé-sias-ti-que, *e*-ffet, *e*-ffi-
ca-ce, *e*-ffort, *e*-xac-te-ment,
e-xal-ter, il *e*-xau-ce, il *ex*-ci-
te, *e*-xil, *e*-xor-de, *le*-ssi-ve,
me-ssa-ge, *me*-ssa-ger, *me*-ssi-
re, *re*-ssu-sci-ter,

Abbesse	Aebtissinn
(la partie) ad-verse	die Gegenpartei
agreste	bäurisch, wild, ländlich
Angleterre	England
apparemment	vermuthlich
ardemment	feurig
(il) cesse	er hört auf
cesser	aufhören
cession	Abtretung
cimeterre	Sábel, Pallasch
compresse	Bäuschlein, Kompresse
concurrem-ment	gemeinschaftlich
condescen-dance	Nachgiebigkeit
(il) confesse	er gesteht
conséquem-ment	folglich, folge-recht
descendre	absteigen, herun-ter gehen
diligemment	hurtig
ecclésiastique	Geistliche, geist-lich
effet	Wirkung, Wech-sel, 2c.
efficace	wirksam
effort	Anstrengung, Bestreben
elle	sie
ellébore	Niesewurz
ellipse	Weglassung
éloquemment	beredt
éminemment	im höchsten Grade
(il s') empresse	er beeifert sich
enarrher (des marchandises)	Geld auf Waaren geben
enherber	begrasen
enivrer	berauschen
enoiseler (l'oiseau)	den Falken ab-richten
enorgueillir	stolz machen
équerre	Winkelmaß
escadre	Geschwader
esclave	Sklave
escogriffe	Rapser, Greifzu
escorte	Geleit
exactement	pünktlich
exalter	erheben
(il) exauce	er erhört
(il) excite	er erregt, er treibt an
exclamation	Ausrufung
exclure	ausschließen
exil	Verbannung
exorde	Eingang
expresse	ausdrücklich
femme	Frau
ferme	Pachtgut, fest
fréquemment	häufig, oft
guerre	Krieg
hennir	wiehern
hennissement	(das) Wiehern
indifférem-ment	gleichgültig
lesse ou laisse	Koppel
lessive	Lauge, Wäsche
lierre	Epheu, Eppich
message	Bothschaft
messager	Bothe
messe	Messe
messire	Herr

(il) oppresse	er drückt, be= klemmt	récemment	neuerlich, vor kurzem
opulemment	im Ueberflusse	respecté	geehrt, geachtet
parterre	Luststück, Par= terre	ressusciter	auferwecken, auf= erstehen
patiemment	geduldig, mit Geduld	serre	Gewächshaus
		(il) serre	er drückt
pertinemment	passend, schicklich	terme	Ziel, Ende, Aus= druck
Pierre	Peter		
pi' rre	Stein	terre	Erde
presse	Gedränge, Presse	tonnerre	Donner
(il) presse	er drückt, treibt	(il) traverse	er geht durch
(il) professe	er bekennt, treibt, lehrt	verre	Glas

43.ᵉ Leçon.

è, ec, ect, ed, ef, ei, el, em, emp, empt, en, ens, ent, eo, ep, ept, er, ers, es, ès, est, et, eu, eû, euf, eur, eurs, eus, eut, ez.

1.ᵉʳ *Exercice.*

è.

Prononcez:

ê dans A - dul - tè - re, a - mè - re, ar - tè - re, at - mos - phè - re, aus - tè - re, ber - gè - re, ca - rac - tè - re, chi - mè - re, frè - re, mè - re, mi - nis - tè - re, pè-re, ul - cè - re.

è — A - dè - le, ca - lè - che, Cy - bè - le, es - pè - ce, flè - che, Hé-lè-ne (é-lè-ne), Lu - crè - ce, mè - che, mo - dè - le, piè - ce, etc.

ec.

èk dans Bec, é - chec, grec, Qué - bec, sa - la -
ma - lec, sec, etc.

é — Bec - jau - ne.

ect.

è — As - pect vé - né - ra - ble, cir - cons - pect
dans ses pa - ro - les, res - pect ti -
mi - de, sus - pect de vol.

èk — As - pect ex - té - rieur, cir - cons - pect
et sa - ge, res - pect a - ffec - té, sus-
pect en ce que . . . ., in - fect.

èkt — Ab - ject, co - rrect, di - rect, in - co -
rrect, in - di - rect, in - tel - lect.

ed.

é — Bled, pied, mar - che - pied, il sied, il
s'a - ssied.

ède — Al - fred, A - med, Ja - red, O - bed.

ef.

é — Clef.
è — Chef - d'œu - vre.
èfe — Bref, chef, fief, nef, re - lief, etc.

ei.

ê — Rei - ne, rei - tre.
è — Ba - lei - ne, en - sei - gne, pei - ne,
sei - ze, etc.

el.

é — Bel - fort, plu - riel.
èle — A - bel, au - tel, Bel - mont, car - tel,
na - tu - rel, No - ël, Ra - chel, etc.

em.

ame — In - dem - ne, in - dem - ni - ser, indem - ni - té.

èmedans *A* - ga - mem - non, Beth - lé - em, dé-
cem - vir, *Em* - ma - nu - el, *gem* - ma-
tion, *gem* - mi - pa - re, i - *tem*, Jé - ru-
sa - *lem*, *lem* - nis - que, sep - *tem* -
vir, Si - che*m*.

àn — Dé - *cem* - bre, *em* - ba - rras, *em* - por-
ter, *mem* - bre, no - *vem* - bre, *tem* -
pé - ré, *trem* - bler, etc.

emp, empt.

an — E - x*emp* - ter, e - x*empt.*

ampe— Con - *temp* - teur, pé - r*emp* - tion, pé-
r*emp* - toi - re, ré - d*emp* - teur, ré-
d*emp* - tion.

en.

èrîe — Ab - do - *men*, a - *men*, chré - tien - té,
cy - cla - *men*, dé - cen - nal, dic - ta-
men, dis - cri - *men*, *en* - né - a - go-
ne, tri - *en* - nal, etc.

eiɲ — A - dri - *en*, A - *gen*, ap - *pen* - di - ce,
E - d*en*, *en* - dé - ca - go - ne, *en* - dé-
ca - sy - lla - be, *en* - si - for - me, I - ta-
lien, Ju - *lien*, M*en* - tor.

è — *En* - ne - mi.

an — *En* - no - blir, *en* - nui, *en* - ten - dre,
H*en* - ri, Ma - *yen* - ce, Rou - *en*, s*en* -
t*en* - ce, r*en* - dre, V*en* - dée.

ens.

anse — C*ens.*

an — E - lé - m*ens*, en - *cens*, *gens*, pa-
r*ens*, etc.

ent.

emŭet— (Ils) ai - m*ent*, (ils) do - nn*ent*, (ils)
di - ffè - r*ent*, (ils) pa - r*ent*, (ils)
pré - si - d*ent*, (ils) né - gli - g*ent*,

e muet dans (ils) ex - pé - dient, (ils) é - qui - va-
lent, (ils) ex - ce - llent, (ils) vio-
lent, (ils) con - tent, (ils) cou - vent.

an — Un di - ffé - rent, un pa - rent, un pré-
si - dent, un né - gli - gent, un ex - pé-
dient, l'é - qui - va - lent, un fruit ex-
ce - llent, un vent vio - lent, il est
con - tent, un cou - vent, etc.

eo.

o — Geo - ffroi, Geor - ge.
ô — Geó - le, geó - la - ge, geô - lier.

ep.

è — Sep - tiè - me, sep - tiè - me - ment.
èpe — A - lep, cep, ju - lep, sa - lep, sep - tem-
bre, sep - ten - tri - on, etc.

ept.

è — Sept francs, dix - sept mè - tres, tren-
te - sept li - vres, qua - ran - te - sept
toi - ses, etc.
ète — Sept aunes, sept é - lè - ves, le sept Mai,
le sept de pi - que, j'en ai dix - sept,
en voi - là tren - te - sept, etc.

er.

ère — Al - ger, a - mer, bel - vé - der, can - cer,
cher, en - fer, fer, fier, hi - ver
(i - vèr), hier (ièr), Ju - pi - ter, Lu-
ci - fer, ma - gis - ter, mer, pa - ter,
ver.
é — Ai - der, ai - mer, bou - cher, bou - lan-
ger, cha - pe - lier, dan - ger, jar - di-
nier, lan - cer, tom - ber, etc.

ers.

é — An - gers, Lou - viers, Thi - viers,
vo - lon - tiers, Noir - mou - tiers,
poi - tiers.

ère dans An - vers, con - vers, di - vers, en-vers,
Gers, Ne - vers, per-vers, re-vers,
tra - vers, vers, uni - vers.

es.

ê — Les, mes, des, ses, tes, ces.
e muet — (Tu) ai - mes, (tu) loues, (tu) par-
les, (que tu) é - cri - ves, li - vres,
le - ttres, frè - res, é - lè - ves, cou-
si - nes, fran - çai - ses, etc.

ès.

èsse — A - lo-ès, Ar - ta - xer - cès, As-per-gès,
Cé-rès, Dio-clès, Gy-gès, Her-mès
(èr-mès), Pa-lès, Pé-ri-clès, Tha-lès.
ê — Ab - cès, a - près, au - près, con - grès,
dé - cès, ex - près, pro - cès, pro-
grès, suc - cès, etc.

est.

ê — Il est.
èste — Brest, l'est, l'ou - est, zest.

et.

ète — Ach-met, cet en-fant, ta-cet, tout net.
é — Pa - pa et ma - man.
è — Al-pha-bet, ar-chet, bri-quet, co-llet,
du - vet, fu - ret, un habit net, etc.

eu.

u — J'ai eu, que j'eu-sse, ils eu-rent, Eus-
ta - che, Eu - gè - ne, char-geu-re,
é - gru -geu-re, ga - geu - re, man-
geu - re, ver - geu - re.
eu — A - veu, bleu, Eu - ro - pe, fleu - rir,
jeu - ne, etc.

eû.

u — Nous eû - mes, vous eû - tes.

eû dans Jeû - ne, jeû - ner, dé - jeû - ner.

euf.

eu — Neuf mè - tres, neuf toi - ses, é - teuf.
euf — Ha - bit neuf, Bré - beuf, veuf, etc.
euve — Neuf au - nes, neuf ho - mmes.

eur.

eu — Mon - sieur.
eur — A - ma - teur, cou - leur, doc - teur, etc.

eurs.

eu — Me - ssieurs (mé - ssieu).
eur — A - illeurs, pleurs, plu - sieurs, leurs,
 fleurs, etc.

eus.

eu — Bleus.
u — J'eus, tu eus.

eut.

eu — Il pleut, il peut, il veut.
u — Il eut.

ez.

èsse — Al - va - rez, Fez, Ro - dez, Sua - rez.
é — A - ssez, chez, nez, vous se - riez, vous
 ai - mez, en - trez, etc.

2.ᵉ Exercice.

Abcès	Eitergeſchwulſt	Agamemnon	(Eigenname)
abdomen	Unterleib	Agen	(Name einer
Abel	Abel		Stadt)
abject	verworfen	aider	unterſtützen, hel-
Achmet	} (Eigennamen)		fen
Adèle		ailleurs	anderswo
adultère	Ehebrecher, Ehe-	(ils) aiment	ſie lieben
	bruch	(tu) aimes	du liebeſt
Adrien	Adrian	aimer	lieben

Alep	Halep	Belvéder	Schönsicht
Alfred	(Eigenname)	berger	Schäfer
Alger	Algier	bergère	Schäferinn,
aloès	Aloe		Lehnsessel
alphabet	Alphabet	Bethléem	(Name einer
Alvarez	(Eigenname)		Stadt)
amateur	Liebhaber	bled	Korn, Getreide
amen	amen (es soll ge-	bleu	} blau
	schehen)	bleus	
amer	} bitter	boucher	Metzger, zuma-
amère			chen
Angers	(Name einer	boulanger	Bäcker
	Stadt)	Brébeuf	(Eigenname)
Anvers	(Name einer	bref	kurz, Breve
	Stadt)	Brest	(Name einer
appendice	Anhang		Stadt)
après	nach, nachdem	briquet	Feuerstahl
Artaxercès	(Eigenname)	calèche	Kalesche
archet	Geigenbogen	cancer	Krebs
artère	Pulsader	caractère	Zug, Zeichen,
aspect exté-	(das) äußere		Gemüthsart
rieur	Ansehen	cartel	Ausforderung
aspect véné-	(der) ehrwürdige	cens	Lehenzins
rable	Anblick	cep	Weinstock
aspergès	Besprengung,	Cérès	(Eigenname)
	Sprengwedel	cet enfant	dieses Kind
assez	genug	chapelier	Hutmacher
(il s') assied	er setzt sich nieder	chargeure	Bedeckung eines
atmosphère	Dunstkreis		Wappenstückes
auprès	dabei	chef	Haupt, Stück,
austère	streng		Befehlshaber
autel	Altar	chef d'œuvre	Meisterstück
aveu	Geständniß	cher	theuer, lieb
baleine	Wallfisch	chez	bei
bec	Schnabel	chimère	Chimäre, Grille
becjaune	Gelbschnabel	chrétienté	Christenheit
Belfort	(Name einer	circonspect et	behutsam und
	Stadt)	sage	verständig
Belmont	(N. einer Stadt)		

circonspect dans ses paroles	behutsam in seinen Reden	Eden	Paradieß
clef	Schlüssel	égrugeure	(das) Zerstoßene
congrès	Congreß	élémens	Elemente
contempteur	Verächter	(ces) élèves	diese Schüler
(ils) content	sie erzählen	embarras	Hinderniß
(il est) content	er ist zufrieden	Emma Emmanuel	(Eigennamen)
(frère) convers	Laienbruder	emporter	wegtragen
correct	richtig, Fehlerfrei	en voilà trente-sept	dort sind sieben und dreißig
couleur	Farbe	encens	Weihrauch
(ses) cousines	seine Basen	endécagone	Elfeck
(un) couvent	ein Kloster	endécasyllabe	elfsilbig
(ils) couvent	sie brüten aus	enfer	Hölle
Cybèle	(Eigenname)	ennéagone	Neuneck
cyclamen	Schweinsbrod (Pflanze)	ennemi	Feind, feindselig
danger	Gefahr	ennoblir	veredeln
décembre	Christmonat	ennui	lange Weile
décemvir	Decemvir	ensiforme	schwertformig
décennal	zehnjährig	entendre	hören
décès	Tod	entrez	gehet hinein, 2c.
déjeûner	frühstücken, Frühstück	envers	gegen, verkehrte Seite
dictameu	Antrieb	fer	Eisen
(ils) diffèrent	sie sind verschieden / sie schieben auf	Fez	(Name einer Stadt)
un différent	ein Streit	fief	Lehen
Dioclès	(Eigenname)	fier	stolz
direct	gerade	flèche	Pfeil
discrimen	Stirnaderlaßbinde	fleurir	blühen
divers	verschieden	fleurs	Blumen
dix-sept mètres	siebenzehn Meter	(des) françaises	Französinnen
docteur	Doctor	frère	Bruder
duvet	Flaum	(mes) frères	meine Brüder
échec	Schach, Verlust	furet	Frett, Spürhund
que tu écrives	daß du schreibest	gageure	Wette
		gemmation	Knospentreiben
		gemmipare	knospentreibend
		gens	Leute

Geoffroi	Gottfried	(tes) lettres	deine {Briefe, Buchstaben}
geôlage	Schließgeld	leurs	ihre
geôle	Kerker	(les) livres	die Bücher
geôlier	Kerkermeister	(tu) loues	du lobest
George	Georg	Louviers	(Name einer Stadt)
Gers	(Name eines Flusses)	Lucifer	Teufel, Morgenstern
grec	Grieche, griechisch	Lucrèce	(Eigenname)
Gygès	(Eigenname)	magister	Schulmeister
habit neuf	neues Kleid	mangeure	Fraß
Hélène	Helena	marche-pied	Fußtritt
Henri	Heinrich	Mayence	Mainz
Hermès	Hermessäule	mèche	Docht
hier	gestern	membre	Glied
hiver	Winter	Mentor	Mentor, Führer
incorrect	unrichtig	mer	Meer, See
indemne	schadlos	mère	Mutter
indemniser	entschädigen	messieurs	meine Herren
indemnité	Entschädigung	ministère	Amt, Dienst, Ministerium
indirect	mittelbar		
infect	verpestet, giftig	modèle	Modell, Muster
intellect	Verstand	monsieur	Herr, mein Herr
Italien	Italiener	naturel	natürlich, Natur
item	ingleichen	nef	Schiff, Kirchenschiff
jardinier	Gärtner		
Jared	(Eigenname)		
j'en ai dix-sept	ich habe deren siebenzehn	(ils) négligent	sie vernachläßigen
		(un) négligent	ein nachläßiger Mensch
jeune	jung		
jeûne	(das) Fasten	neuf aunes	neun Ellen
jeûner	fasten	neuf hommes	neun Männer
Jérusalem	(N. einer Stadt)	neuf mètres	neun Meter
julep	Kühltrank, Julepp	neuf toises	neun Klafter
		Nevers	(Name einer Stadt)
Julien	Julian		
lancer	werfen	nez	Nase
lemnisque	Fechterkranz, Bandnatter	noël	Weihnacht
		Noirmoutiers	(N. einer Stadt)

Obed

Obed	(Eigenname)	rédemption	Erlösung
(l') ouest	Westen	reine	Königinn
Palès	(Eigenname)	reitre	deutscher Reiter
papa et maman	Papa und Mama	relief	erhobene Arbeit
le parent	der Verwandte	rendre	wiedergeben, zurückgeben
(ils) parent	sie schmücken, sie parieren	respect affecté	gezierte Ehrerbietung
(tu) parles	du redest	respect timide	furchtsame Ehrerbietung
pater	Vater unser		
peine	Leiden, Strafe, Mühe	revers	Rückseite, Unfall
père	Vater	Rodez	(Name einer Stadt)
péremption	Ungültigwerdung	Rouen	(Name einer Stadt)
péremptoire	zerstörisch	salamalec	Verbeugung, (Friede sey mit euch)
Périclès	(Eigenname)		
pervers	verkehrt		
(il) peut	er kann		
piece	Stück	salep	Salepwurzel
pied	Fuß	sec	trocken
pleurs	Thräne	seize	sechszehn
(il) pleut	es regnet	sentence	Sinnspruch, Urtheil
pluriel	Mehrzahl		
plusieurs	mehrere	sept aunes	sieben Ellen
Poitiers	(Name einer Stadt)	sept élèves	sieben Schüler
		sept francs	sieben Franken
(le) président	der Präsident	(le) sept mai	den siebenten Mai
(ils) président	sie haben den Vorsitz, sie stehen vor	le sept de pique	der Siebener in Schüppen
procès	Rechtshandel, Prozeß	septembre	Herbstmonat
		septemvir	Siebenpriester
		septentrion	Norden
progrès	Fortschritt	septieme	siebente
quarante-sept toises	sieben und vierzig Klafter	septièmement	siebentens
		(vous) seriez	ihr würdet seyn
Québec	(Name einer Stadt)	Sichem	(Name einer Stadt)
Rachel	Rachel	Suarez	(Eigenname)
rédempteur	Erlöser	succes	Erfolg

suspect en ce que....	dadurch verdäch- tig, daß...	triennal	dreijährig
		ulcère	Geschwür
suspect de vol	des Diebstahles verdächtig	univers	Welt
tempéré	gemäßigt	Vendée	(Name eines Flusses)
Thalès	(Eigenname)	un vent violent	ein heftiger Wind
tomber	fallen	ver	Wurm
tout net	rund heraus	vergeure	Formdrähte
un habit net	ein sauberes Kleid	vers	Würme, Vers, gegen
travers	Quere, Verkehrt- heit, ꝛc.	veuf	Wittwer
		(il) veut	er will
trembler	zittern	(ils) violent	sie verletzen
trente - sept livres	sieben und dreißig Pfund	volontiers	gern
		zest !	pah! possen!

44.ᵉ. LEÇON.

ï, ict, id, ie, iel, ien, ient, íl,
ils, im, in, inct, ingt, inq, is,
ist, it, ix.

1.ᵉʳ Exercice.

ï.

Prononcez :

ï (j) dans A - ïeul, bi - sa - ïeul, ba - ïo - nne - tte,
bo - ïard, ca - ïeu, ga - ïac, gla - ïeul,
na - ïa - de, pa - ïen, ta - va - ïo - lle, etc.

i — A - do - na - ï, A - dé - laï - de, ca - ï - man,
dé - ï - ci - de, dru - ï - de, é - go - ïs - te,
ha - ïr, la - ï - que, na - ïf, Si - na - ï, etc.

ict.

ikte — S**t**r*ict.*
ik — **D**is - tr*ict.*
i — **A** - m*ict.*

id.

Prononcez :

i dans N*id.*
ide — C*id,* Da - v*id.*

ie.

ié — V*ie* - ille, v*ie* - illard, v*ie* - ille - sse.
î — A - ra - b*ie*, mo - nar - ch*ie*, in - cen - d*ie*,
    la v*ie*, etc.

iel.

ié — Plu - r*iel.*
ièle — Ar - ti - fi - c*iel*, c*iel*, f*iel*, ma - té - r*iel*, etc.

ien.

ian — Fa - *ïen* - ce, f*ien* - te.
iein — B*ien*, com - b*ien*, le t*ien*, r*ien*, etc.

ient.

iein — Il t*ient*, il sou - t*ient*, il con - t*ient*, il
    v*ient*, il re - v*ient*, il se sou - v*ient*,
    etc.
ian — E - ffi - c*ient*, é - mo - ll*ient*, e - sc*ient*, un
    ex - pé - d*ient*, im - pa - t*ient*, in - con -
    vé - n*ient*, pa - t*ient*, quo - t*ient.*
î — (Ils) ca - lom - n*ient*, (ils) châ - t*ient,*
    (ils) ex - pé - d*ient*, (ils) l*ient*, (ils)
    sa - cri - f*ient.*

il.

i — Ba - r*il*, che - n*il*, cou - t*il*, é - me - r*il*,
    fe - n*il*, four - n*il*, fu - s*il*, gen - t*il,*
    gr*il*, mé - n*il*, nom - br*il*, ou - t*il,*
    per - s*il*, sour - c*il.*
ill (mouillé) - Ba*il*, deu*il*, sé - ra*il*, so - le*il*, tra - va*il,*
    etc.
ile — C*il*, ci - v*il*, e - x*il*, pro - f*il*, pué - r*il,*
    v*il*, vo - la - t*il*, etc.

15 *

ils.

Prononcez

isse dans F*ils* et fille, mon f*ils*.

i — Le f*ils* de la maison, ba-r*ils*, che-n*ils*,
 etc.

ile — Ci - v*ils*, e - x*ils*, etc.

ize — Gen - t*ils* - ho - mmes.

im.

ime — *Im* - ma - cu - lé, *im* - man - qua - ble, *im*-
 ma - té - riel, *im* - mé - diat, *im* - mé-
 mo - rial, *im* - men - se, *im* - meu - ble,
 im - mi - nent, *im* - mo - bi - le, *im*-
 mo - ler, *im* - mor - tel, in - té - r*im*,
 o - l*im*, So - l*im*, etc.

ein — Jo-a-ch*im*, *im* - po - li, l*im* - pi - de,
 s*im* - pli - fier, etc.

in.

ine — *In* - née, *in* - nom - bra - ble, *in* - no-
 mi - nés, *in* - no - va - tion, etc.

i — *I*-*n*no - ce - mment, *i*-*n*no - cen - ce,
 i - *n*no - cent, *i* - *n*no - cen - ter.

ein — Ba - d*in*, ca - l*in*, *in* - di - gent, *in*-
 fi - ni, etc.

inct.

ein — Ins - t*inct*.

ink — Dis - t*inct*, suc - c*inct*.

ingt.

ein — V*ingt* francs, v*ingt* mè-tres, qua-tre-
 v*ingt*-un, qua-tre-v*ingt*-on-ze, etc.

einte— V*ingt* au-nes, v*ingt*-deux, v*ingt*-sept,
 le v*ingt* ju - illet, j'en ai v*ingt*, etc.

inq.

ein — C*inq* toi - ses, c*inq* mi - lle, vingt-
 c*inq* francs, etc.

eink dans **C**in*q* au - nes, tren - te - cin*q* é - lè-
ves, le cin*q* mars.

is.

isso — **A** - do - n*is*, b*is*, Do-r*is*, I-r*is*, gra-t*is*,
ja-d*is*, la-p*is*, l*is* (fleur) les l*is* des
champs, ma - c*is*, ma - ï*s*, Phi - l*is*,
ro - mi - na - gro - b*is*, tour - ne - v*is*,
v*is*, etc.

i — **A** - le - x*is*, du pain b*is*, je v*is*, trois
fleurs de l*is* (armes de France), lo-
g*is*, N*is* - mes, etc.

ist.

i — **J**é - sus - Chr*ist*.

iste — **L**e chr*ist*, un chr*ist*.

it.

ite — **A**c - ce - ss*it*, dé-fi-c*it*, hu*it* au - nes,
le hu*it* mai, pré - té - r*it*, tran - s*it*,
le r*it* ro - main, etc.

i — **C**ré - d*it*, hu*it* francs, pros - cr*it*, ré-
c*it*, il l*it*, il r*it*, etc.

ix.

i — **C**ru - ci - f*ix*, per - dr*ix*, pr*ix*, s*ix* francs,
d*ix* mè - tres, vingt - s*ix* toi - ses, etc.

ize — **S***ix* au - nes, d*ix* é - lè - ves, tren - te-
s*ix* ans, etc.

isse — **L**e s*ix* juin, le d*ix* jan - vier, j'en ai s*ix*,
en voi - là d*ix*, etc.

ikse — **B**é - a - tr*ix*, Fé - l*ix*, phé - n*ix*,
pré - f*ix*, etc.

2.ᵉ *Exercice.*

Accessit	Nebenpreis	aïeul	Großvater
Adélaïde	Adelheid	Alexis	(Eigenname)
Adonaï	} (Eigennamen)	amict	Achseltuch
Adonis		Arabie	Arabien

artificiel	künſtlich	deuil	Trauer
badin	ſpaßhaft	distinct	verſchieden, getrennt
bail	Pacht		
baïonnette	Flintenſpieß	district	Bezirk
baril	Fäßchen	dix élèves	zehn Schüler
Béatrix	(Eigenname)	(le) dix janvier	den zehnten Januar
bien	gut, viel, wohl, ꝛc.		
bis	zweimal	dix mètres	zehn Meter
bisaïeul	Urgroßvater	Doris	(Eigenname)
boïard	Bajar	druïde	Druide
caïeu	Brut-Zwiebel	efficient	wirkend
caïman	Kaiman	égoïste	ſelbſtſüchtig
cahin	Bleizinn, Duck-mäuſer	émeril	Smirgel
		émollient	erweichend
(ils) calomnient	ſie verläumden	(à bon) escient	wiſſentlich, im Ernſte
(ils) châtient	ſie züchtigen	exil	Verbannung
chenil	Jägerhaus, Hundsſtall	(un) expédient	ein Ausweg
		(ils) expédient	ſie fertigen aus
(le) christ	Chriſtus	en voilà dix	da ſind zehn
(un) christ	ein Chriſtusbild	faïence	Halbporzellan
cid	Cid, Heerführer	fiel	Galle
ciel	Himmel	fiente	Koth
cil	Augenwimper	Félix	(Eigenname)
cinq aunes	fünf Ellen	fenil	Heuſcheuer
le cinq mars	den fünften März	(mon) fils	mein Sohn
cinq mille	fünf tauſend	fils et fille	Sohn u. Tochter
cinq toises	fünf Klafter	(le) fils de la maison	der Sohn vom Hauſe
civil	bürgerlich, höflich	fournil	Bäckerei
combien	wie viel	gaïac	Lebensholz
(il) contient	er enthält	gentil	artig
coutil	Zwillich	(les) gentils	die Heiden
crédit	Credit, Anſehen, ꝛc.	gentilshommes	Edelleute
crucifix	Crucifix	glaïeul	Schwertlilie
David	David	gratis	unentgeldlich
déficit	Abgang	gril	Roſt
déicide	Gottesmord	haïr	haſſen

huit aunes	acht Ellen	laïque	weltlich
(le) huit mai	den achten Mai	lapis	Lasurstein
huit francs	acht Franken	(ils) lient	sie binden
immaculé	unbefleckt	limpide	hell
immanquable	unfehlbar	lis	Lilie
immatériel	unkörperlich	les lis des champs	die Feldlilien
immédiat	unmittelbar		
immémorial	undenklich	(il) lit	er liest
immense	unermeßlich	logis	Wohnung
immeuble	unbewegliches Vermögenstück	macis	Muskatblüte
		maïs	Wälschkorn
imminent	nahe bevorstehend	matériel	körperlich
		ménil	Weiler
immobile	unbeweglich	monarchie	Alleinherrschaft
immoler	opfern	naïade	Flußgöttin, Najade
immortel	unsterblich		
impatient	ungeduldig	naïf	natürlich, naiv
impoli	unhöflich	nid	Nest
incendie	Feuersbrunst	Nismes	(Name einer Stadt)
inconvénient	Schwierigkeit, 2c.		
indigent	dürftig	nombril	Nabel
infini	unendlich	olim	vormahls
innée	angeboren	outil	Werkzeug
innocence	Unschuld	païen	Heide, heidnisch
innocent / innocemment	unschuldig	du pain bis	schwarzes Brod
		perdrix	Rebhuhn
innocenter	für unschuldig erklären	persil	Petersilie
		phénix	Phönix
innombrable	unzählig	Philis	(Eigenname)
innominé	ungenannt	pluriel	Mehrzahl
innovation	Neuerung	préfix	bestimmt
instinct	Naturtrieb	prétérit	vergangene Zeit
Iris	Regenbogen	prix	Preis, Werth
intérim	Interim	profil	Seitenansicht
jadis	ehemahls	proscrit	geächtet, (ein) Verbannter
j'en ai six, vingt	ich habe deren sechs, zwanzig	puéril	kindisch
Jésus-Christ	Jesus Christus	quatre-vingt-onze	ein und neunzig
Joachim	Joachim		

quatre-vingt-un	ein und achtzig	transit	Passierzettel
		travail	Arbeit
quotient	Theilzähler	trente-cinq élèves	fünf und dreißig Schüler
récit	Erzählung		
(il) revient	er kömmt wieder	trente-six ans	sechs und dreißig Jahre
rien	nichts	trois fleurs de lis	drei Lilien
(il) rit	er lacht		
(le) rit romain	der römische Kirchengebrauch	(la) vie	das Leben
		vieillard	Greis
rominagrobis	große Katze	vieille	altes Weib
(ils) sacrifient	sie opfern	vieillesse	Alter
sérail	Serail	(il) vient	er kömmt
simplifier	vereinfachen	vil	niedrig
(le mont) Sinaï	der Berg Sinai	vingt aunes	zwanzig Ellen
six ans	sechs Jahre	vingt-cinq francs	fünf und zwanzig Franken
six aunes	sechs Ellen		
(le) six juin	den sechsten Brachmonat	vingt-deux	zwei und zwanzig
soleil	Sonne	(le) vingt juillet	den zwanzigsten Heumonat
Solim	(Eigenname)		
sourcil	Augenbraune	vingt francs	zwanzig Franken
(il) soutient	er stützt, behauptet	vingt mètres	zwanzig Meter
		vingt-sept	sieben und zwanzig
(il) se souvient	er erinnert sich		
strict	strenge	vingt-six toises	sechs und zwanzig Klafter
succinct	kurz gefaßt		
tavaïolle	Tauftuch	vis	Schraube
(le) tien	der, das deinige	(je) vis	ich lebe, ich sah
(il) tient	er hält, besitzt, 2c.	volatil	flüchtig
tournevis	Schraubenschlüssel		

45.ᵉ Leçon.

o, oc, œ, œuf, œurs, oi, oî, oie, oient, ois, oit, ol, om, ons, op, oq, orc, os, ot, oup.

1.ᵉʳ Exercice.

o.

Prononcez

oua dans A - bo - yer, bro - yer, ci - to - yen, en - vo - yer, lo - yal, etc.

o — Ho - mo - pho - nie, mo - no - to - nie, so - lo, etc.

oc.

o — A - ccroc, broc, croc, es - croc.

ok — Bloc, choc, es - toc, froc, roc, soc, etc.

œ.

eu — Oeil, œ - illa - de, œ - illè - re, œ - illet.

é — Fœ - tus (fé - tusse), œ - cu - mé - ni - que, œ - de - ma - teux, Oe - di - pe, œ - so - pha - ge, etc.

œuf.

euf — Un bœuf, un œuf.

eu — Un bœuf gras, un œuf frais.

œurs.

eur — Cœurs, sœurs.

eurse— Mœurs.

oi.

o — Oi - gnon, coi - gnée, en - coi - gnu - re.

è — Foi - ble, foi - ble - sse, roi - de, roi - deur.

oua dans Be - ffro*i* , cha - rro*i* , e - ffro*i* , oc-
tro*i* , etc.

o*i*.

oua — Clo*i* - tre , cro*i* - tre , a - ccro*i* - tre,
dé - cro*i* - tre.
è — Co - nno*i* - tre , mé - co - nno*i* - tre ,
pa - ro*i* - tre, dis - pa - ro*i* - tre, etc.

o*ie*.

ê — Mo - nno*ie*.
oua — Cou - rro*ie*, lam - pro*ie*, Mont - jo*ie*,
pro*ie* , il se no*ie*, etc.

o*ient*.

ê — Ils au - ro*ient*, ils é - to*ient*, ils do-
nno*ient*, ils se - ro*ient* , etc.
oua — Ils cro*ient*, ils en - vo*ient*, ils em-
plo*ient* , ils vo*ient*, etc.

o*is*.

ê — J'a - vo*is*, j'ai - me - ro*is*, tu au - ro*is*, tu
é - to*is*, les Fran - ço*is*, les An - glo*is*,
les Ho - llan - do*is*, les E - co - sso*is*,
har - no*is*, etc.
oua — Tu bo*is*, je cro*is*, tu do*is*, tu vo*is*, les
Ba - va - ro*is*, les Hon - gro*is*, les Da-
no*is*, les ro*is*, les lo*is*, etc.

o*it*.

ê — Il a - vo*it*, il ai - me - ro*it*, il fai - so*it*,
il li - ro*it*, etc.
oua — Dé - tro*it*, il bo*it*, en - dro*it*, ex-
plo*it*, etc.

o*l*.

ou — Co*l*, fo*l*, lico*l*, mo*l*, un so*l* (monnaie).
ole — En - tre - so*l*, Es - pa - gno*l*, Mo - go*l*,
pa - ra - so*l*, so*l* a - ri - de.

om.

Prononcez

ome dans Au - tom - nal ,   ca - lom - nie ,   som-
    mi - té ,   som - ni - fè - re.

on — Bom - ber, com - pren - dre, om - bre,
    som - bre ,   etc.

ons.

onse — La vi - lle de Mons.

on — Nous a - vons, nous ai - mions, nous
    par - tions ,   etc.

op.

ope — Trop é - tour - di.

o — Ga - lop, si - rop, trop gé - né - reux.

oq.

ok — Coq.

o — Coq d'in - de.

orc.

ork — Un porc.

or — Du porc frais.

os.

ôsse — A - mos, Ar - gos, Dé - los, Na - xos,
    Pa - phos, Sa - mos,   etc.

ô — Nos hé - ros, vos pro - pos, re - pos,
    dis - pos ,   etc.

ot.

ote — Dé - par - te - ment du Lot,   la dot.

o — Brû - lot, ca - chot, cha - rriot, com-
    plot, lot, ma - te - lot,   etc.

oup.

oupe — Beau - coup é - tu - dié, coup ex - tra-
    or - di - nai - re.

ou — Beau - coup lu, coup fa - tal, loup.

Aboyer	bellen	charroi	Fuhrlohn, Fuhrwerk
accroc	Riß, Anstoß		
accroître	vermehren	choc	Stoß
adroit	geschickt	citoyen	Staatsbürger
(j') aimerois	ich würde lieben	cloître	Kloster, Klostergang
(il) aimeroit	er würde lieben		
(nous) aimions	wir liebten	(les) cœurs	die Herzen
Amos	(Eigenname)	coignée	Axt
(les) Anglois	die Engländer	col	Hals, Halsbinde
Argos	(Name einer Stadt)	complot	Komplott
		comprendre	begreifen
(ils) auroient	sie würden haben	connoître	kennen
(tu) aurois	du würdest haben	coq	Hahn
		coq d'inde	wälscher Hahn
automnal	zum Herbst gehörig	coup extraordinaire	außerordentlicher Streich
(nous) avions	wir hatten	coup fatal	verhängnißvoller Streich
(j') avois	ich hatte		
(il) avoit	er hatte	courroie	Riemen
Bavarois	Baier	croc	Haken
beaucoup étudié	viel studiert	(ils) croient	sie glauben
		(je) crois	ich glaube
beaucoup lu	viel gelesen	croître	wachsen
beffroi	Wachthurm, Sturmglocke	Danois	Däne, dänisch
		décroître	abnehmen
bloc	Block	Délos	(Name einer Insel)
(un) bœuf	ein Ochs		
(un) bœuf gras	ein fetter Ochs	Lot	N. eines Flusses, und eines Departemens in Frankreich.
(tu) bois	du trinkst		
bomber	wölben		
broc	Schleifkanne	lot	Los, Theil
broyer	zerstoßen, zerreiben	disparoître	verschwinden
		dispos	munter
brûlot	Brandschiff	(tu) dois	du bist schuldig, du mußt
cachot	Kerker		
calomnie	Verläumdung	(il) doit	er ist schuldig er muß
charriot	Wagen		

(ils)donnoient	sie gaben	Mogol	(Name eines Reichs)
dot	Heirathsgut		
(les) Ecossois	die Schottländer	mol	weich
effroi	Schrecken	monnoie	Münze
(ils)emploient	sie wenden an	monotonie	Eintönigkeit
encoignure	Mauer = Ecke	montjoie	Freudenhügel,2c.
entresol	Halbgeschoß	Naxos	(Name einer Insel)
(ils)envoyent	sie schicken		
envoyer	schicken, senden	(il se) noie	er ertränkt sich
escroc	Gauner	nos héros	unsere Helden
Espagnol	Spanier,spanisch)	octroi	{ Bewilligung { Gemeindesteuer
estoc	Stoßdegen, 2c.		
(ils) étoient	sie waren	œcuménique	allgemein
(tu) étois	du warest	œdémateux	wasserschwülstig
étroit	enge, schmal	Oedipe	Oedippus
(il) faisoit	er that	œil	Auge
fœtus	Leibesfrucht	œillade	verstohlener Blick
fol	Narr, närrisch	œillère	Augenleder
foible	schwach	œillet	Nelke, Schnür- loch
foiblesse	Schwachheit, Ohnmacht	œsophage	Speiseröhre
(les) François	die Franzosen	(un) œuf	ein Ei
froc	Mönchskappe	(un) œuf frais	ein frisches Ei
galop	Galopp	oignon	Zwiebel
harnois	Pferdegeschirr	ombre	Schatten
(les) Hollan- dois	die Holländer	Paphos	(Name einer Stadt)
homophonie	Gleichlaut	parasol	Sonnenschirm
Hongrois	Ungar, ungarisch	paroître	scheinen
lamproie	Lamprette	(nous) parti- ons	wir reiseten ab
licol	Halfter		
(il) liroit	er würde lesen	porc	Schwein
(les) lois	die Gesetze	proie	Raub, Beute
loup	Wolf	(il) reçoit	er nimmt an, 2c.
loyal	gesetzmäßig, echt	repos	Ruhe
matelot	Matrose	roc	Felsen
méconnoître	mißkennen	roide	steif
Minos	(Eigenname)	roideur	Steife
mœurs	Sitten	(les) rois	die Könige

Samos	(Name einer Insel)	sommité	Spitze
		somnifère	Schlafmittel
(ils) seroient	sie würden seyn	trop étourdi	zu unbesonnen
sirop	Sirup	trop généreux	zu freigebig
sœurs	Schwestern	(la) ville de Mons	die Stadt Bergen
soc	Pflugschar		
sol (monnaie)	Sou	(ils) voient	sie sehen
un sol aride	ein dürrer Boden	(tu) vois	du siehst
solo	Solo	(il) voit	er sieht
sombre	Düster, finster, ꝛc.	vos propos	eure Reden

46.e Leçon.

u, ua, ue, ué, ui, uin, um, un, us, ut, ux.

1.er Exercice.

u.

Prononcez :

ui dans **A** - pp*u* - yer, e - ss*u* - yer, en - n*u*-
yer, f*u* - yez, etc.

u — **U** - su - re, fu - tur, nu, cru, etc.

ua.

oua — Al - g*ua* - zil, à - q*ua* - ti - que, é - q*ua* -
teur, é - q*ua* - tion, *Gua* - dal - qui - vir,
Gua - de - lou - pe, *Gua* - dia - na, in -
q*ua*r - to, lin - g*ual*, li - q*ua* - tion,
lo - q*ua* - ci - té, q*ua* - dra - gé - si - me,
q*ua* - dra - tu - re, q*ua* - dri - la - tè - re,
q*ua* - dru - pè - de, q*ua* - dru - ple, q*ua* -
ker (koua - kre), q*ua* - ter - ne, q*ua* -
tuor, quin - q*ua* - gé - si - me (küein-
koua - gé - si - me), s*qua* - meux.

a — **E** - q*ua* - rrir, q*ua* - li - té, q*ua* - ran - te,
q*ua*rt, q*ua*r - te, q*ua*r - te - ron, q*ua* -
si, q*ua* - tor - ze, q*ua* - tre, etc.

ue.

eu dans A - ccue - illir, cer - cueil, cue - illir,
or - gueil, etc.

û — Am - bi - guë, ai - guë, bé - vue, be-
sai - guë, ci - guë, etc.

ïè — E-cue-lle, é - ques - tre, ques - teur,
ques-tu-re, quin-quen-nal (küein-
küèn' - nal.

e muet — Ba-gue, di-gue, fa-ti-gue, pro-lo-
gue, fu-gue, pra-ti-que, etc.

ué.

üé — Li - qué - fac - tion, qué - ri - mo - nie.

é — Gué - rir, gué - ret, qué - rir, pro-
vo - qué, etc.

ui.

üi — E -qui -an -gle, é-qui-di - ffé - rent,
é - qui - dis - tant, é-qui - la - té -ral,
é-qui - ta - tion, à qui - a, qui-bus,
qui - ri -nal, san - gui - fi - ca - tion,
u - bi - quis - te, u - bi - qui-tai-re.

i — A - cqui - tter, é-qui-li-bre, é-qui-
no - xe, qui-ttan - ce, qui est-ce qui,
vui - der, vui - dan - ge, etc.

uin.

üein — Juin, quin-til, quin-tu-ple, suin-ter.

ein — Quin - ca - illier, Char - les - Quint,
quin - te, quin - ze, etc.

um.

ome — Al - bum, lau - da - num, pen - sum
(pein - so - me), Te De-um (té Dé-
o - me), va-de-me - cum (va - dé-
mé - co - me).

eun — Hum - ble (eun - ble) hum-ble-ment,
par - fum.

on — Um - ble.

un.

Prononcez :

on dans D*un* - ker - que, j*un* - te, n*un* - cu-
pa - tif, S*un*d, etc.

eun — Au-c*un*, br*un*, cha-c*un*, l*un*-di, etc.

us.

usse — Ba -cch*us*, ca-l*us*, fœ - t*us*, Ni - n*us*,
j'en ai pl*us* que vous, Vé - n*us*,
ré - b*us*, etc.

u — Ca - m*us*, con - f*us*, di - ff*us*, je n'y
pen - se pl*us*, etc.

ut.

ute — Br*ut*, mon b*ut*, ch*ut*, oc - ci - p*ut*,
sin - ci - p*ut*.

u — Il b*ut*, dé-b*ut*, il f*ut*, il l*ut*, tri-b*ut*, etc.

ux.

ukse — Pol - l*ux*.
u — Fl*ux*, re - fl*ux*.

2.ᵉ *Exercice.*

Accueillir	empfangen	bague	Fingerring
acquitter	berichtigen	besaiguë	Queeraxt
(douleur) ai-	schneidender	bévue	Mißgriff
guë	(Schmerz)	brun	braun
album	Stammbuch	brut	roh
alguazil	(der) Gefreite	(il) but	er trank
	(in Spanien)	calus	Beinnarbe, Ver-
(réponse) am-	zweideutige		härtung
biguë	(Antwort)	camus	plattnasig
appuyer	stützen	cercueil	Sarg
aquatique	sumpfig	chacun	jeder
(il est) à quia	er weiß nichts	Charles-Quint	Karl der fünfte
	mehr zu ant-	chut!	sch! bst! stille!
	worten	ciguë	Schierling
aucun	keiner	confus	verwirrt, be-
Bacchus	Bacchus		stürzt
			cru

cru	roh, geglaubt	j'en ai plus que vous	ich habe mehr als Sie (davon)
début	Anfang		
diffus	weitschweifig	je n'y pense plus	ich denke nicht mehr daran
digue	Damm		
Dunkerque	Dünkirchen	juin	Brachmonat
écuelle	Napf, Geschirr	junte	Junta
ennuyer	lange Weile machen	laudanum	Opium = Extract
		lingual	zur Zunge gehörig
équarrir	abvieren		
équateur	Gleicher	liquation	Seigerung
équation	Gleichung	liquéfaction	(das) Schmelzen
(statue) équestre	(Bildsäule) zu Pferd	loquacité	Geschwätzigkeit
		lundi	Montag
équiangle	gleichwinkelig	(il) lut	er las
équidifférent	von gleichem Unterschiede	mon but	mein Zweck
		Ninus	(Eigenname)
équilatéral	gleichseitig	nu	nackt
équilibre	Gleichgewicht	nuncupatif	mündlich
équinoxe	Nachtgleiche	occiput	Hinterhaupt
équitation	Reitkunst	orgueil	Stolz
essuyer	abtrocknen, ausstehen	parfum	Wohlgeruch
		pensum	Strafaufgabe
fatigue	Mattigkeit	Pollux	(Eigenname)
flux	Flut, Fluß	pratique	Ausübung, Gebrauch, 2c.
(il) fut	er war		
futur	zukünftige Zeit, künftig	prologue	Vorrede
		provoqué	gereizt
fuyez	fliehen Sie	quadragésime	(der) erste Fasten-Sonntag
Guadalquivir	(Name eines Flusses)		
		quadrature	Vierung
Guadeloupe	Guadalupa	quadrilatère	vierseitig
Guadiana	(Name eines Flusses)	quadrupède	vierfüßig
		quadruple	vierfach
guéret	Brachfeld	quaker	Quaker
guérir	heilen, genesen	qualité	Eigenschaft, Titel, 2c.
humble / humblement	demüthig		
		quarante	vierzig
in - quarto	Quartformat, Quartant	quart	Viertel
		quarte	Quart, Quarte

quarteron	Vierling	quinquennal	fünfjährig
quasi	fast	quinte	Quinte, Stick=husten
quaterne	Viertreffer		
quatorze	vierzehn	quintil	gefünft
quatre	vier	quintuple	fünffach
quatuor	vierstimmiges Tonstück	quinze	fünfzehn
		quirinal	quirinalisch
quérimonie	Bittschrift	quittance	Quittung
quérir	holen	rébus	Wortspiel
questeur	Quästor	reflux	Ebbe
questure	Quästur	sanguification	Bluterzeigung
qui est-ce qui	wer	sinciput	Vorderhaupt
quincaillier	Klingewaaren=Händler	squameux	schuppicht
		suinter	schweißen
quinquagé-sime	der Sonntag vor Fastnacht	Sund	Sund (Meer=enge)

47.º Leçon.

b, c, cc, ch, gg, gn, gu.

1.ᵉʳ Exercice.

b.

Prononcez:

b dans Bon - bon, bam - bou, bom - be, Ja-
cob, tom - be, etc.

p — Abs - te - nir, ab - sent, ob - te - nir,
obs - cur - cir, etc.

c.

k — Ca - ca - o, con - cor - de, car - ca - sse,
franc é - tour - di, du blanc au noir,
etc.

s — Ca - den - ce, ci - li - ce, (ils) co-
mmen - cent, (il) pla - ce, etc.

ch — Ver - mi - ce - lle, vio - lon - ce - lle.

g — Se-cond, se-con-der, se-con-de-ment.

cc.

Pronuncez

k dans A - cco - la - de ,   a - ccom - pli - sse-
ment, a - cca - pa - rer, e-cclé-sias-
ti - que, etc.

kk — Im - pec - ca - ble, oc - ca - se, .pec-
cant, pec - ca - vi , etc.

ks — Ac - ce - ssoi - re, ac - cé - lé - rer, oc-
ci - put, etc.

ch.

ch — Chan - ge - ment, chi - che, (tu) cherches, (ils) tou - chent, etc.

k — A - na - cho - rè - te, ar - chan - ge, ar - ché-
ti - pe, ar - chi - é - pis - co - pal, ar - chon-
te, ba - cchan - te, ba - ccha - nal, Cher-
so - nè - se, chi - ro - lo - gie, cho - ris-
te, chris - tia - nis - me, e - xar - chat,
or - ches - tre, Ter - psi - cho - re, Ty-
cho - Bra - hé.

gg.

g (ghé) — A - gglo - mé - rer, a - gglu - ti - ner,
(il) a - ggra - ve, etc.

gj — Sug - gé - rer, sug - ges - tion.

gn.

ghn — A - gnat, co - gnat, di - a - gnos - ti - que,
gno - me, i - gnée, i - gni - co - le,
i - nex - pu - gna - ble, Pro - gné, ré-
gni - co - le, sta - gnant, sta - gna - tion.

gn (mouillé) - Be - so - gne, cam - pa - gne, Dor - do - gne,
é - pa - gneul, (j') é - par - gne, (tu)
ga - gnes, mon - ta - gne, (vous) pei-
gnez, (ils) si - gnent, etc.

gu.

g — Bé - guin, gué - ri, gui - de, gui - gnon,
gui - se, on - guent, (il) pro - di - gue,
(ils) vo - guent, etc.

gü dans Ai-*guë*, am-bi-*gui*-té, ar-*gu*-er, be-sai-*guë*, ci-*guë*, con-ti-*gui*-té, con-san-*gui*-ni-té, *Gui*-se; i-nex-tin-*gui*-ble, ré-dar-*guer*, san-*gui*-fi-ca-tion.

2.ᵉ *Exercice.*

Absent	abwesend	cacao	Cacao
(s') abstenir	sich enthalten	cadence	Tact, Schlußfall, Cadenz
accaparer	Kornwucherei treiben	campagne	Feld, Land, zc.
accélérer	beschleunigen	carcasse	Gerippe
accessoire	Anhang, neben..	changement	Veränderung
accolade	Umhalsung, Verbindungszug	(tu) cherches	du suchest
accomplisse-ment	Erfüllung	Chersonèse	Chersones
		chiche	knickerig
(s')agglomérer	sich klümpern	chirologie	Hände- oder Fingersprache
agglutiner	zusammenheilen	choriste	Chorsänger
(il) aggrave	er vergrößert	christianisme	Christenthum
agnat	(der) Verwandte von väterlicher Seite	ciguë	Schierling
		cilice	Haarhemd
		cognat	(der) Verwandte
(voix) aiguë	eindringende Stimme	(ils) commen-cent	sie fangen an
ambiguité	Zweideutigkeit	concorde	Einigkeit
anachorète	Einsiedler	consanguinité	Verschwisterung von väterlicher Seite
archange	Erzengel		
archiépiscopal	erzbischöfflich		
archonte	Archont	contiguité	Nebeneinander-liegen
arguer (de faux)	als unecht anfechten	diagnostique	Anzeichen
bacchanal	Gelärm	Dordogne	(Name eines Flusses)
bacchante	Bacchantinn		
bambou	Bambus	du blanc au noir	von einem Aeußersten aufs Andere
béguin	Kinder-Haube		
besaiguë	Zwerch-Axt		
besogne	Arbeit, Geschäft	ecclésiastique	Geistliche, geistlich
bombe	Bombe		

épagneul	Wachtelhund	(humeur) pec- cante	schädliche Feuch- tigkeit
(j') épargne	ich spare, schone	peccavi	reumüthiges
exarchat	Exarchat		Sündenbekennt- niß
(un) franc étourdi	(ein) wahrer Faselhans	(vous) peignez	Sie mahlen, Sie kämmen
(tu) gagnes	du gewinnst		
guéri	geheilt		
guidé	geführt, geleitet	(il) place	er stellt
guignon	Unglück	(il) prodigue	er verschwendet
Guise	(Name einer Stadt)	Progné	(Eigenname)
		rédarguer	tadeln
guise	Weise, Art	régnicole	Eingeborne
gnome	Gnom	sanguification	Bluterzeugung
(matière) ignée	Feuermaterie	second	zweite
		secondement	zweitens
ignicole	Feueranbeter	seconder	helfen
impeccable	unsündig	(ils) signent	sie unterzeichnen
inexpugnable	unüberwindlich	stagnant	stehend, stockend
inextinguible	unauslöschlich, unlöschbar	stagnation	Stillestehen
		suggérer	eingeben
Jacob	Jacob	suggestion	Eingebung
montagne	Berg, Gebirg	Terpsichore	(Eigenname)
obscurcir	verdunkeln	(ils) touchent	sie rühren an, rc.
obtenir	erlangen	Tycho - Brahé	(Eigenname)
occase	abendlich	vermicelle	Fadennudeln
occiput	Hinterhaupt	violoncelle	Kleinbaß
onguent	Salbe	(ils) voguent	sie wogen, sie segeln
orchestre	Orchester		

48.e Leçon,

h.

1.er *Exercice.*

Prononcez: h (aspiré) dans Ha - bleur, ha - che, ha - gard, haïe,
ha - illon, hai - ne, haïr, hai - re, ha -
la - ge, hal - bran, hâ - le, ha - le - ter,
ha - lle, ha - lle - bar - de, hal - te,

h (aspiré) dans ha-mac, han-che, han-gar, ha-nne-ton, hans-crit, han-ter, ha-ppe, ha-ppe-lour-de, ha-pper, ha-que-née, ha-quet, ha-ran-gue, ha-ras, ha-ra-sser, har-ce-ler, har-des, har-di, ha-reng, har-gneux, ha-ri-cot, ha-ri-de-lle, har-nais, har-pe, har-pie, hart, ha-sard, ha-se, hâ-te, haut, Ha-vre, ha-vre-sac, La Haye, hé ! he-nnir, Henri, hen-ria-de, hé-raut, hè-re, hé-ri-sser, hé-ri-sson, her-nie, hé-ron, hé-ros, her-se, hê-tre, heur-ter, hi-bou, hie, hi-deux, hié-rar-chie, hi-sser, ho! ho-be-reau, ho-cher, ho-la, Ho-llan-de, ho-mard, hon-gre, Hon-grie, ho-nnir, hon-te, ho-quet, ho-que-ton, hor-de, ho-ri-on, hors, ho-tte, hou-blon, houe, hou-ille, hou-le-tte, hou-ppe, hou-ppe-lan-de, hour-der, hou-ret, hou-ri, hour-va-ri, hous-pi-ller, hou-sse, houx, ho-yau, hu-che, hu-er, hu-gue-not, huit, humeur, hu-ppe, hu-re, hur-ler, hu-tte.

h (muet) — Ha-bi-le, ha-bit, ha-bi-ter, ha-bi-tuer, ha-lei-ne, ha-me-çon, Ha-no-vre, han-sé-a-ti-que, har-mo-nie, heb-do-ma-dai-re, hé-ber-ger, hé-bé-ter, hé-breu, hé-ca-tombe, hec-ta-re, hec-to-li-tre, hé-gi-re, hé-las! Hé-li-con, hé-lio-tro-pe, he-llé-nis-te, Hel-vé-tie, hé-mis-phè-re, hé-mis-ti-che, hé-mo-rra-gie, hé-mo-rroï-des, Hé-rault, her-be, Her-cu-le, hé-ré-sie, hé-ri-ter, her-ma-phro-di-te, her-mé-ti-que-ment,

h (muet) dans her-mi-ne, Hé-ro-de, hé-roï-ne, hé-ro-
ïs-me, hé-si-ter, Hes-pé-rie, hé-
té-ro-gè-ne, heu-reux, he-xa-mè-
tre, hi-a-tus (i-a-tu-sse), hier,
hié-ro-gli-phe, hi-la-ri-té, hi-
ron-de-lle, his-toi-re, his-tri-on,
hi-ver, hoi-rie, ho-mme, ho-mo-
pho-nie, ho-nnête, ho-nneur, hô-
pi-tal, Ho-reb, ho-ri-zon, hor-lo-
ge, hor-mis, ho-ros-co-pe, horreur, hor-ten-sia, hos-tie, hos-ti-
le, hô-te, hui-le, hui-tre, hu-main,
hum-ble, hu-mec-ter, hu-meur,
hu-mi-de, hu-mi-lier, hy-men.

2.ᵉ *Exercice.*

Habile	geſchickt	hameçon	Angel
habit	Kleid	hanche	Hüfte
habiter	wohnen	hangar	Schoppen
habituer	gewöhnen	hanneton	Maikäfer
hableur	Prahler	Hanovre	Hannover
hache	Axt	hanscrit	Sanscrit
hagard	verſtört	hanséatique	hanſeatiſch
haïllon	Lumpen	hanter	beſuchen
haine	Haß	happe	Achſenblech
haïr	haſſen	happelourde	falſcher Edelſtein
haire	Bußhemd	happer	aufſchnappen
halage	Schiffziehen	haquenée	Paßgänger
halbran	junge wilde Ente	haquet	Blockwagen
hâle	Sonnenbrand	harangue	Anrede
haleine	Athem	haras	Geſtüte
haleter	keichen, ſchnau= ben,	harasser	ermüden
		harceler	necken
halle	Halle, Kauf= haus	hardes	Kleidungsſtücke, Geräth
hallebarde	Hellebarde	hardi	kühn, frech, ꝛc.
halte	Halt	hareng	Häring
hamac	Hängematte	hargneux	mürriſch

haricot	Bohne	héraut	Herold
haridelle	Mähre	herbe	Gras, Kraut
harmonie	Harmonie, Uebereinstimmung	Hercule	Herkules
harnais	Pferdegeschirr	(un pauvre) hère	(ein armer) Tropf
harpe	Harfe	hérésie	Ketzerei
harpie	Harpie	(se) hérisser	(sich) borsten
hart	Weidenband	hérisson	Jael
hasard	Zufall	hériter	erben
hase	Hasenweibchen	hermaphrodite	Zwitter
hâte	Eile	hermétiquement	hermetisch
haut	hoch, Höhe		
Havre	See = Hafen	hermine	Hermelin
havresac	Schnappsack	hernie	Bruch
La Haye	Haag (Stadt)	Hérode	Herodes
hé!	he!	héroïne	Heldinn
hebdomadaire	wöchentlich	héroïsme	Heldenmuth
héberger	beherbergen	héron	Reiher
hébéter	dumm machen	héros	Held
hébreu	(das) Hebräische, hebräisch	herse	Ege
		hésiter	anstoßen
hécatombe	Hekatombe	Hespérie	Hesperien
hectare	Hektare	hétérogène	verschiedenartig
hectolitre	Hektoliter	hêtre	Buche
hégire	Hegira	heureux	glücklich
hélas!	ach!	heurter	stoßen
Hélicon	Helikon	(vers) hexamètre	sechsfüßiger (Vers)
héliotrope	{ Sonnenwende { Sonnenblume	hiatus	Gähnlaut
helléniste	Hellenist	hibou	Eule
Helvétie	(die) Schweiz	hideux	abscheulich
hémisphère	Halbkugel	hie	Handramme
hémistiche	(der) halbe Vers	hier	gestern
hémorragie	Blutsturz	hiérarchie	Hierarchie
hémorroïdes	Goldader	hiérogliphe	Bilderschrift
hennir	wiehern	hilarité	Freundlichkeit
Henri	Heinrich	hirondelle	Schwalbe
henriade	Henriade	hisser	aufhissen
Hérault	(N. eines Flusses)	histoire	Geschichte

histrion	Possenreißer	houe	Hacke
hiver	Winter	houille	Steinkohle
ho!	he! oho! ei!	houlette	Schäferstab
hobereau	Baumfalke	houppe	Quaste
hocher	schütteln	houppelande	Wintermantel
hoirie	Erbschaft	hourder	rauh ausmauern
hola!	holla!	houret	schlechter Jagd-
Hollande	Holland		hund
hollandais	Holländer	houri	Huri
homard	Hummer	hourvari!	herwärts!
homme	Mann, Mensch	houspiller	zausen, 2c.
homophonie	Gleichlaut	housse	Schabrake
hongre	Wallach	housser	abstäuben
Hongrie	Hungarn	houx	Stechpalme
honnête	rechtschaffen, höflich	hoyau	Karst
		huche	Backtrog
honneur	Ehre	huer	auspfeiffen
honnir	verhöhnen	huguenot	Hugonott
honte	Scham, Schande	huile	Oel
hôpital	Spital	huit	acht
hoquet	Schluchzer	huitre	Auster
hoqueton	Polizeirock		Mensch, mensch-
horde	Horde	humain	lich, menschen-
Horeb	(Name eines Berges)		freundlich
		humble	demüthig
horizon	Gesichtskreis	humecter	anfeuchten
horloge	Uhr	humer	schlürfen
hormis	ausgenommen	humeur	Feuchtigkeit, Ge-
horoscope	Geburtsstunden-Deuterei		müthsart
		humide	naß, feucht
horreur	Entsetzen	humilier	demüthigen
hors	außer	huppe	Wiedehopf,
hortensia	Hortensie		Haube
hostie	Hostie, Opfer	hure	Kopf (von eini-
hostile	feindlich		gen Thieren)
hôte	Wirth, Gast	hurler	heulen
hotte	Butte	hutte	Hütte
houblon	Hopfen	hymen	Ehe, Ehegott

49.ᵉ Leçon.

l, ll, lp, pp, rn, rr, s, sc, ss, sth, t, tre, tt, ym, ys.

1.ᵉʳ Exercice.

l.

Prononcez ·

ill(mouillé) dans A‑vri*l*, ba‑bi*l*, Bré‑si*l*, gen‑ti‑*l*ho‑
mme, gré‑si*l*, gri*l*, un grain de
mi*l*, pé‑ri*l*.

l — Cil, e‑xil, mil huit cent vingt, sub‑
til, etc.

ll.

ll — A‑chi*l*‑*l*ée, a‑chi*l*‑*l*é‑i‑de, a*l*‑*l*é‑
cher, a*l*‑*l*é‑go‑ri‑que, a*l*‑*l*é‑gro,
a*l*‑*l*é‑lui‑a, a*l*‑*l*o‑bro‑gè, a*l*‑*l*o‑
cu‑tion, a*l*‑*l*u‑sion, a‑pe*l*‑*l*a‑tif,
A‑po*l*‑*l*on, ar‑mi*l*‑*l*ai‑re, a‑xi*l*‑
*l*ai‑re, be*l*‑*l*i‑gé‑rant, be*l*‑*l*i‑
queux, ca*l*‑*l*i‑gra‑phie, ca‑pi*l*‑*l*ai‑
re, co*l*‑*l*a‑té‑ral, co‑ro*l*‑*l*ai‑re,
é‑bu*l*‑*l*i‑tion, e*l*‑*l*é‑bo‑re, e*l*‑
*l*ip‑se, fa*l*‑*l*a‑cieux, fla‑ge*l*‑*l*a‑tion,
fri‑ti*l*‑*l*ai‑re, ga*l*‑*l*a‑te, he*l*‑*l*é‑
nis‑me, ins‑ti*l*‑*l*er, ma*l*‑*l*éa‑ble,
mé‑ta*l*‑*l*i‑que, nu*l*‑*l*i‑té, os‑ci*l*‑
*l*a‑tion, Pa*l*‑*l*as, pé‑ni‑ci*l*‑*l*é, po*l*‑
*l*u, pu*l*‑*l*u‑ler, pu‑si*l*‑*l*a‑ni‑mi‑té,
sa‑te*l*‑*l*i‑te, sci*l*‑*l*o‑te, scin‑ti*l*‑
*l*er, si‑gi*l*‑*l*é, so*l*‑*l*i‑ci‑teur, ste*l*‑
*l*io‑nat, sti*l*‑*l*a‑tion, ti‑ti*l*‑*l*er,
ve*l*‑*l*é‑i‑té, ve‑xi*l*‑*l*ai‑re,
vi*l*‑*l*eux.

ill(mouillé) ‑. Ai‑gui‑*ll*e (é‑güi‑lle, a‑pos‑ti‑*ll*er,
bé‑qui‑*ll*e, bri‑*ll*er, co‑qui‑*ll*a‑ge,

ill(mouillé) dans é - tri - *lle*, fa - mi - *lle*, fau - ci - *lle*,
fi - *lle*, fu - si - *ller*, gen - ti - *llâ* - tre,
gen - ti - *lle*, gen - ti - *lle* - sse, gri - *lla*-
ge, ha - bi - *ller*, na - si - *ller*, pa - co -
ti - *lle*, qua - dri - *lle*, tor - pi - *lle*,
va - ni - *lle*, vé - ti - *ller*.

l — A - be - vi - *lle*, A - chi - *lle*, ba - *lle*, ba-
llon, bi*ll*, cal - vi - *lle*, co - di - ci - *lle*,
co - *ller*, co - *llé* - ga - tai - re, co - *llé*-
ge, co-*llet*, co-*llier*, co - *lli* - ne, co-
lly - re, dis - ti - *lla* - tion, fa - *lloir*,
fa - *llot*, fi - bri - *lle*, frin - gi - *lle*,
Gi - *lle*, im - bé - ci - *lle*, Lu - né - vi-
lle, mi - *lle*, Myr - ti - *lle*, ma - *lle*,
ma - *llier*, pu - pi - *lle*, sa - *lle*, sci - *lle*,
Sé - vi - *lle*, Sy - bi - *lle*, vi - *lle* - tte,
vau - de - vi - *lle*, vi - *lle*.

lp.

l — Scu*lp* - ter, scu*lp* - teur, su*lp* - tu - re.

pp.

pp — A*p* - pen - di - ce (a*p* - pein - di - sse), a*p*-
pen - dre, a*p* - pé - ter, a*p* - po - ser,
a*p* - pro - xi - ma - tion, Hi*p* - pé - la-
phe, hi*p* - pia - tri - que, hi*p* - po - cen-
tau - re, hi*p* - po - dro - me, hi*p* - po-
glo - sse, hi*p* - po - li - the (pierre)
hi*p* - po - gri - ffe, hi*p* - po - po - ta - me.

p — A - *ppa* - raî - tre, a - *pp*ren - dre, en - ve-
lo - *pp*er, Hi - *pp*o - cra - te, Hi - *pp*o-
crè - ne, Hy - *pp*o - li - te, (nom propre) o - *pp*ri - mer, su - *pp*o - ser, etc.

rn.

r — Bé - a*rn*.

rr.

rr — Ar - ro - che, ar - ro - gant, (s') ar - ro-
ger, ar - *r*u - gie, con - cur - ren - ce,

rr dans cor - rec - tion, cor - ré - gi - dor, cor-
ro - bo - rer, cor - ro - der, er - reur,
fer - ru - gi - neux, hor - ri - ble, ir-
ré - li - gion, mar - ru - be, nar - rer,
pyr - rhi - que, pir - rho - ni - en, terreur, je mour - rai, tu mour - ras, il
cour - rait, nous cour - rons, vous
a - cquer - rez, ils a - cquer - raient.

r — A - rro - ser, co - rri - dor, co - rrom-
pre, é - qua - rrir, ma - rron, nou-
rri - tu - re, pou - rrir, etc.

S.

z — Al - sa - ce, bal - sa - mi - ne, bal - sa-
mi - que, bla - son, Col - sa, les hommes, ro - se, tran - sac - tion, tran-
si - ger, tran - si - toi - re, tran - si - tion,
u - su - re, vous a - bu - sez, etc.

ş — Dé - sué - tu - de, mo - no - sy - lla - be,
ours, pa - ra - sol, pré - su - ppo - ser,
pré - sé - an - ce, re - sa - lu - er, san-
so - nnet, sen - si - ble, tran - si, tran-
sir, tran - si - sse - ment, Tran - syl-
va - nie, tri - sec - tion, vrai - sembla - ble.

SC.

sk — Sca - breux, scan - da - le, sco - las - ti-
que, scru - pu - le, Scu - dé - ri, etc.

ss — As - cen - dant, as - cen - sion, as - cé - ti-
que, as - ci - die, con - des - cen-
dan - ce, con - des - cen - dre, etc.

s — De - scen - dre, fai - sceau, fa - sci-
ner, scè - ne, scep - tre, scien - ce,
sci - ssion, etc.

SS.

s (dur) — A - ssi - du, a - ssu - rer, bo - ssu, ca-
sser, ce - ssion, di - ssé - mi - ner,

s (dur) dans di - ssua - der, gro - ssir, hau - sser, il
pa - sse, pa - ssi - ble, pa - ssif, pa-
ssion, po - ssible, pro - ce - ssion,
se - ssion, vi - ci - ssi - tu - de.

sth.

s — Asth - me, asth - ma - ti - que, isth - me.

t.

s — A - bba - tial, (les) ac - cep - tions, (les)
a - dop - tions, (les) a - ffec - tions,
a - ris - to - cra - tie, (les) a - tten - tions,
(il) bal - bu - tie, Croa - tie, dé - mo-
cra - tie, Dio - clé - tien, e - ssen - tiel,
fa - cé - tie, im - pé - ri - tie, (les) in-
fec - tions, (nous) i - ni - tions, (les)
in - jec - tions, in - sa - tia - ble, (les)
in - ten - tions, (les) por - tions, partiel, pes - ti - len - tiel, pri - ma - tie,
su - pré - ma - tie.

t — (Nous) ac - cep - tions, (nous) a - dop-
tions, (nous) a - ffec - tions, am - nis-
tie, (nous) a - tten - tions, bas - tion,
châ - tier, ga - ran - tie, (nous) in-
fec - tions, (nous) in - jec - tions, (nous)
in - ten - tions, (nous) in - ven - tions,
mix - tion, mo - des - tie, or - tie, partie, (nous) por - tions, rô - tie, Sé-
bas - tien, sor - tie, sou - tien, (le)
tien, (je) tiens; etc.

tre.

t — Qua - tre francs, vingt - qua - tre sous,
tren - te - qua - tre mètres, etc.

tr' — Qua - tre au - nes, qua - tre hommes, vingt - qua - tre é - lè - ves,
j'en ai qua - tre, etc.

tt.

tt   dans   A*t*-*t*i-cis - me, a*t*-*t*i - que, ba*t*-*t*o-lo-
gie, gu*t* - *t*u-ral, in pe*t*-*t*o, pi*t*-*t*o-
res - que, sa - gi*t* - *t*é, y*t* - *t*ria.

t   —   A - *tt*a - quer,   a - *tt*en - dre,   ba - ra-
*tt*e,   ca - ro - *tt*e,   me - *tt*re,   etc.

x.

ks   —   A-le-*x*an-dre, é-qui-no-*x*e, e*x*-clu-
re, ex - cu - ser, ma - *x*i - me, (il)
ta - *x*e, (il) ve - *x*e,   etc.

gz   —   E-*x*a-men, e-*x*em - ple, e-*x*er - cer,
e - *x*ha - ler, e - *x*i - gu, e - *x*o - de,
e-*x*or-bi-tant, e-*x*ul-ta-tion, etc.

k   —   E*x* - cé - der, ex - ce - llent, ex - ce-
ssif, ex - ci - ta - tif,   etc.

s   —   Ai*x* - la - Cha - pe - lle, Au - *x*e - rre,
Au - *x*o - nne, Ca - di*x*, coc - ci*x*, (le)
di*x* mai, j'en ai di*x*, di*x*-sept, (le)
si*x* fé - vrier, en voi - là si*x*, soi-
*x*an - te, (le) soi - *x*an - tiè - me, (la)
soi - *x*an - tai - ne, etc.

z   —   Au*x* ar-mes, deu-*x*iè-me, di*x* au-nes,
di*x*-huit, di*x* - neuf, heu - reu*x* é-
poux, si - *x*iè - me - ment, je veu*x*
é - cri-re, tu peu*x* y a-ller, etc.

ym.

ime   —   H*ym* - ne.

ein   —   L*ym* - phe, n*ym* - phe, s*ym* - bo - le,
th*ym*, t*ym* - pan, etc.

ys.

isse   —   A - t*ys*, Ba - b*ys*, Ca - p*ys*, I - t*ys*,
m*ys*-tè-re, s*ys*-tè-me, etc.

i   —   De - n*ys*, pa*ys*.

2.ᵉ *Exercice.*

Abbatial	äbtlich	amnistie	Vergebung und Vergessung
Abbeville	(Name einer Stadt)	apparaître	erscheinen
(vous) abusez	sie { täuschen, mißbrauchen	(nom) appellatif	Gattungsname
(les) acceptions	die Bedeutungen, ꝛc.	appendice	Anhang
(nous) acceptions	wir nahmen an	Apollon	Apollo
		apostiller	anmerkungen
Achille	Achilles	appendre	aufhängen
Achillée	Achillenkraut	appéter	verlangen
achilléide	Achilleis	apposer (le sceau)	versiegeln
(ils) acquerraient	sie würden erwerben	approximation	Näherung
		aristocratie	Adelsherrschaft
(vous) acquerrez	Sie werden erwerben	(sphère) armillaire	Ringkugel
(les) adoptions	die Annahmen (an Kindes Statt)	arroche	Melde
		arrogant	anmaßend
		(s') arroger	sich anmaßen
(nous) adoptions	wir nahmen an	arroser	begießen
		arrugie	Wasserstollen
(les) affections	die Zuneigungen	ascendant	aufsteigend, Gewalt
(nous) affections	wir { affectierten, bestimmten, ꝛc.	ascension	Himmelfahrt, Aufsteigen
		ascétique	strengfromm
aiguille	Nadel	ascidie	Seescheide
Aix-la-Chapelle	Achen	assidu	beharrlich
		asthmatique	engbrüstig
Alexandre	Alexander	asthme	Athembeschwerde
allécher	anlocken	attaquer	angreifen
allégorique	sinnbildlich	attendre	warten, erwarten
alléluia	Alleluja		
allobroge	Allobroge, Grobian	(les) attentions	die Gefälligkeiten
		(nous) attentions	wir vergriffen uns
allocution	Schlachtrede		
allusion	Anspielung	atticisme	(die) feinste griechische Mundart
Alsace	Elsaß		

attique	attisch	cession	Abtretung
Atys	(Eigenname)	châtier	züchtigen
aux armes !	zu den Waffen!	cil	Augenwimper
Auxerre	(Name einer Stadt)	coccix	Steisbein
Auxonne	(Name einer Stadt)	codicille	Codicill
avril	April	collatéral	Seitenerbe
(le nerf) axillaire	der Achselnerv	collégataire	Vermächtnißgenoß
babil	Geschwätz	collége	Collegium, Schule
Babys	(Eigenname)	coller	anleimen, ankleben
(il) balbutie	er stottert	collet	Kragen
balle	Ball, Kugel, rc.	collier	Halsband
ballon	Wind = Ball	colline	Hügel
balsamine	Balsamine	collyre	Augenmittel
balsamique	balsamisch	Colsa	Reps
baratte	Butterfaß	concurrence	Mitbewerbung
bastion	Bollwerk	condescendance	Nachgiebigkeit
battologie	Wortgedresche	correction	Verbesserung, Bestrafung
Béarn	(Name einer Provinz)	corrégidor	Stadtrichter
belligérant	kriegführend	corridor	Gang
belliqueux	kriegerisch	corroborer	stärken
béquille	Krücke	corroder	zerfressen
bill	Bill	corrompre	verderben, verführen
blason	Wapen	(il) courrait	er würde laufe
bossu	buckelig	(nous) courrons	wir werden laufen
Brésil	Brasilien	Croatie	Kroatien
briller	glänzen, strahlen	Denys	Dionisius
Cadix	(Name einer Stadt)	descendre	absteigen, rc.
calligraphie	Schönschreibekunst	désuétude	Abkommen
calville	Schlotterapfel	deuxième	zweite
capillaire	Haargewächse	Dioclétien	(Eigenname)
Capys	(Eigenname)	disséminer	zerstreuen
carotte	Möhre	dissuader	abbringen
casser	zerbrechen		

dix aunes	zehn Ellen	falloir	müssen, brauchen, fehlen
(le) dix mai	den zehnten Mai	fallot	Stocklaterne
dix - huit	achtzehn	famille	Familie
dix - neuf	neunzehn	fascine	Faschine
dix - sept	siebenzehn	faucille	Sichel
ébullition	Ausschlage (der Haut)	ferrugineux	eisenhaltig
ellébore	Nießwurz	fibrille	Querfäserchen
ellipse	Auslassung	fille	Tochter, Mädchen
envelopper	einwickeln	flagellation	Geiselung
en voilà six	da sind sechs	fringille	Fink
équarrir	abvieren	fritillaire	Kibitzblume, Kaiserkrone
équinoxe	Tag- und Nachtgleiche	fusiller	erschießen
erreur	Irrthum	gallate	gallussaure
essentiel	wesentlich	garantie	Gewährleistung
étrille	Striegel	gentillâtre	Strohjunker
exaltation	Erhebung, Erhöhung	gentille	artig
examen	Untersuchung	gentillesse	Artigkeit
excéder	überschreiten, überhäufen, 2c.	gentilhomme	Edelmann
excellent	vortreflich	Gille	Aegidius
excessif	übermäßig	(un) grain de mil	ein Hirsekorn
excitätif	erregend	grésil	Graupen
exclure	ausschließen	grillage	Gitter
excuser	entschuldigen	grossir	vergrößern
exemple	Beispiel, Vorschrift	guttural	zur Kehle gehörig
exercer	üben	habiller	kleiden, ankleiden
exigu	kärglich	hausser	erhöhen
exil	Verbannung	hellénisme	griechische Spracheigenheit
exhaler	ausdünsten	heureux époux	glücklicher Gatte
exode	(das) zweite Buch Mosis	hippélaphe	Pferdehirsch
exorbitant	ungeheuer	hippiatrique	Pferdearzneikunst
facétie	Posse	hippocentaure	Centaur
faisceau	Bund, Fasces	Hippocrate	Hippokrates
fallacieux	betrüglich		

Hippocrène	Dichterquell	j'en ai quatre
hippodrome	Rennbahn	
hippolithe	Pferdestein	Lunéville
Hippolyte	Hippolitus	
hippoglosse	Zungenkraut	lymphe
hippogriphe	Greifpferd	malle
hippopotame	Flußpferd	malléable
(les) hommes	die Männer, die Menschen	mallier
		marron
horrible	entsetzlich	marrube
hymne	Lobgesang	maxime
imbécille	blödsinnig	métallique
impéritie	Unerfahrenheit	mettre
infection	Gestank	(l'an) mil huit cent vingt
(nous) infections	wir verpesteten	
(nous) initions	wir einweihen	
		mille
(les) injections	die Einspritzungen	mixtion
		modestie
(nous) injections	wir spritzten ein	monosyllabe
		(je) mourrai
in petto	im Sinne, bei sich	(tu) mourras
insatiable	unersättlich	myrtille
instiller	eintröpfeln	mystère
(les) intentions	die Absichten	narrer
		nasiller
(nous) intentions	wir verklagten	nourriture
		nullité
(les) inventions	die Erfindungen	nymphe
		opprimer
(nous) inventions	wir erfanden	oscillation
		ours
irréligion	Religionsverachtung	pacotille
		Pallas
isthme	Erdenge	partie
Itys	(Eigenname)	partiel
j'en ai dix	ich habe deren zehn	(il) passe
		passible

ich habe deren vier	passif	leidend	satellite
(Name einer Stadt)	passion	Leidenschaft	scabreux
	pays	Land	scandale
Lymphe	pénicillé	pinselförmig	scène
Felleisen	péril	Gefahr	sceptre
hämmerbar	pestilentiel	verpestet	science
Felleisenpferd	(tu) peux y aller	du kannst hinge=hen	scille
Kastanie			scillote
Andorn	pirrhonien ou pyrrhonien	Zweifelweisen	scintiller
Grundsatz			Scudéri
metallisch	pittoresque	mahlerisch	scrupule
legen, 2c.	pollu	entweiht	
(im Jahr) tau=send achtzehn hundert und zwanzig	(les) portions	die Theile	sculpter
	(nous) portions	wir trugen	
	possible	möglich	
	pourrir	faulen	sculpteur
tausend	prédécesseur	Vorfahr	sculpture
Mischung	préséance	Vorsitz	Sébastien
Bescheidenheit	présupposer	voraussetzen	sensible
einsilbig	primatie	Primat	
	progression	Progression, Fortschreitung	session
ich werde sterben			Séville
du wirst sterben	pulluler	wuchern	sigillé (te
Heidelbeere	pupille	Mündel	(le) six sé
Geheimniß	pusillanimité	Kleinmuth	
erzählen	pyrrhique	pyrrisch	sixièmemé
näseln	quadrille	Quadrille, Vier=spiel	(une) soix taine
Nahrung			
Ungültigkeit	quatre aunes	vier Ellen	(le) soixà tième
Nymphe	quatre francs	vier Franken	
unterdrücken	quatre ho-mmes	vier Männer	solliciteur
Schwingung			sortie
Bär	resaluer	wieder grüßen	
Beilast, Pack	rôtie	geröstete Brod=schnitte	soutien
(Eigenname)			
Theil, 2c.	sagitté	pfeilförmig	stellionat
einzeln	salle	Saal	stillation
er geht durch	sansonnet	Stahr	subtil
leidensfähig			supposer

suprématie	Obergewalt	usure	Wucher, Abnützung
Sybille	Sibille	vanille	Vanille
symbole	Sinnbild	vaudeville	Gassenlied
système	System	velléité	Halbwille
(il) taxe	er taxiert	vétiller	sich mit Kleinigkeiten abgeben
terreur	Schrecken		
thym	Thimian		
(le) tien	der deinige	(il) vexe	er plackt
(je) tiens	ich halte, ꝛc.	(je) veux écrire	ich will schreiben
titiller	perlen		
torpille	Krampffisch	(signal) vexillaire	Flaggensignal
transaction	Vergleich		
transi	erstarrt	vicissitude	Abwechslung
transiger	sich vergleichen	ville	Stadt
transir	erstarren, durchdringen	villette	Städtchen
		villeux	haarig
transissement	Erstarrung	vingt - quatre élèves	vier und zwanzig Schüler
transition	Uebergang		
Transylvanie	Siebenbürgen	vingt - quatre sous	vier und zwanzig Sous
trente - quatre mètres	vier und dreißig Meter	vraisemblable	wahrscheinlich
trisection	Dreitheilung	yttria	Yttererde
tympan	Trommel, Preßdeckel		

IV.ᵉ PARTIE.

PROSODIE.

5o.ᵉ LEÇON.

a.

1.ᵉʳ *Exercice.*

Un ā, ă Colmăr, il ă, agendă, āgnı
âme, ānus, ăpôtre, Attilá, bāsson, çă,
cābrer, cādrer, Canadă, cāsser, chāssı

a	Cinnă, deçă, déjă, délābré, duplicată, encădrer, érāiller, érāfler, escădron, falbală, găgner, hāillon, hourvāri, lă, lārron, il liră, mādré, mări, mārri, médăillon, opéră, oui-dă, penāillon, răcler, răfler, rāiller, săbrer, sofă, Spă, tāiller, nous tāillons, travăiller, nous travăillons, voilă.
abe	Arābe, astrolābe, monosyllăbe, syllăbe.
able	Il accāble, affăble, aimăble, cāble, coupăble, diāble, il ensāble, érāble, étăble, făble, răble, sāble, tăble.
abre	Il se cābre, cinābre, il délābre, sābre.
ac	Băc, le lăc, les lācs, le tabăc, les tabācs, săc, tillăc.
ace	Audăce, il délāce, il entrelāce, disgrāce, espāce, glăce, grāce, il lāce, préfăce, tenăce, vorăce.
ach	Un almanăch, des almanāchs.
ache	Il attăche, flăche, hăche, une tăche, văche.
acle	Mirācle, obstācle, pinācle, il rācle.
acre	Ācre (piquant), ăcre (mesure), ācreté, sācre (oiseau), il săcre.
ade	Arcăde, brigăde, cascăde, façăde, salăde.
adre	Cādre, il cādre, il encādre, escādre, lădre.
afe, affe	Agrăfe, carăfe, eau de năffe, parăfe.
afle	Il érāfle, il rāfle.
afre	Les āffres de la mort, balăfre, Căfre, săfre.
age	Avantăge, badinăge, courăge, hérităge.
agne	Allemăgne, campăgne, Espăgne, il gāgne.
ague	Băgue, dăgue, văgue.
ai	Āimant, balăi, déblăi, essăi, j'ăi, je parlăi, je lirăi, quăi.
aid	Lăid, des hommes lāids.
aigne	Bréhăigne, châtăigne, Sardăigne.
aigre	Ăigre, māigre, vinăigre.

ail	L'attirăil, les attirāils, le détăil, les détails, le sérăil, les sérāils.
aille	Une batāille, il batăille, qu'il batāille, il brāille, căille, il chamāille, il criāille, il débrāille, il détăille, qu'il détăille, écăille, il émāille, qu'il émāille, entāille, entrāilles, médăille, murāille, il rāille, tāille, il tāille, il travăille, qu'il travāille, qu'il vāille.
aim	Le dăim, les dāims, un essăim, des essāims, étăim, făim.
ain	Un băin, des bāins, l'écrivăin, les écrivāins, étăin.
ainc	Il vāinc, il convāinc.
aine	Capităine, domăine, fontăine, hāine.
aint	Il crāint, māint, il plāint, sāint.
air	L'ăir, les āirs, chăir, un éclăir, des éclāirs.
aire	Āire, chāire, contrāire, fāire, plāire, tāire.
ais	Dāis, désormāis, jamāis, je donnāis.
aise	Āise, Blāise, brāise, il appāise.
aisse	Cāisse, il lāisse, qu'il parāisse, qu'il pāisse.
aix	Făix, porte - făix, pāix.
ait	L'attrăit, les attrāits, un bienfăit, des bienfāits.
aite	Défăite, il souhăite, trăite, il trăite.
al	Amirăl, brutăl, frugăl, navăl.
ale	Cabăle, cigăle, găle, ovăle, spirăle.
alle	Bălle, Gălle, hălle, mălle.
am	Amsterdăm, Abrahăm, āmbe, cāmper, dăm, jāmbon, tāmbour.
ame, amme	Āme, dăme, dictăme, il enflămme, épigrămme, infāme jusquiāme, flāmme, gămme, oriflămme.
an	Abănnation, ăn, āntique, blānche, le courtisăn, les courtisāns, plăn; tyrănniser.

amne, ane	Bardāne, bracmāne, cabăne, il con-dāmne, chiçăne, il dāmne, Diāne, dia-phāne, douāne, orgăne, il plāne.
anne	Bănne, cănne, Jeănne, mānne.
ant	Chānt, élégānt, plānt, puissānt.
ap	Căp, drăp, Găp, jalăp, sparadrăp.
ape, appe	Chăpe, il frăppe, grăppe, păpe.
apre	Āpre, diăpre.
acque, aque	Attăque, Cosăque, Jācques, măcque.
ar	Le chăr, les chārs, désărmer, mărcher.
arbe	Bărbe, joubărbe, rhubărbe.
arc	Ărc, Mărc, părc.
ard	Bernărd, brocărd, le dărd, les dārds.
are, arre	Avāre, bārre, bizārre, Navārre, rāre.
ars	Epārs, jārs, Thouārs.
art	L'ărt, les ārts, écărt, il părt.
arte	Cărte, chărte, quărte, tărte.
artre	Chărtres, chărtre, dărtre, tărtre.
as	Appās, tu aurās, Jonās, Lucās, Pallās.
ase	Bāse, cāse, emphāse, phrāse, il rāse.
asse	Il amāsse, bāsse, cāsse, il cāsse, chāsse (de saint), il chăsse, clāsse, il compāsse, cuirăsse, échāsse, il enchāsse, grāsse, im-pāsse, lāsse, liăssc, māsse (au jeu), măsse (amas), nāsse, Parnăsse, pāsse, il pāsse, il săsse, savantāsse, tāsse.
asque	Băsque, bourrăsque, căsque, fantăsque, măsque.
aste	Căste, chăste, contrăste, făste, văste.
astre	Ăstre, cadăstre, désăstre, pilăstre.
at	Apostăt, avocăt, célibăt, ingrăt.
ate, atte	Barătte, écarlăte, jătte, nătte, pirăte.
atre, attre	Băttre, combăttre, quătre.
au	Aéronāute, ăubade, ăudace, āuge, ăugmen-ter, le cotęău, les cotęāux, joyău, fāux, tāux.
ave	Brāve (honnête), brāve (vaillant), Ba-tāve, cāve, esclāve, rāve.
ax, axe	Ajăx, ăxe, borăx, syntăxe.

Un a	ein a	antique	alt, ꝛc.
à Colmar	in / zu } Colmar	anus	After
il a	er hat	apostat	Abtrünniger
abannation	einjährige Verbannung	apôtre	Apostel
		il appaise	er besänftigt
Abraham	Abraham	appas	Reize
il accable	er erdrückt	apre	herb, rauh
âcre	Acker = Landes	arabe	Araber
âcre	scharf, beißend	arc	Bogen
acreté	Schärfe	arcade	Bogenstellung
aéronaute	Luftfahrer	l'art	die Kunst
affable	leutselig	les arts	die Künste
les affres de la mort	die Schrecken des Todes	astre	Gestirn
agenda	Geschäftsverzeichniß	astrolabe	Sternhöhenmesser
agnus	wächsernes Gottteslamm	il attache	er bindet, ꝛc.
		attaque	Angriff
agrafe	Hacken	Attila	(Eigenname)
j'ai	ich habe	l'attirail	das Geräth
aigre	saur, bitter	les attirails	die Geräthe
aimable	liebenswürdig	l'attrait	der Reiz
aimant	liebend, Magnet	les attraits	die Reize
l'air	die Luft	aubade	Morgenständchen
aire	Tenne, Breite, ꝛc.	audace	Frechheit
les airs	die Lüfte	auge	Trog
aise	Freude, froh	augmenter	vergrößern
Ajax	(Eigenname)	tu auras	du wirst haben
Allemagne	Deutschland	avantage	Vortheil
un almanach	ein Kalender	avare	geizig
des almanachs	Kalender	avocat	Advokat
il amasse	er sammelt	axe	Achse
ambe	Ambe	bac	Fähre
ame	Seele	badinage	Scherz
amiral	Admiral	bague	Ring
Amsterdam	Amsterdam	un bain	ein Bad
an	Jahr	des bains	Bäder
		balafre	Narbe

balai	Besen	cabane	Hütte
balle	Ball	cable	Tau
banne	Wagenkorb	se cabrer	sich bäumen
baratte	Butterfaß	cadastre	Lagerbuch
Barbe, barbe	Barbara, Bart	cadre	Rahmen
bardane	Klettenkraut	cadrer	passen
barre	Stang	Cafre	Kaffer
base	Grund, Grund-fläche	caille	Wachtel
		caisse	Kiste
basque	Baske, Schoß	campagne	Feld, Land, ꝛc.
basse	Baß, nieder	camper	im Lager stehen
basson	Fagott	Canada	Neu-Frankreich
une bataille	eine Schlacht	canne	Rohr, Stock
il bataille	er streitet	Cap	Vorgebirge
qu'il bataille	daß er streite	capitaine	Hauptmann
Batave	Bataver, bata-visch	carafe	Tischflasche
		carte	Karte
battre	schlagen	cascade	Wasserfall
Bernard	Bernhard	case	Haus, Viereck
un bienfait	eine Wohlthat	casque	Helm
des bienfaits	Wohlthaten	casse	Cassie
bizarre	wunderlich	il casse	er zerbricht
Blaise	Blasius	casser	zerbrechen
blanche	weiße	caste	Stamm, Kaste
borax	Borax	cave	Keller
bourrasque	Windstoß	célibat	Ehelosigkeit
bracmane	Brachmane	chair	Fleisch
il braille	er schreit	chaire	Kanzel
braise	Gluth	il chamaille	er balgt
brāve	tapfer	chant	Gesang
brăve	rechtschaffen	chape	Chorrock
bréhaigne	gelt, unfruchtbar	le char	der Wagen
brigade	Brigade	les chars	die Wagen
brocard	Stickelei	charte	Urkunde, Charta
brocart	Brocat	chartre	Gefängniß
brutal	viehisch	Chartres	(Name einer Stadt)
ça	her, nun		
cabale	Zauberkunst, Cabale	chāsse	Reliquienkäst-chen

chässe	Jagd	deça	disseits
il chässe	er jagt	défaite	Niederlage, Ausrede
chassis	Blindrahme		
chaste	keusch	déjà	schon
châtaigne	Kastanie	il délabre	er verderbt
chicane	Schikane	délabré	verderbt
cigale	Baumgrille	il délace	er schnüret auf
cinabre	Zinnober	désarmer	entwaffnen
Cinna	(Eigenname)	désastre	Unstern, Unglück
classe	Klasse	désormais	künftig
combattre	bekämpfen	le détail	die Beschreibung
il compasse	er zirkelt ab	il détaille	er erzählt, zc.
il condamne	er verurtheilt, zc.	qu'il détaille	daß er erzähle
contraire	widrig	les détails	die Beschreibungen
contraste	Abstich, Contrast		
il convainc	er überzeugt	diable	Teufel
coupable	schuldig, strafbar	Diane	Diana
courage	Muth	diaphane	durchsichtig
le courtisan	der Höfling	diapre	(eine Art Pflaumen)
les courtisans	die Höflinge		
cosaque	Kosak	dictame	Diptam
le coteau	der Hügelabhang	disgrace	Ungnade
les coteaux	die Hügelabhänge	domaine	Gut, Domäne, zc.
il craint	er fürchtet	je donnais	ich gab
il criaille	er belfert	douane	Zollhaus
cuirasse	Küraß	drap	Tuch
dague	Dolch	duplicata	Duplicat
le daim	der Damhirsch	écaille	Schuppe, Schale
les daims	die Damhirsche	écarlate	Scharlach
dais	Himmel, Thronhimmel	écart	Seitensprung, zc.
		échasse	Stelze
dam	Schade, zc.	un éclair	ein Blitz
dame	Dame	des éclairs	Blitze
il damne	er verdammt	l'écrivain	der Schreiber, der Schriftsteller
le dard	der Wurfpfeil		
les dards	die Wurfpfeile	les écrivains	die Schreiber
dartre	Flechte	élégant	zierlich
déblai	Abraumen	il émaille	er emailliert, verzieret
il se débraille	er entblößt sich		

emphase	Nachdruck	il frappe	er schlägt
encadrer	einrahmen	frugal	genügsam
il enchasse	er fasset, ꝛc.	il gagne	er gewinnt, er verdient
il enflamme	er entzündet		
ensabler	auf den Sand setzen	gagner	gewinnen, ꝛc.
		gale	Krätze
entaille	Einschnitt	galle	Galle
entrailles	Eingeweide	gamme	Tonleiter
il entrelace	er verschlinget	Gap	(Name einer Stadt)
épars	zerstreut		
épigramme	Sinngedicht	glace	Eis
érable	Ahorn	grace	Gnade, Anmuth
érafler	aufritzen	grappe	Traube
érailler	verzerren	grasse	fette
escadre	Geschwader	hache	Axt
escadron	Schwadrone	haillon	Lumpen
esclave	Sklave	haine	Haß
espace	Raum	halle	Kaufhaus, Halle
Espagne	Spanien	héritage	Erbe
essai	Versuch	hourvari!	herwärts!
un essaim	ein Schwarm	impasse	Sackgasse
des essaims	die Schwärme	infame	ehrlos
étable	Stall	ingrat	undankbar
étaim	Kammwolle	Jacques	Jacob
étain	Zinn	jalap	Jalappe
fable	Fabel	jamais	nie, niemals
façade	Vorderseite (eines Gebäudes)	jambon	Schinken
		jars	Gänserich
faim	Hunger	jatte	Mulde
faire	machen, thun, ꝛc.	Jeanne	Johanne
faix	Last	Jonas	Jonas
falbala	Falbel	joubarbe	Hauswurz
fantasque	grillenhaft	joyau	Kleinod
faste	Prunk, Pracht	jusquiame	Bilsenkraut
fastes	Jahrbücher	là	dort
faux	falsch	lac	See
flache	Loch, Vertiefung	il lace	er schnüret
flamme	Flamme	ladre	aussätzig, knauserig
fontaine	Brunnen, Quelle		

Französisch	Deutsch	Französisch	Deutsch
laid	häßlich	oui - dà!	ja wohl!
des hommes laids	häßliche Männer	ovale	eirund, oval
		qu'il paisse	daß er weide
larron	Dieb	paix	Friede
lasse	müde	Pallas	(Eigenname)
il laisse	er läßt	pape	Papst
liasse	Bund, Pack	parafe	Namenszug
il lira	er wird lesen	qu'il paraisse	daß er erscheine
je lirai	ich werde lesen	parc	Park
Lucas	(Eigenname)	je parlai	ich redete
macque	Hanfbreche	Parnasse	Parnaß, Musenberg
madré	maserig		
maigre	mager	il part	er geht fort, ꝛc.
maint	mancher	passe	Zuschuß, ꝛc.
malle	Felleisen	il passe	er geht durch
manne	Manna	penaillon	Lumpen
Marc	Marcus	phrase	Redensart
marcher	gehen	pilastre	Wandpfeiler
mari	Gatte	pinacle	Zinne, ꝛc.
(être) marri	einem leid seyn	pirate	Seeräuber
masque	Larve	il plaint	er { bedauert / beklagt
māsse	Einsatz		
mǎsse	Masse	plaire	gefallen
médaille médaillon	} Denkmünze	plan	Plan, Fläche, eben
miracle	Wunder	il plane	er ebnet, er schwebt
monosyllabe	einsilbig		
muraille	Mauer	plant	Pflanzreis
eau de nasse	Pomeranzenwasser	porte - faix	Lastträger
		préface	Vorrede
nasse	Reuse, Klemme	puissant	mächtig
natte	Matte	quai	Kai, Flußdamm
(combat) naval	Seegefecht	quarte	Quart
Navarre	Navarra	quatre	vier
obstacle	Hinderniß	rable	Rückenstück
opéra	Oper	il racle	er schabet
organe	} Werkzeug, Organ	racler	schaben, raspeln
oriflamme	Wunderfahne	rafle	Traubenkamm, Pasch

râfler	wegraffen	table	Tiſch
il raille	er hat zum Beſten	une tache	ein Flecken
		taille	Schnitt, Wuchs
railler	aufziehen, zum Beſten haben	il taille	er { behauet / beſchneidet
raré	ſelten	tailler	behauen, rc.
il rase	er ſchiert	nous taillons	wir ſchneiden, rc.
rave	Rübe	taire	verſchweigen
rhubarbe	Rhabarber	tambour	Trommel
sable	Sand	tarte	Torte
sabre	Säbel	tartre	Weinſtein
sabrer	ſäbeln	tasse	Schale, Täſſe
sac	Sack, Plünderung	taux	Taxe
		tenace	zähe, hartnäckig
sacre	Stockfalk	Thouars	(Name einer Stadt)
sacre	Salbung, Weihung		
		tillac	Oberlauf
il sacre	er ſalbet, rc.	traite	Strich, Trätte, Handel
safre	gefräßig, Saflor		
saint	heilig	il traite	er { handelt ab / behandelt
salade	Salat		
Sardaigne	Sardinien	il travaille	er arbeitet
il sasse	er ſiebet	qu'il travaile	daß er arbeite
savantasse	(ein) gelehrter Prahler	travailler	arbeiten
		travaillons	laßt uns arbeiten
sérail	Serail	vache	Kuh
il souhaite	er wünſcht	vague	unbeſtimmt, Welle
sofa	Sofa		
Spa	(Name einer Stadt)	qu'il vaille	daß er gelte
		une ame vaine	eine eitle Seele
sparadrap	Durchzug	vaste	weit ausgedehnt
spirale	Schneckenlinie	vinaigre	Eſſig
syllabe	Silbe	voilà	da iſt, dort iſt
syntaxe	Wortfügung	vorace	gefräßig
tabac	Tabak		

5ɪ.ᵉ Leçon.

e.

ɪ.ᵉʳ *Exercice.*

èbe	Cèlēbe, ēbe, Erēbe, Eusēbe, Thēbes.
èbre	Algēbre, célēbre, funēbre, ténèbres, vertēbre, zēbre.
ec	Bĕc, un Grĕc, les Grēcs, sēc.
èce	Espĕce, Lucrĕce, nièce, piĕce.
èche	Il allēche, brĕche, calĕche, pie griēche, il lēche, mĕche.
ècle	Siècle, Thĕclc.
ect	Aspĕct, dirĕct, infĕct, le respĕct, les respēcts.
ecte	Architĕcte, dialĕcte, insĕcte, il respĕcte, sĕcte.
ectre	Elĕctre, spĕctre.
ède	Bipĕde, intermĕde, quadrupĕde, remĕde, tiĕde.
ef	Brĕf, le chĕf, les chēfs, griĕf, nĕf.
effe	Un grĕffe, une grēffe.
èfle	Nēfle, trĕfle.
ége	Collēge, cortēge, Liēge, liēge, manēge, piēge, siēge.
ègle	Espiĕgle, rĕgle.
ègne	Duēgne, rēgne.
ègre	Alĕgre, nĕgre, Sĕgre, intĕgre.
ègue	Bĕgue, collĕgue, il lēgue.
eige	Nēige.
eigle	Bisĕigle, sĕiglĕ.
eigne	Empĕigne, ensĕigne, pĕigne, tĕigne.
eil	Consĕil, ortĕil, parĕil, révĕil, solĕil, sommĕil.
eille	Abĕille, corbĕille, cornĕille, grosĕille, orĕille, osĕille, vĕille, viĕille.
ein	Le dessĕin, les dessēins, frĕin, plĕin, sĕin, serĕin.

eint	Il est attĕint, ils sont attēints, cĕint.
eine	Balĕine, pĕine, rēine, vĕine.
einte	Attēinte, emprēinte, encēinte, étrēinte, fēinte, tēinte.
eitre	Rēitre.
el	Un autĕl, des autēls, cĭel, cruĕl, éternĕl.
èle	Adĕle, fidĕle, modĕle, zēle.
elle	Bagatĕlle, cervĕlle, dentĕlle, libĕlle.
em	Exēmple, Jérusalĕm, décĕmvir, tēmple.
ème	Cinquiēme, crēme, quantiēme, il sĕme.
en	Decĕnnal, ēntēndre, chrétiĕnté, sēntence, hymĕn.
ène	Arēne, cēne, Diogĕne, ĕbĕne, Hélĕne, phénomĕne; scēne.
enne	Antiĕnne, étrĕnne, Viĕnne, qu'il viĕnne.
ent	Un accidĕnt, des accidēnts, chiendĕnt, argĕnt, lĕnt, un présĕnt, des présēnts.
èpre	Lĕpre.
epte	Il accĕpte, adĕpte, on excĕpte, inĕpte, précĕpte.
eptre	Scĕptre.
ecque, èque	Bibliothĕque, valeur intrinsĕque, une lettre grĕcque.
er	Aimĕr le jeu, aimēr à rire, amēr, bouchĕr, chĕr, chantiĕr, éthĕr, dangĕr, enfēr, fēr, hivēr, Jupitĕr, Lucifĕr, magistĕr, mēr, patĕr, vēr.
erbe	Acĕrbe, advĕrbe, gĕrbe, hĕrbe, provĕrbe, supĕrbe, vĕrbe.
erc	Clĕrc.
erce	Commĕrce, tiĕrce, il bĕrce, il gĕrce, il pĕrce.
erche	Il chĕrche, pĕrche, rĕcherche.
ercle	Cĕrcle, couvĕrcle.
erde	Qu'il pĕrde.
erdre	Pĕrdre.
ère, èrent	Austēre, colēre, galēre, vipēre, ils aimēreut.

erge   Aspĕrge, aubĕrge, bĕrge, ciĕrge, vĕrge, viĕrge.

ergue Exĕrgue, Rouĕrgue, vĕrgue.

erle   Mĕrle, Montmĕrle, pĕrle.

erme Bĕrme, épidĕrme, gĕrme, tĕrme.

erne   Balivĕrne, casĕrne, citĕrne, extĕrne, modĕrne, tĕrne.

erpe   Eutĕrpe, sĕrpe.

err, erre J'acquĕrrai, il attĕrre, dĕrrière, ĕrrant, ĕrrata, il ērre, ĕrreur, fērrer, fērrière, guērre, guĕrrier, pērruque, piērre, tērre, tērrein, tĕrreur, tĕrrible, tĕrroir, je vērrai, nous envērrons.

ers   Les dangērs, envērs, les foyērs, pervērs, univērs, volontiērs.

ert   Le concĕrt, les concērts, desĕrt, ouvĕrt.

es, ès Accēs, aloēs, congrēs, tu ēs, les excēs, dēs procēs, tēs progrēs, mēs succēs.

èse   Diēse, diocēse, il pēse, combien pēse-t-il?

esque Barbarĕsque, burlĕsque, frĕsque, gigantĕsque, prĕsque.

esse   Abbēsse, adrĕsse, allégrĕsse, altĕsse, anĕsse, carĕsse, il cēsse, comprĕsse, duchĕsse, il s'emprĕsse, exprĕsse, finĕsse, ivrĕsse, jeunĕsse, lēsse, il opprĕsse, politĕsse, prēsse, il prĕsse, il profēsse, tristĕsse.

est   Brĕst, l'ĕst, il ēst, ouĕst.

este   Agrĕste, célĕste, digĕste, funĕste, gĕste, modĕste, pĕste, rĕste, vĕste.

estre Equĕstre, orchĕstre, pédĕstre, sémĕstre, séquĕstre, terrĕstre, trimĕstre.

et   Alphabĕt, ballĕt, couplĕt, cĕt homme, gibĕt, l'objĕt, les objēts, tacĕt, tout nĕt.

ète, ette Aigrĕtte, comĕte, dĕtte, interprĕte, noisĕtte, poëte, prophĕte.

ête   Un homme honnēte, un honnēte homme, étcs

êtes	Vous êtes.
être, ettre	Baromètre, géomètre, lettre, mètre, mettre, thermomètre, soumettre.
eu	Aveu, cheveu, feu, jeu, milieu, peu.
euf	Elbeuf, éteuf, neuf, veuf.
euil, ueil	Bouvreuil, cerfeuil, chevreuil, deuil, écureuil, le recueil, les recueils.
eul	Aïeul, épagneul, filleul, seul, le tilleul, les tilleuls.
eule, eulent	Aïeule, bégueule, gueule, meule, pâté veule, ils veulent.
eune	Jeune.
eur	Acteur, bonheur, couleur, la fleur, les fleurs.
eure	Une heure et demie, dans une heure, une fille majeure, la majeure partie.
eux	Les aveux, les cheveux, heureux, périlleux, je peux, tu veux.
euse	Chanteuse, heureuse, précieuse, tubéreuse.
ève	Élève, fève, grève, il se lève, trève.
èvre	Chèvre, fièvre, lèvre, lièvre, orfèvre.
ex, exe	Complexe, exemple, index, sexe.

2.ᵉ *Exercice.*

Abbesse	Aebtissinn	adresse	Aufschrift, Gewandtheit
abeille	Biene		
il accepte	er nimmt an	adverbe	Nebenwort
accès	Zugang, Zutritt, Anfall	agreste	wild, bäurisch, roh
un accident	ein Unfall, ꝛc.	aïeul	Großvater
des accidents	Zufälle	aïeule	Großmutter
acerbe	herb	aigrette	weißer Reiher, Reiherfeder
j'acquerrai	ich werde er-werben	aimer à rire	gerne lachen
acteur	Schauspieler	aimer le jeu	Vergnügen am Spiele finden
Adèle	(Eigenname)		
adepte	(der) Eingeweih-te, Goldmacher	ils aimèrent	sie liebten
		alègre	munter

algèbre	Algebra	bipède	zweifüßig
il allèche	er lockt	biseigle	Glättholz
allégresse	Jubel	bonheur	Glück
aloès	Aloe	boucher	zumachen, Metzger
alphabet	Alphabet		
altesse	Hoheit, Durchlaucht	bouvreuil	Blutfink
		brèche	Mauerbruch, ꝛc.
amer	bitter	bref	kurz
ânesse	Eselinn	Brest	(Name einer Stadt.)
antienne	Vorgesang		
architecte	Baukünstler	burlesque	possierlich
arène	Kampfplatz	calèche	Kalesche
argent	Silber, Geld	carèsse	Liebkosung
aspect	Anblick	caserne	Soldatenhaus
asperge	Spargel	ceint	umgeben, umgegürtet
atteint	getroffen, ergriffen		
		Célèbe	(Name einer Insel)
atteinte	Anfall, Stoß		
il atterre	er wirft zu Boden	célèbre	berühmt
		céleste	himmlisch
auberge	Wirthshaus	cène	Abendmahl
austère	streng	cercle	Kreis, Zirkel, Reif
un autel	ein Altar		
des autels	Altäre	cerfeuil	Kerbel
l'aveu	das Geständniß	cervelle	Gehirn
les aveux	die Geständnisse	il cesse	er hört auf
bagatelle	Kleinigkeit	cet homme	dieser Mann
baleiné	Wallfisch	chanteuse	Sängerinn
baliverne	Posse, Schwank	chantier	Holzhof
ballet	Bühnentanz	le chef	Haupt, Befehlshaber
barbaresque	aus der Barbarei		
baromètre	Wetterglas	les chefs	die Häupter
bec	Schnabel	cher	lieb, theuer
bègue	Stammler	il cherche	er sucht
bégueule	Maul-Affe	le cheveu	das Haar
il berce	er wiegt	les cheveux	die Haare
berge	Ufer	chèvre	Ziege
berme	Berme	chevreuil	Rehbock
bibliothèque	Bibliothek	chiendent	Queckengras

chrétienté	Christenheit	diocèse	Sprengel
ciel	Himmel	Diogène	(Eigenname)
cierge	Wachskerze	direct	gerade
cinquième	fünfte	duchesse	Herzoginn
citerne	Cisterne	duègne	Ehrenhüterinn
clerc	(der) Geistliche, Schreiber	èbe	Ebbe
		ébène	Ebenholz
colère	Zorn, jähzornig	écureuil	Eichhorn
collége	Oberschule	Elbeuf	(Name einer Stadt)
collègue	Amtsgenoß		
comète	Komet	Electre	(Eigenname)
commerce	Handel	élève	Schüler, Zögling
complexe	zusammengesetzt	empeigne	Oberleder
compressé	Bäuschen	empreinte	Abdruck
concert	Konzert	il s'empresse	er beeifert sich
congrès	Congreß	enceinte	Umkreis, Umzäunung, schwanger
conseil	Rath		
corbeille	Korb	enfer	Hölle
corneille	Krähe	enseigne	Fahne, Schild, Merkmahl
cortége	Gefolge		
couleur	Farbe	entendre	hören
couplet	Strophe	nous enverrons	wir werden schicken
couvercle	Deckel		
crème	Rahm	envers	verkehrte Seite, gegen
cruel	grausam		
le danger	die Gefahr	épagneul	Wachtelhund
les dangers	die Gefahren	épiderme	Oberhaut
décemvir	Décemvir	(statue) équestre	Bildsäule zu Pferd
décennal	zehnjährig		
dentelle	Spitze	Erèbe	(Eigenname)
derrière	hinter	errata	Druckfehlerverzeichniß
désert	Wüste		
le dessein	das Vorhaben	il erre	er irrt
les desseins	die Vorhaben	erreur	Irrthum
dette	Schuld	tu es	du bist
deuil	Trauer	espèce	Gattung, Art
dialecte	Mundart	espiègle	schelmisch, 2c.
dièse	Kreuz	l'est	Osten
digeste	(die) Pandekten	il est	er ist

éternel	ewig	gerbe	Garbe
vous êtes	Sie sind	il gerce	er ritzt auf
éteuf	Schlagball	germe	Keim
éther	Aether	geste	Geberde
étreinte	(das) Zusammendrücken	gibet	Galgen
		gigantesque	riesenmäßig
étrenne	Neujahrsgeschenk	un grec	ein Grieche
		une lettre grecque	ein griechischer Brief
Eusèbe Euterpe	(Eigennamen)	les Grecs	die Griechen
on excepte	man nimmt aus	(un) greffe	Gerichtsschreiberei
excès	Uebermaß		
exemple	Beispiel, Vorschrift	(une) greffe	Pfropfreis
		grève	flaches Ufer
exergue	Exerge		der kleine Buntspecht
condition expresse	ausdrückliche Bedingung	pie grièche	ein zänkisches Weib
externe	äußere, Stadtschüler	grief	Beeinträchtigung
feinte	Verstellung		
fer	Eisen	grosseille	Johannisbeere
ferrer	beschlagen	guerre	Krieg
ferrière	Beschlagetasche	guerrier	Krieger, kriegerisch
feu	Feuer		
fève	Bohne	gueule	Rachen, Maul
fidèle	treu	Hélène	Helena
fièvre	Fieber	herbe	Gras, Kraut
filleul	Pathe	dans une heure	in einer Stunde
finesse	Feinheit, List	une heure et demie	anderthalb Stunden
la fleur	die Blume		
les fleurs	die Blumen	heureux	glüklich
les foyers	die Herde	hiver	Winter
frein	Gebiß	un homme honnête	ein höflicher Mann
fresque	Fresko		
(chant) funèbre	Leichengesang	un honnête homme	ein ehrlicher Mann
funeste	unselig	hymen	Ehegott, Ehe
galère	Galeere	index	Zeigefinger
géomètre	Meßkünstler	inepte	untüchtig

infect	verpestet	meule	{ Mahlstein,
insecte	Insect, Ziefer		Schleiffstein, zc.
intègre	rechtschaffen	milieu	Mitte
intermède	Zwischenspiel	modèle	Modell, Muster
interprète	Dolmetscher	moderne	neu
valeur intrin-sèque	innere Werth	modeste	bescheiden
		Montmerle	(Name einer Stadt)
ivresse	Trunkenheit		
jeu	Spiel	nef	Kirchenschiff
jeune	jung	nèfle	Mispel
jeunesse	Jugend	nègre	Neger
Jérusalem	(Name einer Stadt)	neige	Schnee
		neuf	neun, neu
Jupiter	Jupiter	nièce	Nichte
il lèche	er leckt	noisette	Haselnuß
il lègue	er vermacht	l'objet	der Gegenstand
lent	langsam	les objets	die Gegenstände
lèpre	Aussatz	il oppresse	er drückt
lesse	Koppelseil	orchestre	Orchester
lettre	Brief	oreille	Ohr
il se lève	er steht auf	orfèvre	Goldschmied
lèvre	Lippe	orteil	Zehe
libelle	Schmähschrift	oseille	Sauerampfer
Liége	Lüttich	ouest	West
liége	Korkbaum, Pantoffelholz	ouvert	geöffnet, offen, zc.
		pareil	gleich
lièvre	Hase	pater	Vaterunser
Lucifer	Teufel	(statue) pédes-tre	Fußstandbild
Lucrèce	(Eigenname)		
magister	Schulmeister	peigne	Kamm
la majeure partie	der größte Theil	peine	Leiden, Strafe, Mühe
une fille majeure	ein mündiges Mädchen	il perce	er bohret durch
manége	Reitschule	perche	Stange
mèche	Docht	qu'il perde	daß er verliere
mer	Meer	perdre	verlieren
merle	Amsel	périlleux	gefährlich
mettre	legen, setzen	perle	Perle
		perruque	Perrücke

pervers	verkehrt	remède	Mittel
il pèse	{ er wiegt,	le respect	die Ehrerbietung
	er wägt	il respecte	er verehret
combien pèse-t-il?	wie viel wiegt er?	les respects	Aufwartung,
			Empfehlung
peste	Pest	reste	Rest
peu	wenig	réveil	Erwachen
je peux	ich kann	Rouergue	(Name einer
phénomène	Naturerschei=		Provinz)
	nung	scène	Schaubühne,
pièce	Stück		Auftritt
piége	Falle	sceptre	Zepter
pierre	Stein	sec	trocken
plein	voll	secte	Secte
poète	Dichter	Sègre	(Name eines
politesse	Höflichkeit		Flusses)
précepte	Regel	seigle	Rocken
précieuse	kostbare	sein	Brust
un présent	ein Geschenk	il sème	er säet
des présents	Geschenke	sémestre	Halbjahr
presque	beinahe, fast	sentence	Sinnspruch
presse	Gedränge, Presse	séquestre	Beschlag
il presse	er drückt, er	serein	heiter, Abend=
	treibt		thau
des procès	Prozesse	serpe	Hippe
il professe	er bekennet, er	seul	allein, einzig
	lehrt	sexe	Geschlecht
tes progrès	deine Fortschritte	siècle	Jahrhundert
prophète	Prophet	siége	Stuhl, Sitz, ꝛc
proverbe	Sprichwort	soleil	Sonne
quadrupède	vierfüßig	sommeil	Schlaf
quantième	wie vielste	soumettre	unterwerfen
recherche	Untersuchung	spectre	Gespenst
le recueil	die Sammlung	mes succès	meine Fort=
les recueils	die Sammlungen		schritte
règle	Regel, Lineal	superbe	hochmüthig,
règne	Regierung		prächtig
reine	Königinn	tacet	schweigen
reitre	deutscher Reiter	teigne	Grind

teinte	Tinte	univers	Welt
temple	Tempel	veille	(das) Wachen,
ténèbres	Finsterniß		Tag vor einem
terme	Ziel, Grenze		andern Tage
terne	matt, Dreitreffer	veine	Ader
terre	Erde	ver	Wurm
terrein	Platz, Raum	verbe	Wort, Zeitwort
terrestre	irdisch	verge	Ruthe
terreur	Schrecken	vergue	Rah
terrible	schrecklich	je verrai	ich werde sehen
terroir	Boden	vertèbre	Wirbelbein
Thèbes	(Name einer	veste	Weste
	Stadt)	veuf	Witwer
Thècle	(Eigenname)	pâte veule	lockerer Teig
thermomètre	Warmemesser	ils veulent	sie wollen
tiède	lau	tu veux	du willst
tierce	Dritte, Terz	une vieille	ein altes Weib
le tilleul	die Linde	Vienne	Wien
les tilleuls	die Linden	qu'il vienne	er soll kommen
tout net	rund heraus	vierge	Jungfrau
trèfle	Klee	vipère	Viper, Natter
trève	Waffenstillstand	volontiers	gern
trimestre	Vierteljahr	zèbre	Zebra
tristesse	Traurigkeit	zèle	Eifer
tubéreuse	Tuberose		

52.e LEÇON.

i.

1.er *Exercice.*

idre, ydre	Cĭdre, clepsȳdre, hȳdre.
ige	Adĭge, litĭge, prestĭge, prodĭge, tĭge, vertĭge, vestĭge.
ile, yle	Agĭle, asĭle, crocodĭle, docĭle, reptĭle, stȳle, huĭle, tuĭle.
im, yme	Ibrahĭm, ĭmmédiat, ĭmmémorial, Joachĭm, ĭmpoli, lĭmpide, thȳm.

ime, yme	Anonyme, cacochyme, estime, homonyme, intime, légitime, lime, maxime, pantomime, régime, sublime, synonyme, victime, unanime.
ire, yre	Cire, délire, dire, empire, martyre, navire, pire, rire, satire, satyre, sire, sourire.
ise, yse	Analyse, balourdise, bêtise, chemise, prise, devise, église, entreprise, gourmandise, marchandise, méprise, sottise, surprise, valise.
isse	Coulisse, éclisse, écrevisse, que j'écrivisse, esquisse, que tu fisses, jaunisse, lisse, narcisse, réglisse, saucisse, qu'ils vissent.
istre	Registre.
it	Crédit, débit, esprit, il fit, il lit, subit.
ite	Eau bénite, élite, émérite, guérite, hermite, illicite, marmite, mérite, parasite, visite, vite.
itre	Arbitre, bélitre, chapitre, huître, mitre, pupitre, vitre.
ive	Active, craintive, endive, fugitive, gencive, grive, juive, olive, il prive, salive.
ivre	Cuivre, ivre, livre, vivre, les vivres.

2.ᵉ *Exercice*.

(Une femme) active	eine thätige Frau	eau bénite	Weihwasser
		bêtise	Dummheit
Adige	Etsch (Fluß)	cacochyme	siech
agile	flink	chapitre	Kapitel
analyse	Zergliederung	chemise	Hemd
arbitre	Schiedsrichter	cidre	Obstmost
asile	Freistätte, Zuflucht	cire	Wachs
		clepsydre	Wasseruhr
balourdise	Tölpelei	coulisse	Falz, Bühnenwand
bélitre	Lumpen = Kerl		

(ame) crain-tive	furchtsames Ge-müth	huitre	Auster
crédit	Credit	hydre	Wasserschlange
crise	Krankheitsent-scheidung	Ibrahim	(Eigenname)
		illicite	unerlaubt
		immédiat	unmittelbar
crocodile	Krokodill	immémorial	undenklich
cuivre	Kupfer	impoli	unhöflich
débit	Absatz, Vortrag	intime	innig
délire	Geistesverwir-rung	ivre	betrunken
		jaunisse	Gelbsucht
devise	Sinnbild, Wahl-spruch	Joachim	Joachim
		juive	Jüdinn
dire	sagen	légitime	{ rechtmäßig, Pflichttheil
docile	folgsam		
éclisse	Schindel	lime	Feile
écrevisse	Krebs	limpide	hell
que j'écrivisse	daß ich schriebe	lisse	glatt
église	Kirche	il lit	er liest
élite	Kern	litige	Streit
(professeur) émérite	ausgedienter Lehrer	livre	Buch, Pfund, Livre
empire	Reich, Gewalt	marchandise	Waare
endive	Endivie	marmite	Fleischtopf
entreprise	Unternehmung	martyre	Märterertod
esprit	Geist, Verstand	maxime	Grundsatz
esquisse	Skizze	méprise	Mißgriff
estime	Achtung	mérite	Verdienst
que tu fisses	daß du thätest	mitre	Mütze
il fit	er that	narcisse	Narzisse
(l'ombre) fu-gitive	der fliehende Schatten	navire	Schiff
		olive	Olive
gencive	Zahnfleisch	pantomime	Geberdenspiel
gourmandise	Gefräßigkeit	parasite	Schmarotzer
grive	Drossel	pire	schlechter
guérite	Schilderhäus-chen	prestige	Blendwerk
		il prive	er beraubt
hermite	Einsiedler	prodige	Wunder
homonyme	gleichlautend	pupitre	Pult
huile	Oel		

régime	Lebensordnung, Regierung, ꝛc,	surprise	Ueberraſchung, Irrthum
régistre	Regiſter	synonyme	gleichdeutig
réglisse	Süßholz	thym	Thimian
reptile	kriechend	tige	Stamm
rire	lachen	tuile	Ziegel
salive	Speichel	unanime	einſtimmig
satire	Satire	valise	Felleiſen
satyre	Satyr	vertige	Schwindel
saucisse	Bratwurſt	vestige	Spur
sire	Herr, Sire	victime	Opfer
sottise	Dummheit	visite	Beſuch
sourire	lächeln	qu'ils vissent	daß ſie ſähen
style	Griffel, Styl, Schreibart	vite	ſchnell, geſchwind
		vitre	Fenſter
sublime	erhaben	vivre	leben
subit	plötzlich	les vivres	die Lebensmittel

53.ᵉ Leçon.

O.

1.ᵉʳ Exercice.

o, hô	Hôte, hôtel, hôtellerie, ŏbéir, ŏdeur, ōser, nous ōsons, ōsier.
obe	Il dérŏbe, garde-rŏbe, glōbe, il gŏbe, lōbe, rŏbe.
ode	Cŏde, commŏde, épisŏde, méthŏde, mŏde, ŏde, périŏde.
oge	Dōge, élŏge, horlŏge, lŏge.
ogne	Besŏgne, cigŏgne, ivrŏgne, rŏgne, il rōgne.
oi, ois, oix	Bourgeŏis, chŏix, effrŏi, emplŏi, fŏi, le Rŏi, les rōis, vōix.
oie	Courrōie, fōie, il envōie, ōie, sōie, vōie, qu'il vōie.
oin	Besŏin, cŏin, mōins, le témŏin, les témōins.

oir	Arrosŏir, devŏir, espŏir, savŏir, voulŏir.
oire	Armōire, bōire, glōire, ivōire, nageōire, pōire.
oise	Ardōise, frambōise, nōise, tōise.
oisse	Angōisse, ils connōissent, parōisse, qu'il parōisse.
oivre	Pōivre.
oit	Adrŏit, drŏit, il étŏit, étrŏit, il dŏit, il devŏit.
oite	Il bŏite, il explŏite, mŏite.
ole	Auréŏle, écŏle, gondŏle, idŏle, mōle, l'oiseau vŏle, il vōle (il dérobe).
om	Bōmber, calŏmnier, sōmbre, sŏmmité, tōmber.
ome	Astronōme, atōme, éconōme, gastronŏme, hippodrŏme, Jérōme, Rŏme, tōme.
on	Cŏnnivence, cōnte, mōnde, ordŏnner, sōnder, sŏnner.
one, omne	Amazōne, anémōne, autŏmne, Barcelōne, Babylōne, Bellŏne, Lacédémōne, Latōne, monotŏne, Salŏne, Suétōne, Tisiphōne, Vérŏne, zōne.
or, ord	Accŏrd, le bŏrd, les bōrds, butŏr, castŏr, cŏr, le trésŏr, les trésōrs.
ore	Aurōre, ellébōre, mandragōre, éclōre, pécōre.
ors, orps	Alōrs, dehōrs, cōrps, tŏrs.
ort	Effŏrt, fŏrt, mŏrt, pŏrt, raifŏrt, sŏrt, tŏrt, le transpŏrt, les transpōrts.
os	Amōs, clōs, Délōs, dispōs, éclōs, grōs, hérōs, Minōs, ōs, propōs, Samōs, repōs.
ose	Alōse, apothéōse, chōse, dōse, prōse, il repōse.
osse	Bŏsse, brŏsse, carrŏsse, colŏsse, crŏsse, il endōsse, fōsse, grŏsse, rŏsse.
ote	Anecdŏte, antidŏte, bergamŏte, bigŏte, compatriŏte, compŏte, cŏte, dévŏte, nŏte, prŏte, il radŏte.

oudre	Absŏudre, cŏudre; dissŏudre, sŏudre, mŏudre, pŏudre.
oue	Bajŏue, jŏue, mŏue, prŏue, rŏue.
ouille	Andŏuille, citrŏuille, gargŏuille, grenŏuille, hŏuille, patrŏuille, rŏuille, il sŏuille.
oule	Ampŏule, bŏule, fŏule, mŏule, pŏule, il rŏule, il se sŏule
oŭre, ourent	Bravŏure, qu'il accŏure, ils cŏurent.
ourre	Bŏurre, il fŏurre.
ouse	Qu'il cŏuse, épŏuse jalŏuse, pelŏuse.
ousse	Gŏusse, mŏusse, il pŏusse, il tŏusse, secŏusse.
oute	Il ajŏute, banquerŏute, dérŏute, dŏute, il dŏute, il écŏute, il redŏute, rŏute.
outre	Cŏutre, lŏutre, ŏutre, pŏutre.

2.ᵉ *Exercice.*

Absoudre	lossprechen	astronome	Sternkundiger
accord	Accord	atome	Urstofftheilchen
qu'il accoure	daß er herbei eile	auréole	Heiligenschein
adroit	geschickt	aurore	Morgenröthe
il ajoute	er setzt hinzu	automne	Herbst
alors	dann, hierauf damals	Babylone	Babylon
		bajoue	Schweinskinn=
alose	Alse		backen
amazone	Amazone	banqueroute	Bankerott
Amos	(Eigenname)	Barcelone	Barcelona
ampoule	Fläschchen, Wasserblätterchen	Bellone	Bellona
		bergamote	Bergamotte
andouille	Wurst	besogne	Arbeit, Geschäft
anecdote	Geschichtzug	besoin	Mangel, Bedürf=
anémone	Anemone		niß
angoisse	Bangigkeit	bigote	scheinheilige
antidote	Gegengift	boire	trinken
apothéose	Vergötterung	il boite	er hinkt
ardoise	Schieferstein	bomber	wölben
armoire	Kasten	le bord	Rand, Ufer
arrosoir	Gießkanne		

les bords	die Ufer, die Küsten	crosse	Bischofsstab
		Délos	(Name einer Insel)
bosse	Buckel		
boule	Kugel	dehors	hinaus, heraus, Aeußere
bourgeois	Burger		
bourre	Füll = Haare, ꝛc.	il dérobé	er stiehlt, er entreißt, ꝛc.
bravoure	Tapferkeit		
brosse	Bürste	déroute	unordentliche Flucht
butor	Rohrdrommel, Tölpel		
		devoir	schuldig seyn, müssen, Pflicht
calomnier	verleumden		
carrosse	Kutsche	il devoit	er mußte, sollte
castor	Biber	dévote	fromme, Frömmlerinn
choix	Wahl		
chose	Ding, Sache	dispos	munter
cigogne	Storch	dissoudre	auflösen
citrouille	Kürbis	Doge	Doge
clos	geschlossen	il doit	er ist schuldig, ꝛc.
code	Gesezbuch	dose	Gabe, Dosis
coin	Ecke, Winkel, Quitte	doute	Zweifel
		il doute	er zweifelt
colosse	Riesenbild	droit	Recht, gerade, ꝛc.
commode	bequem, Kommode	éclore	auskriechen, aufblühen
compatriote	Landsmann	éclos	ausgekrochen, aufgebluht
compote	Obstmus		
connivence	Nachsehen	école	Schule
ils connoissent	sie kennen	économe	sparsam, ꝛc.
conte	Erzählung	il écoute	er hört, ꝛc.
cor	Hühnerauge, Waldhorn	effort	Anstrengung
		effroi	Schrecken
corps	Körper, Leib	ellébore	Niesewurz
cote	Nummer, Zeichen	éloge	Lobrede, Lobspruch
coudre	nähen	emploi	Amt, Anwendung
ils courent	sie laufen		
courroie	Riemen	il endosse	er { indossiert, burdet auf
qu'il couse	daß er nähe		
coutre	Pflugeisen	il envoie	er schickt

épisode	Zwischenhand-lung	Jérôme	Hieronymus
épouse jalouse	eifersüchtige Gattinn	joue	Backen, Wangen
espoir	Hoffnung	Lacédémone	Lacedämon
il étoit	er war	Latone	Latona
étroit	enge	lobe	Lappen
il exploite	er benutzt, ꝛc.	logé	Hütte, Löge
foi	Glaube, Treue	loutre	Fischotter
foie	Leber	mandragore	Alraun
fort	stark, Schanze, ꝛc.	méthode	Lehrart, Méthode
fosse	Grube, Grab	Minos	Minos
foudre	Blitz, Donner	mode	Mode, Weise, Form, ꝛc.
foule	Haufen, Menge	moins	weniger
il fourre	er steckt, ꝛc.	moite	feucht
framboise	Himbeere	mole	Monkalb, Hafendamm
garde-robe	Kleiderschrank	monde	Welt
gargouille	Speiröhre	monotone	eintönig, einförmig
gastronome	Bauchdiener		
globe	Kugel	mort	Tod, todt, Todte
gloire	Ruhm, Ehre, ꝛc.		
il gobe	er verschluckt; er schnappt	moudre	mahlen
		moue	Mundver,errung Maul
gondole	Gondel, Luftschiff		
gousse	Hülse	moule	Muschel, Model
grenouille	Frosch	mousse	Schiffjunge, Moos
gros / grosse	groß, dick	nageoire	Flosse
héros	Held	noise	Zank
hippodrome	Rennbahn	note	Zeichen, Note
horloge	Uhr	obéir	gehorchen
hôte	Wirth	ode	Ode
hôtel	Pallast, Gasthof	odeur	Geruch
hôtellerie	Wirthshaus	oie	Gans
houille	Steinkohle	ordonner	anordnen; befehlen
idole	Götze		
ivoire	Elfenbein	os	Knochen, Bein
ivrogne	dem Trunke ergeben	oser	dürfen, wagen, ꝛc.
		osier	Weide

nous osons	wir dürfen	route	Straße
outre	Schlauch, über	Salone	Salona
paroisse	Pfarrei, Pfarr= kirche	Samos	(N. einer Insel)
		savoir	wissen, Wissen= schaft
qu'il paroisse	daß er erscheine		
patrouille	Patrulle	secousse	Erschütterung
pécore	Vieh	soie	Seide
pelouse	Grasplatz	sombre	düster
période	Umlauf, Periode	sommité	Spitze
poire	Birn	sonder	lothen, unter= suchen
poivre	Pfeffer		
port	Hafen, Anstand, Postgeld, rc.	sonner	klingen, schallen, läuten, schlagen
poudre	Staub, Pulver, Puder	sort	Schicksal
		il souille	er { beschmutzt { befleckt
poule	Huhn, Henne		
il pousse	er stoßt, rc.	il se soule	er betrinkt sich
poutre	Balken	Suétone	(Eigenname)
propos	Rede, Geschwätz	le témoin	der Zeuge
prose	Prose	les témoins	die Zeugen
prote	Faktor in einer Buchdruckerei	Tisiphone	Tisiphone
		toise	Klafter
proue	Vorschiff	tomber	fallen
il radote	er faselt	tome	Band
raifort	Meerrettig	tors	gedreht
il redoute	er fürchtet	tort	Unrecht, Schaden
repos	Ruhe	il tousse	er hustet
il repose	er ruhet	transport	Ausfuhr
robe	Rock	le trésor	der Schatz
rogne	eingewurzelte Krätze	les trésors	die Schätze
		Vérone	Verona
il rogne	er beschneidet	voie	Weg, Gelegen= heit
le roi	der König		
les rois	die Könige	qu'il voie	daß er sehe
Rome	Rom	voix	Stimme
rosse	Mähre	l'oiseau vole	der Vogel fliegt
roue	Rad	il vole (dérobe)	er stiehlt
rouille	Rost	vouloir	wollen
il roule	er rollt	zone	Gürtel, Erdstrich

54.ᵉ Leçon.

u.

1.ᵉʳ *Exercice.*

ûche	Bûche, bûcher, bûcheron, embûche.
uche	Autrûche, coquelûche, crûche, il débûche, hûche.
uge	Délûge, fébrifûge, grabûge, il grûge, jûge.
uir	Cûir, fûir.
ûle	Acidûle, bascûle, canicûle, cellûle, crapûle, crédûle, crépuscûle, émûle, férûle, formûle, globûle, incrédûle, Jûles, majuscûle, monticûle, mûle, particûle, pendûle, pilûle, ridicûle, scrupûle, somnambûle, virgûle.
um	Albûm, hûmble, opiûm, parfûm, ûmble.
un	Alûn, brûn, défûnte, lûndi, ûn importûn, des importûns.
ure	Aventûre, augûre, blessûre, captûre, ceintûre, censûre, chevelûre, créatûre, dentûre, figûre, gageûre, injûre, mangeûre, il murmûre.
use	Cérûse, éclûse, mûse, rûse, il refûse.
usse	Aumûsse, que je fûsse, que tu lûsses, Prûsse, qu'ils reçûssent, rûsse.

2.ᵉ *Exercice.*

Acidule	fäuerlich	brun	braun
album	Stammbuch	bûche	Scheit
alun	Alaun	bûcher	Holz = Schuppen, Scheiterhaufen
augure	Vorbedeutung		
aumusse	Pelzmantel	bûcheron	Holz = Hauer
autruche	Strauß	canicule	Hundsstern, Hundstage
aventure	Begebenheit		
bascule	Schwengel	capture	Beute
blessure	Wunde	ceinture	Gürtel
			cellule

cellule	Zelle	incrédule	ungläubig
censure	Tadel	injure	Beschimpfung
céruse	Bleiweiß	il juge	er urtheilt
chevelure	Haupthaar	Jule ou Jules	Julius
coqueluche	Regenkappe, Reichhusten	lundi	Montag
		que tu lusses	daß du läsest
crapule	Schwelgerei	majuscule	großer Buchstab
créature	Geschöpf	mangeure	Fraß
crédule	leichtgläubig	minuscule	kleiner Buchstab
crépuscule	Dämmerung	monticule	Bergchen
cruche	Krug	mule	Pantoffel, Maul= eselinn
cuir	Fell, Leder		
(le cerf) dé- buche	der Hirsch ver= läßt sein Lager	il murmure	er murrt
		muse	Muse
(la) défunte	die Verstorbene	opium	Opium
déluge	Wasserflut, Sündfluth	parfum	Wohlgeruch
		particule	Theilchen, Par= tikel
denture	Zahnwerk		
écluse	Schleuse	pendule	Pendel, Pendel= uhr
embûche	Schlinge		
émule	Wetteiferer	pilule	Pille
fébrifuge	Fiebermittel	Prusse	Preußen
férule	Plätzer	qu'ils reçu- ssent	daß sie annähmen
figure	Gestalt, Figur		
formule	Formel	il refuse	er verweigert
fuir	fliehen	ridicule	lächerlich
gageure	Wette	ruse	List
globule	Kügelchen	russe	Russe
grabuge	Hader	scrupule	Bedenklichkeit,ꝛc.
il gruge	er zermalmet, ꝛc.	somnambule	Schlafwandler
huche	Brodkasten	umble	Aesche
humble	demüthig	virgule	Beistrich, Komma
importun	beschwerlich, überlästig		

V.ᵉ PARTIE.

EUPHONIE.

55.ᵉ LEÇON. (*)

b — p.

Les *abords* de cette forteresse sont dangereux. — Cette femme réclame ses *apports*.

La solitude est un *abri* contre les embarras du monde. — Mentor *apprit* à Télémaque l'art de régner.

Il aime à *badiner* dans ses lettres. — Les enfants ont beaucoup de plaisir à *patiner*.

Allez-vous *baigner* dans la rivière. — Il faut *peigner* cet enfant.

On a ordonné des *bains* chauds à ce malade. — La parole de Dieu est le *pain* des fidèles.

Les *barques* servent à charger et à décharger un navire. — La *parque* a tranché le fil de ses jours.

Ils *bâtissent* des châteaux en Espagne. — Les bons *pâtissent* souvent pour les méchants.

Die Zugänge zu dieſer Feſtung ſind gefährlich. — Dieſes Weib fordert das Beibringen zurück.

Die Einſamkeit iſt eine Zuflucht vor dem Getümmel der Welt. — Mentor lehrte den Telemach die Kunſt zu regieren.

Er ſcherzt gerne in ſeinen Briefen. — Die Kinder haben ein großes Vergnügen am Schlittſchuh laufen.

Baden Sie ſich im Fluſſe. — Man muß dieſes Kind kämmen.

Man hat dieſem Kranken warme Bäder verordnet. — Das Wort Gottes iſt das Brod der Gläubigen.

Die Barken dienen zum Ein- und Ausladen eines Schiffes. — Die Parze hat ihm den Lebensfaden abgeſchnitten.

Sie bauen Schlöſſer in die Luft. — Die Guten müſſen oft für die Böſen leiden.

(*) Dans cette leçon l'on commencera à faire appliquer les regles qui font l'objet du § 11.ᵉ, page 115, relatif aux consonnantes finales qui se lient avec le mot suivant.

Ces peuples n'ont pour toute *boisson* que de l'eau. Je préfère le *poisson* à la viande. — L'arsenic est un *poison* violent.

Il y a beaucoup de *boue* dans les rues. — Hérode mourut mangé de *poux.* — Il loge à l'autre *bout* de la ville. — On juge de la maladie à l'état du *pouls.*

On abat les quilles avec une *boule.* — Cela s'appelle tuer la *poule* pour avoir l'œuf.

Le *brochet* n'épargne pas le poisson de son espèce. — Tous mes *projets* ont échoué.

Ce cheval a le poil *bai.* — Ce royaume jouit de la *paix.* — Une *baie* est un petit golfe.

Un *balai* est un instrument pour balayer. — Il loge dans un *palais.* — Il y avait dans ce *ballet* une entrée de nymphes. — Son *palet* touche au but. — Il s'est brulé le *palais.*

Abaissons-nous devant la majesté de l'être suprême. — *Appaisons* la colere de Dieu.

Mettez de l'eau dans ce *baquet.* — Voulez - vous vous charger de ce *paquet?*

Diese Völker haben kein anderes Getränk als Wasser. — Ich ziehe Fische dem Fleische vor. — Der Arsenik ist ein heftiges Gift.

Die Gassen sind voller Koth. — Herodes starb von Läusen. — Er wohnt am andern Ende der Stadt. — Von der Beschaffenheit des Pulses, schließt man auf die Krankheit.

Man wirft die Kegel mit einer Kugel um. — Das heißt das Huhn tödten um das Ei zu bekommen.

Der Hecht verschont seine eigene Gattung nicht. — Alle meine Entwürfe sind gescheitert.

Dieses Pferd hat röthlichbraune Haare. — Dieses Königreich genießt den Frieden. — Eine Bai oder Bucht ist ein kleiner Meerbusen.

Ein Besen ist ein Werkzeug zum kehren. — Er wohnt in einem Pallaste. — In dieser Tanzoper war ein Eintritt von Nymphen. — Sein Wurfstein trifft das Ziel. — Er hat sich den Gaumen verbrennt.

Lasset uns vor der Majestät Gottes demüthigen. — Lasset uns den Zorn Gottes besänftigen.

Schütten Sie Wasser in diesen Kübel. — Wollen Sie diesen Pack mitnehmen?

Elle a le teint *beau* et la *peau* délicate.

Il y a long-temps que vous me *bercez* de vaines espérances. — La vérité a *percé* les ténèbres du mensonge.

Sie hat eine schöne Gesichtsfarbe und eine feine Haut.

Sie halten mich schon lange mit eiteln Hoffnungen hin. — Die Wahrheit ist durch die Finsterniß der Lüge durchgedrungen.

56.e Leçon.

d — t.

Les anciens se servaient de plusieurs espèces de *dards*. — On meurt tôt ou *tard*. — J'ai compté ces sacs d'argent; il n'y a point de *tare*, ni pour le compte ni pour les espèces.

Die Alten bedienten sich verschiedener Arten von Wurfpfeilen. — Man stirbt früh oder spät. — Ich habe diese Geldsäcke gezählt; es findet sich kein Abgang, weder an der Zahl, noch an den Sorten.

L'*amande* est le fruit de l'amandier. — Ce jeune homme est toujours auprès de son *amante*. — Il a été condamné à une *amende*.

Die Mandel ist die Frucht des Mandelbaumes. — Dieser junge Mensch steckt immer bei seiner Geliebte. — Er ist zu einer Geldstrafe verurtheilt worden.

Dans les calamités publiques, les Hébreux se couvraient la tête de *cendre*. — Paris est le *centre* des affaires.

Die Juden bestreuten in allgemeinen Landplagen ihr Haupt mit Asche. — Paris ist der Mittelpunkt der Geschäfte.

Le *tan* est une écorce moulue dont les tanneurs se servent pour préparer le cuir. — Ses livres sont *dans* cette armoire. — Il a *tant* d'amis qu'il ne peut manquer de rien. — L'homme a ordinairement trente-deux *dents*. — Si le beau *temps* continue, si je puis disposer

Die Lohe ist ein fein gestampfte Rinde, deren sich die Gerber zur Zubereitung des Leders bedienen. — Seine Bücher sind in diesem Schranke. — Er hat so viele Freunde, daß es ihm an nichts fehlen kann. — Der Mensch hat gewöhnlich zwei und dreißig Zähne. — Wenn das schöne Wetter fortdauert,

de mon *temps*, je vous accompagnerai.

Il a beaucoup *dansé* au dernier bal. — Je l'ai *tancé* d'une belle manière.

Ce pavillon est fait en *dôme*. — Il a fait imprimer tous ses ouvrages en un seul *tome*.

La nature l'a enrichi de ses *dons*. — *Ton* ami m'a dit cela d'un *ton* qui marquait un peu de chaleur. — Voici l'affaire *dont* il s'agit. — A quelle heure est-il *donc* sorti ?

Dieu est l'*auteur* de la nature. L'*odeur* de cette herbe est trop forte.

Nous avons passé la rivière sur un *radeau*. — Il faut dresser ces plates-bandes avec le *rateau*.

Un *peintre* est un artiste dont la profession est de *peindre*.

Le *fade* personnage que voilà ! — Un *fat* est celui que les sots croient un homme d'esprit.

wenn ich Herr über meine Zeit bin, so will ich Sie begleiten.

Er hat auf dem letzten Balle viel getanzt. — Ich habe ihm einen tüchtigen Verweis gegeben.

Dieses Lusthaus ist kuppelförmig gebaut. — Er hat alle seine Werke zu einem Bande drucken lassen.

Die Natur hat ihn mit ihren Gaben ausgestattet. — Dein Freund hat mir das in einem Tone gesagt, der ein wenig Hitze verrieth. — Die Sache, von welcher die Rede ist, ist diese. — Um wie viel Uhr ist er denn ausgegangen?

Gott ist der Urheber der Natur. — Der Geruch dieses Krautes ist zu stark.

Wir haben mit einer Floße über den Fluß gesetzt. — Man muß diese Rabatten mit dem Rechen ebnen.

Ein Mahler ist ein Künstler, dessen Stand ist mit Farben abzubilden.

Was ist das für ein fader, abgeschmackter Mensch! — Ein Geck ist der, den die Dummköpfe für einen gescheidten Mann halten.

57.ᵉ LEÇON.

z. — s.

Les Israélites errèrent quarante ans dans le *désert*. —

Die Israeliten irrten vierzig Jahre in der Wüste herum. —

Entre pâques et la pentecôte, le *dessert* est une croûte.

Cet arbre est si gros que deux personnes ne s'auraient *l'embrasser*. — La guerre a *embrasé* toute l'Europe.

Pour *empoissonner* les étangs, il faut un millier de petits poissons par arpent. — Cette doctrine a *empoisonné* beaucoup d'esprits.

Mes *deux sœurs* se sont levées à *deux heures* après minuit.

Le fat est un être vain et maniéré, que *les sots* admirent et que les gens sensés évitent. — Il n'a que la peau et *les os*.

Cet élève témoigne du *zèle* à remplir ses devoirs. — Ils étaient deux sur un cheval, l'un en *selle* et l'autre en croupe. — Jésus-Christ dit aux Apôtres: Vous êtes le *sel* de la terre.

Ayons toujours l'honneur devant *les yeux*. — Saint Etienne vit *les cieux* ouverts.

Il est de Vienne, mais il *réside* ordinairement à Paris. — Cet acteur *récite* bien.

Zwiſchen Oſtern und Pfingſten beſteht der Nachtiſch in einer Brodkruſte.

Dieſer Baum iſt ſo dick, daß zwei Perſonen ihn nicht mit den Armen umſpannen können. Der Krieg hat ganz Europa in Flammen geſetzt.

Zum Beſetzen der Teiche, braucht man tauſend junge Fiſche auf den Morgen. Dieſe Lehre hat viele Gemüther vergiftet.

Meine zwei Schweſtern ſind um zwei Uhr Morgens aufgeſtanden.

Der Geck iſt ein eitler und gezierter Menſch, den die Einfältigen bewundern und die Verſtändigen meiden. — Es iſt nichts als Haut und Knochen an ihm.

Dieſer Schüler zeigt Eifer in Erfüllung ſeiner Pflichten. — Sie ſaßen ihrer zwei auf einem Pferde, der eine im Sattel, und der andere auf dem Kreuze. — Chriſtus hat zu den Apoſteln geſagt: ihr ſeyd das Salz der Erde.

Laſſet uns immer die Ehre vor Augen haben. — Der heilige Stephanus ſah den Himmel offen.

Er iſt aus Wien, aber er wohnt gewöhnlich in Paris. — Dieſer Schauſpieler hat einen guten Vortrag.

La *rose* est la reine des fleurs. — Je ne monte plus ce cheval, c'est une vraie *rosse*.

La livre de Paris et de seize *onces*. — Il est arrivé vers les *onze* heures.

Vous savez ce que *vous avez* à faire.

Die Rose iſt die Königinn unter den Blumen. — Ich reite dieſes Pferd nicht mehr, es iſt eine wahre Schindmähre.

Das Pariſer Pfund enthält ſechzehn Unzen. — Er iſt gegen elf Uhr angekommen.

Sie wiſſen, was Sie zu thun haben.

58.ᵉ Leçon.

j — *ch*.

Ces peuples ont rompu leurs *chaînes*. — C'est une terrible *géne* de n'oser jamais dire ce qu'on pense. — Chez les Grecs et chez les Romains, le *chéne* était consacré à Jupiter.

Les courses des *chars* passèrent de la Grèce à Rome. — Le *jars* est le mâle de l'oie.

Les vieilles *gens* sont soupçonneux. — Le *chant* du cygne est consacré par les poètes. — La grêle a dévasté son *champ*.

L'homme est souvent le *jouet* de la fortune. — Je laisse cela à votre *choix*. — Il ne se sent pas de *joie*.

Il avait un *chapeau* bordé et un *jabot* de dentelle.

L'œil *juge* des couleurs, et l'oreille *juge* des sons. —

Dieſe Völker haben ihre Ketten zerbrochen. — Es iſt eine fürchterliche Marter nie ſagen zu dürfen, was man denkt. — Die Eiche war bei den Griechen und Römern dem Jupiter heilig.

Das Wagenrennen gieng aus Griechenland nach Rom über. — Der Gänſerich iſt das Männchen der Gans.

Die alten Leute ſind argwöhniſch. — Der Schwanengeſang iſt durch die Dichter geheiliget. — Der Hagel hat ſeinen Acker verwüſtet.

Der Menſch iſt oft ein Spiel des Glückes. — Ich überlaſſe das Ihrer Wahl. — Er kennt ſich nicht vor Freude.

Er hatte einen bordirten Hut und einen Buſenſtreif von Spitzen.

Das Auge urtheilt von den Farben, und das Ohr von den

Le faisan *juche* sur les arbres.

Gers et *Cher* sont les noms de deux rivières et de deux départements de France. — L'esprit est prompt, et la *chair* est faible. — Quoiqu'il parle peu en société, il est fort éloquent en *chaire*. — L'honneur doit nous être plus *cher* que la vie. — Il n'y a personne à qui la vie ne soit *chère*. — Nous avons fait bonne *chère* chez lui.

Tönen. — Der Fasan sitzt auf die Bäume auf.

Gers und Cher sind die Namen zweier Flüsse und zweier Departemente von Frankreich. — Der Geist ist willig, aber das Fleisch ist schwach. — So wenig er sonst spricht, ist er doch ein trefflicher Kanzelredner. — Die Ehre soll uns theurer seyn als das Leben. — Es giebt niemand dem das Leben nicht lieb wäre. — Wir haben vortrefflich bei ihm gegessen.

59.ᵉ Leçon.

g — k.

Horace fait des *écarts* surprenants dans ses odes. — Vous n'avez eu nul *égard* à mes représentations.

Les charrettes en passant ont *écorché* cet arbre. — Les habitans de cette ville ont *égorgé* toute la garnison.

Quels plus grands *gages* puis-je désirer de votre amitié, que ce que vous avez fait pour moi? — Il vaut mieux être oiseau de campagne qu'oiseau de *cage*.

On a forcé l'ennemi dans son *camp*. — Je le rendrai souple comme un *gant*. — *Quand* viendra-t-il? *Quand*

Horaz macht in seinen Oden erstaunliche Ausschweifungen. — Sie haben auf meine Vorstellungen gar keine Rücksicht genommen.

Die Karren haben im Vorbeifahren diesen Baum geschunden. — Die Einwohner dieser Stadt haben die ganze Besatzung umgebracht.

Welche größere Beweise Ihrer Freundschaft kann ich verlangen, als was Sie für mich gethan haben? — Es ist besser frei als im Käfig seyn.

Man hat das feindliche Lager erstürmet. — Ich will ihn so geschmeidig machen wie einen Handschuh. — Wann wird er

ses affaires le permettront. —
Il a demeuré plusieurs années à *Gand*. — *Quant* à
moi, je me soucie peu de
leurs discours.

Je lui ferai un *cadeau* à
sa fête. — Mangerons-nous
-ensemble le *gâteau* des
rois?

Avez-vous lu la *gazette*?
— On lui a pris ses pierre-
ries dans sa *cassette*.

Cet homme se jette au
cou de tout le monde. —
C'est la fantaisie plutôt que
le *goût* qui produit tant de
modes nouvelles. — Il lui
donna un *coup* de marteau
sur la tête.
Cet homme est à craindre;
on le *craint* plus qu'on ne
l'aime. — La semence de
ces plantes croît en forme
de *grains* ronds et solides.
— Le *crin* plat sert à faire
des cordes, à garnir les ar-
chets, etc.
Le droit de faire *grace*
est le plus bel attribut de
la souveraineté. — Il a toujours vécu dans la *crasse*
(avec une avarice sordide.)
— Cette viande est trop
grasse.
Il est mon *oncle* paternel.
— Cet enfant a de l'esprit
jusqu'au bout des *ongles*.

kommen? Wenn es seine Ge-
schäfte erlauben werden. — Er
hat mehrere Jahre in Gent ge-
wohnt. — Was mich betrifft;
bekümmere ich mich wenig um
ihre Reden.
Ich werde ihm auf seinen
Namenstag ein Geschenk geben.
— Werden wir den Dreikönigs-
kuchen miteinander essen?
Haben Sie die Zeitung ge-
lesen? — Man hat ihr die
Edelsteine aus ihrem Schmuk-
kästchen genommen.
Dieser Mann wirft sich jeder-
mann an den Hals. — Es ist
mehr Grille als Geschmack, was
so viele neue Moden hervor-
bringt. — Er gab ihm einen
Schlag mit einem Hammer auf
den Kopf.
Dieser Man ist zu fürchten;
er ist mehr gefürchtet als geliebt.
— Der Saame dieser Pflanzen
wächst in Gestalt von runden
festen Körnern. — Das flache
Pferdehaar dient zu Saiten,
zur Beziehung der Geigenbögen,
2c.
Das Begnadigungsrecht ist
die schönste Befugniß der ober-
herrlichen Macht. — Er hat
immer mit schmutzigem Geize
gelebt. — Dieses Fleisch ist zu
fett.

Er ist mein Oheim von vä-
terlicher Seite. — Dieses Kind
hat auch im kleinen Finger Ver-
stand.

Le débordement des eaux a *crevé* la digue. — Toute la province fut fort *grevée* de logements de gens de guerre.

On dit que le *cri* de la corneille annonce de la pluie. — Il avait une voiture attelée de six chevaux *gris*. — Les *crics* sont très-utiles aux voituriers. — Saint-Laurent fut couché sur un *gril.*

Il est incivil de manger les *coudes* sur la table. — Ce vin se conservera bon jusqu'à la dernière *goutte.*

L'antre et la caverne présentent des retraites obscures et affreuses; la *grotte* n'exclut ni la lumière ni les agrémens. — Il y a un pied de *crotte* sur votre habit.

De cette manière, vous pourrez *acquérir* des droits à l'estime publique. — Il a su *aguerrir* ses troupes en une seule campagne.

Das ausgetretene Wasser hat den Deich zerrissen. — Die ganze Landschaft war durch Einquartierungen sehr gedrückt.

Man sagt das Geschrei der Krähe verkündige Regen. — Er hatte eine mit sechs grauen Pferden bespannte Kutsche. — Die Wagenwinden sind den Fuhrleuten sehr nützlich. — Der heilige Laurentius wurde auf einen Rost gelegt.

Es ist unhöflich mit den Elbogen auf dem Tische zu essen. — Dieser Wein wird sich bis auf den letzten Tropfen gut erhalten.

Die Höhlen geben den Begriff eines dunkeln und schreckhaften Zufluchtsortes; die Grotte schließt weder Licht noch Annehmlichkeit aus. — Der Koth sitzt schuhdick auf ihrem Kleide.

Auf diese Art werden Sie Ansprüche auf die öffentliche Achtung erwerben können. — In einem einzigen Feldzuge hat er sein Heer mit dem Kriege vertraut machen können.

EXERCICES ALLEMANDS.

ÉLÉMENS SUBSTITUTIFS DE LA LECTURE.

60.ᵉ LEÇON.

a, ä

1.ᵉʳ *Exercice.*

a.

Aal, Aar, Aas, Ab-na-hme, Ah-le, Ahn-dung, Ahn-frau, Auf-fahrt, Auf-nah-me, Aus-fahrt, Baar, Bahn, Bah-re, da-mahls, Denk-mahl, Ein-saat, Ein-nahme, Er-fah-rung, Er-mah-nung, Fah-ne, Gast-mahl, Grab-mahl, Haar, Hahn, Jahr, kahl, Kahl-kopf, Kahm, Kahn, Lauf-bahn, Mahl, nah-e, nahr-haft, Nah-rung, Naht, Neu-jahr, Paar, paar, Pfahl, Raa ou Rah, Rahm, rahn, Saal, Saat, Schalt-jahr, Wahl, wahr.

ä.

Bäh-ung, Bee-re, Bre-me, Er-de, Er-näh-rung, Er-wäh-lung, er-wähnt, Feh-de, gäh, Gäh-rung, Her-de, jähr-lich, Keh-le, Kräh-e, Krebs, Läh-me, Mäh-re, Meer, Mehl, Näh-e, nebst, Nest, Pferd, Re-be, schel, Sche-re, Schmer, schmäh-lich, schwer, Schwert, Seh-ne, Theer, wem, wen, wer.

2.ᵉ *Exercice.*

Aal	anguille	Ahndung	réprimande
Aar	oiseau de proie	Ahnfrau	aïeule
Aas	cadavre	Auffahrt	ascension, en-
Abnahme	décroissement		trée solennelle
Ahle	alêne	Aufnahme	emprunt

Ausfahrt	départ, sortie	Kahn	canot, nacelle, barque
Baar	crêche	Kehle	gosier, **gorge**
Bahn	route, chemin	Krähe	corneille
Bahre	civière	Krebs	écrevisse, cancer
Bähung	étuvement, fumigation	Lähme	paralysie
Beere	graine, grain, baie	Laufbahn	lice, carrière
Breme	taon	Mahl	fois, marque, repas
damahls	alors		
Denkmahl	monument	Mähre	jument, rosse, conte
Einnahme	prise, recette, revenu	Meer	mer
Einsaat	semailles	Mehl	farine
Erde	terre	nahe	près, proche
Erfahrung	expérience	Nähe	voisinage, proximité
Ermahnung	exhortation		
Ernährung	nutrition, sustentation	nahrhaft	nourrissant
		Nahrung	nourriture
Erwählung	choix, élection	Naht	couture
erwähnt	mentionné	nebst	avec, conjointement
Fahne	drapeau, bannière		
		Nest	nid
Fehde	querelle	Neujahr	nouvel an
gäh ou jäh	subit, soudain	Paar	paire, couple
Gährung	fermentation	paar	pair
Gastmahl	repas, festin	Pfahl	pieu, poteau
Grabmahl	tombeau, sépulcre	Pferd	cheval
		Raß, Raa	vergue
Haar	cheveu, poil	Rahm	crême
Hahn	coq	rahn	svelte
Herde	troupeau	Rebe	vigne
Jahr	an, année	Saal	salle, salon
jährlich	annuel, annuellement	Saat	semaille
		Schaltjahr	année bissextile
kahl	chauve		
Kahlkopf	tête chauve	schel	bigle, louche
Kahm	fleurs (sur certaines liqueurs)	Schere	écueils, fourche, ciseaux

schmählich	ignominieux	wahr	vrai, véritable
Schmehr	panne, graisse	wem?	à qui?
schwer	pesant, lourd	wen?	qui, qui est-ce que?
Schwert	glaive, épée		
Sehne	tendon, corde	wer?	qui, qui est-ce qui?
Theer	goudron		
Wahl	choix, option, élection		

61.ᵉ Leçon.

é, i.

1.ᵉʳ *Exercice.*

e (é).

Aal=bee=re, Al=lee, Ar=mee, Beet, Æ=ge, ehe, Æh=e, Æh=re, Fee, Feh=e, Fehm, Heer, He=rold, je, je=mahls, je=mand, J=re=ne, Kaf=fee, Ka=meel, Klee, Lam=pre=te, Ma=gnet, mehr, Me=we, Mus=ke=te, Paf=te=te, Po=et, Reh, Reh=de ou Ree=de, Schleh=e, Schnee, See, See=le, sehr, Si=re=ne, Ta=pe=te, Thee, Trom=pe=te.

i.

Al=chy=mie, An=trieb, Bie=ge, Bie=ne, Bier, Brief, Chy=mie, die, Dieb, Die=le, Dienst, Flie=ge, Frie=de, Gau=dieb, ich ge=dieh, Gier, Glied, Hieb, hier, ihm, ihn, Ju=we=lier, Kie=fe, Kiel, Kien, Kly=stier, Knie, Krieg, Lie=be, Lied, ly=risch, Mie=ne, Mit=glied, My=ria=de, mys=tisch, nie=mand, Pa=pier, Schmie=de, du stiehlst, tief, wie, Wie=ge, Wie=se, Wild=dieb.

2.ᵉ *Exercice.*

Aalbeere	groseille noire	Antrieb	impulsion
Alchymie	alchymie	Armee	armée
Allee	allée		

Beet	planche (de fleurs ou de légumes)	jemahls	jamais (sans négation)
Biege	pli	jemand	quelqu'un
Biene	abeille	Juwelier	joaillier, bijoutier
Bier	bière	Kaffee	café
Brief	lettre	Kameel	chameau
Chymie	chymie	Kiefe	gousse
die	la, les	Kiel	tuyau de plume
Dieb	voleur	Kien	bois résineux
Diele	planche	Klee	trèfle
Dienst	service	Klystier	lavement
Ege	herse	Knie	genou
ehe	avant de, avant que	Krieg	guerre
Ehe	mariage, hymen	Lamprete	lamproie
Ehre	honneur	Liebe	amour
Fee	fée	Lied	chanson, air
Fehe	peau de l'écureuil de Sibérie	lyrisch	lyrique
		Magnet	aimant
		mehr	plus, plusieurs, davantage
Fehmgericht	tribunal criminel secret	Mewe	mouette
		Miene	mine, air
Fliege	mouche	Mitglied	membre
Friede	paix	Muskete	mousquet
Gaudieb	filou, escroc	Myriade	myriade, dix mille
ich gedieh	je profitais, je prospérais	mystisch	mystique
Gier	avidité	nie	jamais
Glied	membre	niemand	personne
Heer	foule, armée	Papier	papier
Herold	hérault	Pastete	pâté
Hieb	coup	Poet	poète
hier	ici	Reh	chevreuil
ihm, ihn	lui, le	Rehde ou Reede	rade
je	eh! or, toujours, autrefois, etc.	Schlehe	prunelle (prune sauvage)
		Schmiede	forge

Schnee	neige	Thee	thé
See	mer, lac	tief	profond
Seele	ame	Trompete	trompette
sehr	très, fort, bien, beaucoup	wehe	mal
		wie	comment, etc.
Sirene	sirène	Wiege	berceau
du stiehlst	tu dérobes	Wiese	pré, prairie
Tapete	tapisserie	Wilddieb	braconnier

62.e LEÇON.

O, ô.

1.er *Exercice.*

O.

Be-loh-nung, Be-woh-nung, Boh-le, Boh-ne, Boot, Doh-le, Droh-ne, Droh-ung, Floh, froh, Froh-ne, hohl, Hohn, Kohl, Koh-le, Lohe, Lohn, Loos ou Los, Mohn, Mohr, Moor, Moos, ohne, Ohn-macht, Ohr, roh, Rohr, Schooß, Soh-le, Sohn, Weiß-kohl, wohl, das Wohl.

ô.

Baum-öhl, ein-öhrig, fröh-lich, Fröh-lich-keit, Ge-röh-re, Ge-röh-richt, ge-wöhn-lich, Höhe, Höh-le, höh-lig, Höh-lung, höh-nisch, Kien-öhl, Löh-nung, Luft-röh-re, Möh-re, Oehl ou Oel, Palm-öhl, Pol-höh-le, Röh-re, röh-rig, un-ge-wöhn-lich.

2.e *Exercice.*

Baumöhl	huile d'olive	Boot	chaloupe, esquif
Belohnung	récompense		
Bewohnung	habitation	Dohle	choucas, égout
Bohle	madrier	Drohne	faux-bourdon
Bohne	fève, haricot		(abeille mâle)
		Drohung	menace

Floh	puce	Mohr	Nègre, moire
froh, fröhlich	aise, content, gai, joyeux	Möhre	carotte
		Mohn	pavot
Fröhlichkeit	gaieté	Moor	marais, marécage
Frohne	corvée		
Geröhre	roseau	Moos	mousse
Geröhricht	cannaie	Oehl ou Oel	huile
Gewohnheit	habitude, coutume, usage	ohne	sans
gewöhnlich	ordinaire, ordinairement	Ohnmacht	faiblesse, défaillance, évanouissement
Höhe	hauteur, élévation	Ohr	oreille
hohl	creux	Palmöhl	huile de palme
Höhle	cavité, creux, caverne	Polhöhe	hauteur du pôle
höhlig	caverneux	roh	cru, brut
Höhlung	concavité, excavation	Rohr	roseau, canne, tuyau, tube
Hohn	dédain, mépris, moquerie	Röhre	terrier, tuyau
höhnisch	moqueur, railleur	röhrig	fistuleux, tubuleux
Kienöhl	huile de pin	Schooß	giron, sein
Kohl	chou	Sohle	eau salée, plante des pieds, sole, semelle
Kohle	charbon		
Lohe	tan	Sohn	fils
Lohn	récompense, salaire	Speiseröhre	œsophage
		Weißkohl	chou blanc
Löhnung	(le) prêt, paie	wohl	bien
Loos ou Los	sort, lot	(das) Wohl	(le) bien
Luftröhre	évent, trachée-artère		

63.ᵉ Leçon

63.ᵉ Leçon.

u, ü.

1.ᵉʳ *Exercice.*

u.

Auf = ruhr, Aus = fuhr, Be = ruh = i = gung, Dam=
hirsch = kuh, Fuh = re, Fuhr = lohn, Fuhr = mann,
Fuhr = weg, Hand = schuh, Hirsch = kuh, Huhn,
Kuh, Muh = me, Nach = ruhm, Pfuhl, Ruh ou
Ruhe, ruh = ig, Ruhm, Ruhr, Schlitt = schuh,
Schuh, See = uhr, Uhr, Un = ruh = ig, Vor = schuh,
Wand = uhr.

ü.

An = füh = lung, Be = müh = ung, be = rühmt, Be = rüh=
rung, Brühe, Büh = ne, Ein = füh = rung, Ent = füh = rung,
früh ou frühe, Früh = ling, fühl = bar, fühl = los,
Füh = rung, Ge = bühr, Ge = fühl, Ge = wühl, kühl,
Küh = le ou Küh = lung, kühn, Loh = müh = le,
Mühe, Müh = le, müh = sam, rühm = lich, Rüh=
rung, Selbst = ge = fühl, toll = kühn, Toll = kühn = heit,
Um = müh = lung, un = fühl = bar, un = ge = bühr = lich,
un = rühm = lich, un = will = führ = lich, Walk = müh = le,
Will = führ, will = führ = lich.

2.ᵉ *Exercice.*

Anfühlung	(le) toucher, attouchement, maniement	Berührung	attouchement
		Brühe	sauce, jus
		Bühne	échafaud, tribune, théâtre
Aufruhr	révolte, sédition, rebellion		
		Damhirschkuh	daine
		Einführung	importation
Ausfuhr	exportation	Entführung	enlèvement, rapt
Bemühung	peine		
Beruhigung	consolation, satisfaction	früh, frühe	prématuré, de bonne heure
berühmt	célèbre	Frühling	printemps

fühlbahr	palpable	ruhig	calme, tranquille
fühllos	insensible		
Fuhre	charroi, voiture, équipage	Ruhm	gloire, honneur, louange
Fuhrlohn	port, roulage	rühmlich	glorieux, glorieusement
Fuhrmann	voiturier, roulier	Ruhr	binage, leurre, dyssenterie
Führung	conduite, gestion	Rührung	remuage, émotion, attendrissement
Fuhrweg	grand chemin		
Gebühr	(le) devoir, (le) dû	Schlittschuh	patin
Gefühl	(le) toucher, tact, sentiment	Schuh	soulier, ferrure, pied (mesure)
Gewühl	presse, fouille	Seeuhr	horloge marine
Handschuh	gant		
Hirschkuh	biche	Selbstgefühl	conscience
Huhn	poule	Stuhl	chaise, siége
Kuh	vache	tollkühn	audacieux, téméraire
kühl	frais, fraîchement	Tollkühnheit	audace, témérité
Kühle, Kühlung	(le) frais, fraîcheur	Uhr	horloge, pendule, montre, heure
kühn	hardi		
Lohlmühle	moulin à tan	Umwühlung	renversement, bouleversement
Mühe	peine		
Mühle	moulin		
Muhme	tante		
mühsam	pénible, péniblement	unfühlbar	impalpable
		ungebührlich	inconvenant, indû
Nachruhm	renom, renommée	unruhig	inquiet, remuant, turbulent
Pfuhl	mare		
Pfühl	chevet, traversin	unrühmlich	sans gloire, peu glorieux
Ruh, Ruhe	repos, tranquillité	unwillführlich	involontaire

Verführung	séduction	Willkühr	volonté, dispo-sition, discré-tion
Vorgefühl	pressentiment		
Vorschuh	empeigne		
Walkmühle	foulerie	willkührlich	spontané, ar-bitraire
Wanduhr	pendule		

64.ᵉ Leçon.

p, w, f.

1.ᵉʳ Exercice.

p.

Ab=fall, Ab=füh=rung, Ab=gang, Ab=gott, Ab=grund, Ab=küh=lung, (du) bebtest, derb, gelb, ge=liebt, grob, Grob=heit, hübsch, Kalb, lieb, Lieb=ling, (ich) lieb=te, Lob, Lob=ge=sang, ob, Ob=dach, ob=gleich, Ob=hut, Ob=schon, Obst, Raub, Reb=huhn, Sieb, Schub=la=de.

w.

Be=quem, be=quem=lich, Be=quem=lich=keit, Qua=drat, Qua=dra=tur, Qual, Quäl=geist, Quall, Qualm, Quant, Quart, Quar=tal, Quar=te, Quar=tett, Quar=tier, Quel=le, Que=re, Quin=te, Quit=te, Quit=tung, Quod=li=bet.

f.

Brav, na=iv, Phi=lipp, Phi=lo=soph, Phos=phor, phy=sisch, Vieh, viel, vier, Vi=per, Vi=tri=ol, Vogt, Volk, voll, von, vor, Vor=fra=ge, Vor=griff, Vor=wurf, Vul=kan.

2.ᵉ Exercice.

Abfall	chûte, abais-sement	Abgott	idole
Abführung	transport, éva-cuation	Abgrund	abîme, gouffre, précipice
Abgang	départ, sortie	Abfühlung	rafraîchisse-ment

(du) bebtest	tu tremblais	Quall	pression
bequem	} commode	Qualm	vapeur
bequemlich		Quant	finaud, plaisant, drôle
Bequemlichkeit	commodité, aise	Quart	quart
brav	brave	Quartal	quartier
derb	ferme, rude, vigoureux	Quarte	quarte
		Quartett	quatuor
gelb	jaune	Quartier	quartier, logement
geliebt	aimé		
grob	gros, grossier	Quelle	source, fontaine
Grobheit	grossièreté		
hübsch	joli, joliment, gentil, etc.	Quere	travers
		Quinte	quinte
Kalb	veau	Quitte	coin ou coing
lieb	cher, chéri, etc.	Quittung	quittance
Liebling	favori	Quodlibet	quolibet, coq à l'âne, pot-pourri
(ich) liebte	j'aimais, j'aimai		
Lob	louange, éloge	Raub	rapine, brigandage, proie
Lobgesang	hymne		
naiv	naïf	Rebhuhn	perdrix
ob	si	Schublade	tiroir
Obdach	abri, couvert	Sieb	crible, tamis
obgleich	quoique	Vieh	bête, brute, bétail
Obhut	garde, protection		
obschon	quoique	viel	beaucoup
Obst	fruit	vier	quatre
Philipp	Philippe	Viper	vipère
Philosoph	philosophe	Vitriol	vitriol
Phosphor	phosphore	Vogt	tuteur
physisch	physique	Volk	peuple, nation, troupes
Quadrat	carré	voll	plein
Quadratur	quadrature	von	de, depuis
Qual	peine, tourment	vor	devant, avant
Quälgeist	démon, importun	Vorfrage	question préliminaire

| Vorgriff | prévention, anticipation | Vorwurf Vulkan | reproche Vulcain |

65.ᵉ Leçon.

t, ß, sch, k.

1.ᵉʳ *Exercice.*

t.

A = bend, be = redt, Brod, Bünd = niß, Feld = huhn, ge = wandt, Hand, Mund, Rad, Rath, roth, schäd = lich, Schuld, Stadt, That, Thau, todt, thun, Wind, Wind = müh = le.

ß.

Aas, As, (ich) aß, Ast, Be = weis, (du) bist, Bos = heit, bös = lich, Fels, Ge = setz, Göt = ze, Hit = ze, (er) ist, (er) ißt, Krebs, (du) lehrst, leb = los, Maas, Maaß, Moos, Müt = ze, Putz, Reis, Reiß, Satz, Schatz, Schooß, Schoß, Sitz, trot = zig, was, Wes = te.

sch.

Bei = stand, Brat = wurst, Durst, Fleisch = wurst, Früh = stück, gar = stig, Ge = stalt, Hirn = wurst, Kehr = bür = ste, Lehn = stuhl, Schorn = stein, Skla = ve, Sma = ragd, Spaß, Spei = se = röh = re, Spra = che, spring, Stand, (ich) stand, (ich) ster = be, Stein, Stern, Stim = me, Stirn, Stroh, Stuhl.

k.

Ach = sel, Büch = se, Char = frei = tag, Carl, Car = wo = che, Col = mar, Chor, Cho = ral, Christ, Con = rad, Chur = fürst, Chur = wür = de, Cüs = trin, Dachs, Flachs, Fuchs, Lachs, Wachs.

2.ᵉ *Exercice.*

| Aas | mangeaille, cadavre | Abend Achsel | soir épaule |

Aß ou Aß	as, grain (poids)	Fleischwurst	andouille, saucisson
(Ich) aß	je mangeais, je mangeai	Frühstück	(le) déjeûner
Ast	branche	Fuchs	renard
Beistand	assistance, secours	garstig	sale, souillé
beredt	éloquent	Gesetz	couplet, loi
Beweis	preuve, démonstration	Gestalt	figure, forme, taille
(du) bist	tu es	gewandt	leste, agile, expéditif
Bosheit	malice, méchanceté	Götze	idole
böslich	malicieux	Hand	main
Bratwurst	saucisse	Hirnwurst	cervelas
Brod	pain	Hitze	chaleur, ardeur
Büchse	boîte	(er) ist	il est
Bündniß	alliance, confédération, ligue	(er) ißt	il mange
Carl	Charles	Kehrbürste	brosse, vergettes
Charfreitag	vendredi saint	Krebs	écrevisse
Charwoche	semaine sainte	Lachs	saumon
Chor	chœur	leblos	inanimé
Choral	plain-chant	Lehnstuhl	fauteuil
Christ	chrétien	(du) lehrst	tu enseignes
Churfürst	Électeur	Maaß ou Maß	mesures
Churwürde	électorat, dignité électorale	Maas	(la) Meuse
Colmar	Colmar	Moos	mousse
Conrad	Conrad	Mund	bouche
Cüstrin	Custrin	Mütze	bonnet, coiffe
Dachs	blaireau	Putz	parure
Durst	soif	Rad	roue
Feldhuhn	perdrix	Reiß	riz
Fels	roc, roche, rocher	Reis	scion, rejeton
Flachs	lin	roth	rouge
		Satz	saut, lie, proposition
		schädlich	nuisible, pernicieux
		Schatz	trésor
		Schornstein	cheminée

Schoß	rejeton, étage, impôt	(ich) sterbe	je meurs
Schooß	sein, giron	Stern	étoile
Schuld	faute, dette	Stimme	voix
Sitz	séance, siége	Stirn	front
Sklave	esclave	Stroh	paille
Smaragd	éméraude	Stuhl	chaise, siége
Spaß	plaisanterie, raillerie	That	fait, action
		Thau	rosée
Speiseröhre	œsophage	thun	faire
Sprache	parole, langage langue	todt	mort, décédé
		trotzig	fier, arrogant
spring	saute	Wachs	cire
Stadt	ville	was?	que? quoi?
Stand	état	Weste	veste
(ich) stand	j'étais debout	Wind	vent
Stein	pierre	Windmühle	moulin à vent

66.ᵉ Leçon.

tſ.

1.ᵉʳ *Exercice.*

Ab = zucht, Ab = zug, Ant = litz, Bolz, Butz,
Cä = sar, Ce = dra, Ce = res, Ci = ce = ro, Cif = ter = ne,
Ci = tro = ne, Ehr = geiz, ehr = gei = zig, Ein = zahl,
ein = zig, Ein = zug, er = götz = lich, Erz, Herz,
Holz, Klotz, kurz, Mahl = zeit, Milz, Nar = zif =
fe, Netz, (fünf) Pro = cent, Salz, Schan = ze,
Schmerz, stolz, un = nütz, un = schätz = bar, Ver = fet =
zung, zah, Zahl, Zah = lung, zahm, Zahn, Zan =
ge, Zank, Zapf = hahn, Zar = ge, zart, zärt = lich,
Zei = le, Zeit, zei = tig, Zeug, Zeu = ge, Zie = ge,
Ziel, Zinn, Zins, Zin = fe, Zo = fe, Zoll, Zopf,
Zorn, zor = nig, Zu = fall, Zu = flucht, Zu = fluß, zu =
letzt, Zunft, Zun = ge, Zwirn.

2.ᵉ *Exercice.*

Abzucht	égout, décharge	unnütz	inutile
Abzug	déduction, retraite	unschätzbar	inappréciable
Antlitz	visage, face	Versetzung	transposition
Bolz	trait, fer, cheville	zäh	tenace, coriace
Butz	bout, bouton	Zahl	nombre
Cäsar	César	Zahlung	paiement
Cedra	cédrat	zahm	privé, apprivoisé
Ceres	Cérès	Zahn	dent
Cicero	Cicéron	Zange	tenaille
Cisterne	citerne	Zank	querelle
Citrone	citron	Zapfhahn	robinet
Ehrgeiz	ambition	Zarge	bord, bordure
ehrgeizig	ambitieux	zart	tendre, délicat
Einzahl	(le) singulier	zärtlich	
einzig	unique, seul	Zeile	ligne, rangée
Einzug	entrée	Zeit	temps
ergetzlich	susceptible, capable de joie	zeitig	actuel, mûr, de bonne heure
Erz	mine, minerai, airain	Zeug	matière, étoffe
Herz	cœur	Zeuge	témoin
Holz	bois	Ziege	chèvre
Klotz	souche, bloc, billot	Ziel	borne, terme, but
kurz	court	Zinn	étain
Mahlzeit	repas	Zins	tribut, cens, loyer
Milz	rate	Zinse	intérêt, rente
Narzisse	narcisse	Zofe	femme de chambre, suivante
Netz	réseau, filet		
(fünf) Procent	cinq pour cent	Zoll	douane, pouce (mesure)
Salz	sel		
Schantze	chance, fort, fortification	Zopf	queue, tresse de cheveux
Schmerz	douleur	Zorn	colère
stolz	superbe, fier		

zornig	fâché, courroucé	Zufluß	affluence
		zuletzt	en dernier lieu
Zufall	hazard, accident	Zunft	tribu
		Zunge	langue
Zuflucht	recours, refuge	Zwirn	fil

HOMOGRAPHES.

67.ᵉ Leçon.

a, aa, ah, å, Ae, åh, ai, ay, au, åu.

1.ᵉʳ *Exercice.*

a.

Prononcez:

a   dans   A = ga = tha, An = na, Bar = ba = ra, Bar = na = bas, Cla = ra, Ma = ri = a, Mar = tha, Sa = ra, etc.

aa.

â   — Aal = fang, Aal = rau = pe, Baal, Haar = band, Kaa, Waa = re, etc.

ah.

â   — Ah = le, Bahr = tuch, Fahrt, Hahn = kamm, Gold = lahn, Nahr = saft, Sahl = band, etc.

å.

ê   — Bår, be = schämt, Er = klå = rung, Glåt = te, Kå = sich, kräf = tig, må = ßig, pråch = tig, sorg = fål = tig, etc.

Ae.

ê — Aef = finn, Aehn = lich = keit, Aerm = ling, Aesch = lauch, (die) Aeste, etc.

äh.

ê — Auf = bläh = ung, Aus = späh = ung, er = wähnt, Er = wäh = nung, fäh = ig, Fäh = ig = keit, Fähn = rich, Gäh = zorn, ge = fähr = lich, Jäh = ling, Schmäh = sucht, un = fäh = ig, Ver = mäh = lung, Zäh = re, etc.

ai.

a-ï — Hain, Kai, Lai = e, Main, Mainz, Sai = te, Waid, Wai = se, etc.

ay.

a-ï — Bay, May, etc.

au.

a-ou — Auch, auf, aus, Baum, faul, Flaum, Gau, Gau = dieb, Hau, Haupt, Kauf, lau, Laub, Lauf, Maus, Pfau, Staub, etc.

äu.

ê-ü — Däum = ling, Fäul = niß, häu = fig, (die) Mäu = se, räu = dig, Säu = le, Säu = re, etc.

2.ᵉ *Exercice.*

Aalfang	pêche aux anguilles	Aeschlauch	échalotte
		(die) Aeste	les branches
Aalraupe	lote, barbote	Agatha	Agathe
Aeffinn	guenon	Ahle	alêne
Aehnlichkeit	analogie, ressemblance	Anna	Anne
		auch	aussi
Aermling	garde-manche	auf	sur

Aufblähung	gonflement	Hain	bois, bocage
aus	dehors, de, etc.	Hau	taillis, coupe
Ausspähung	action d'épier	Haupt	tête, chef
Baal	Baal	jähling	subitement, tout d'un coup
Bahrtuch	drap mortuaire		
Bär	ours	Kaa	hangar
Barbara	Barbe	Käfich	cage
Barnabas	Barnabé	Kai	quai
Baum	arbre	Kauf	achat, marché
Bay ou Bai	baie	kräftig	fort, vigoureux robuste
beschämt	confondu		
Clara	Claire	Laie	laïque
Däumling	poucier, marmouset	lau	tiède
		Laub	(les) feuilles, (le) feuillage
Erklärung	explication, définition	Lauf	cours, course
erwähnt	mentionné	Main	(le) Mein
Erwähnung	mention	Mainz	Mayence
fähig	capable, susceptible	Maria	Marie
		Martha	Marthe
Fähigkeit	capacité	mäßig	modéré, tempéré, sobre
Fähnrich	enseigne		
Fahrt	voyage, tournée	Maus	(la) souris
		(die) Mäuse	(les) souris
faul	pourri, paresseux	May ou Mai	Mai
		Nahrsaft	chyle
Fäulniß	pourriture	Pfau	paon
Flaum	duvet	prächtig	magnifique, superbe, etc.
Gähzorn ou Jähzorn	fougue		
		räudig	galeux
Gau	campagne, vallée, canton	Sahlband	lisière
		Saite	corde
Gaudieb	filou, escroc	Sara	Sara
gefährlich	dangereux	Säule	pilier, colonne
Glätte	(le) poli	Säure	acidité, aigreur
Goldlahn	lame d'or	Schmähsucht	médisance
Haarband	cordonnet de cheveux	sorgfältig	soigneux
		Staub	poussière, poudre
Hahnkamm	crête du coq		

unfähig	incapable, in-habile	Waid	guède, pastel
Vermählung	épousailles	Waise	orphelin
Waare	marchandise	Zähre	larme

68.ᵉ Leçon.

e, ee, eh, ei, eu.

1.ᵉʳ *Exercice*.

e.

Prononcez :

e (très-bref ou muet) dans Ab = ler, Bra = ten, Dich = ter, Him = mel, schal = ten, Schlüs = sel, ver = gift = en, ver = wund = en, zer = glied = ern, zer = mal = men, etc.

ê dans Be = ben, be = quem, be = sche = ren, Be = sen, be = then, De = gen, E = ber, Fe = der, fe = gen, Fre = vel, ge = ben, ge = ne = sen, He = bel, kle = ben, Kne = bel, le = ben, Le = ber, Le = der, le = sen, ne = ben, Ne = bel, Re = gen, reg = nen, sche = ren, schwe = ben, Schwe = fel, Se = gel, Se = gen, seg = nen, se = lig, stre = ben, Tre = ber, Tres = ter, tre = ten, Weg, wer = den, Werth, We = sen, etc.

é — Ce = der, De = muth, E = den, E = pheu, e = wig, Ka = the = der, Pe = ter, Re = gel, re = gie = ren, Schwe = den, we = nig, Ze = ter, etc.

ee.

ê — Bee = re, Meer, Speer, Theer.

é — Beet, Fee, Kaf = fee, Klee, leer, Schnee, See, Seele.

eh.

Prononcez:

ê   dans Be = geh = ren, deh = nen, dreh = en, ent = beh = ren, heh = len, leh = nen (être appuyé), feh = nen, ver = feh = ren, ftehlen, weh = ren, zeh = ren, etc.

é   — Fleh = en, geh = en, ge = scheh = en, keh = ren, (das) Leh = en, leh = nen (prêter), leh = ren, feh = en, fteh = en, etc.

ei.

ê-ï   — Beil, Blei, Eis, Ei = fen, Geift, Hei = de, Sei = te, Wei = fe, etc.

eu.

e-ü   — Deutsch, feucht, Freu = de, Freund, heu = len, heu = te, Leu = te, Scheu, Scheu = er, etc.

2.ᵉ *Exercice.*

Adler	aigle	dehnen	étendre, allonger
beben	trembler		
Beere	grain, graine, baie	Demuth	humilité
		deutsch	allemand
Beet	planche (de fleurs, etc.)	Dichter	poète
		drehen	tourner
begehren	appéter, demander	Eber	verrat
		Eden	paradis terrestre
Beil	hache		
bequem	commode, convenable	Eis	glace
		Eifen	fer
befcheren	raser, donner	entbehren	être privé, se passer
bethen ou beten	prier (Dieu)		
Blei	plomb	Epheu	lierre
Braten	(le) rôti	ewig	éternel, éternellement
Ceder	cèdre		
Degen	épée	Feder	plume
		Fee	fée

fegen	balayer, écurer	Leute	gens, personnes, monde
feucht	humide	Meer	mer
flehen	supplier, implorer	Nebel	brouillard
Freude	joie	neben	près, auprès, à côté
Freund	parent, ami	Peter	Pierre
Frevel	amende	Regel	règle
geben	donner	Regen	pluie
gehen	aller, marcher	regieren	régner, gouverner
Geist	esprit, revenant	regnen	pleuvoir
genesen	guérir	schalten	disposer de....
geschehen	arriver	scheren	raser, tondre
Hebel	levier	Scheu	peur, crainte
hehlen	cacher	Scheuer	grange
Heide	païen, bruyère, lande	Schlüssel	clef
		Schnee	neige
heulen	hurler	schweben	planer, flotter
heute	aujourd'hui	Schweden	Suède
Himmel	ciel	Schwefel	soufre
Kaffee	café	See	mer, lac
Katheder	chaire	Seele	ame
kehren	tourner, balayer	Segel	(la) voile
		Segen	bénédiction
kleben	s'attacher	segnen	bénir
Klee	trèfle	sehen	voir
Knebel	billot, garrot	sehnen	soupirer après.
leben	vivre	Seite	côté, (la) page
Leber	foie	selig	heureux, bienheureux
Leder	cuir, peau		
leer	vide	Speer	lance
(das) Lehen	le fief	stehen	être debout
lehnen	être appuyé	stehlen	voler, dérober
lehnen	prêter, emprunter	streben	tendre, aspirer à....
lehren	enseigner	Theer	goudron
lesen	lire	Treber / Trester	marc (de raisin, etc.)

treten	marcher, etc.	wenig	peu
vergiften	empoisonner	werden	devenir
versehren	blesser, endommager	Werth	valeur, prix
		Wesen	existence
verwunden	blesser	zehren	vivre
Weg	chemin	zergliedern	démembrer, analyser
wehren	arrêter, empêcher, etc.	zermalmen	briser, broyer, écraser
Weise	(le) sage, manière, façon	Zeter	haro, malheur!

69.ᵉ Leçon.

i, ie, ieh, ih.

1.ᵉʳ Exercice.

i.

Prononcez:

i   dans   Bil=lig, Fl=tiß, in=nig, ir=disch, J=ris, ir=rig, grim=mig, kin=disch, etc.

ie.

i-é   — Hi=e=ro=gly=phe, Ky=ri=é, etc.

i-ĕu — Co=mö=di=e, His=to=ri=e, Kni=e, Li=li=e, Schlé=si=en, (sie) schri=en, Spa=ni=en, (die) Po=é=si=en, etc.

î   — Bar=bier, (der) Be=dien=te, Bie=ne, Cé=ré=mo=nie, Diens=tag, Flie=ge, (du) giebst, Gieß=er, Kies, Mé=lo=die, Lie=be, nie=mand, Of=fi=cier, Pa=pier, Po=é=sie, Stie=glitz, ver=die=nen, (ich) blies, blieb, brief, fiel, fieng, gieng, hielt, hieng, hieb, hieß, ließ, lief, mied, prieß, rieth, rieb, rief, schied, schien, schlief, (es) schnie, (ich) schrieb, schrie, schwieg, spie, stieg, stieß, trieb, wieß, etc.

ieß.

Prononcez :

î   dans Vieß, (du) be‑fießlſt, (er) fießlt, (ich) ließ, (du) ver‑zießſt, (er) zieß, etc.

iß.

î   — Jhm, ißn, iß‑nen, ißr, etc.

2.ᵉ *Exercice.*

Barbier	barbier	innig	vif, intime
(der) Bediente	le domestique	irdiſch	terrestre
(du) befießlſt	tu commandes	Jris	Iris, arc-en-ciel
billig	juste		
Biene	abeille	irrig	erroné
(ich) blieb	je demeurais	Kies	gravier
(ich) blies	je soufflais	kindiſch	enfantin, puérile
(ich) briet	je rôtissais		
Ceremonie	cérémonie	Knie	genou
Comödie	comédie	Kyrie	Kyrié
Dienſtag	mardi	Liebe	amour
(ich) fiel	je tombais	(ich) lief	je courais
(ich) fieng	je prenais	(ich) ließ	je prêtais
(du) giebſt	tu donnes	(ich) ließ	je laissais
(er) gieng	j'allais	Lilie	lis (fleur)
Gießer	fondeur	Melodie	mélodie
grimmig	furieux	(ich) mied	j'évitais
(ich) hieb	je taillais	niemand	personne
(ich) hielt	je tenais	Officier	officier
(ich) hieng	j'étais attaché	Papier	papier
Hieroglyphe	hiéroglyphe	Poeſie	poésie
(ich) hieß	je m'appelais	(die) Poeſien	les poésies
Hiſtorie	histoire	(ich) prieß	je prisai, je louais
(mit) ißm	avec lui		
(für) ißn	pour lui	(ich) rieb	je frottais
ißnen	leur, à eux, à elles	(ich) rief	j'appelais
		(ich) rieth	je conseillais
(mit) ißr	avec elle	(ich) ſchied	je séparais
Jltiß	putois	(ich) ſchien	je semblais

Schleſien

Schlesien	Silésie	Stieglitz	chardonneret
(ich) schlief	je dormais	(er) stiehlt	il vole, il dérobe
(es) schnie	il neigeait		
(ich) schrie	je criais	(ich) stieß	je poussais
(ich) schrieb	j'écrivais	(ich) trieb	je chassais
(sie) schrien	ils criaient	verdienen	gagner
(ich) schwieg	je me taisais	(du) verziehst	tu pardonnais
Spanien	Espagne	Vieh	bête, bétail
Spanier	Espagnol	(ich) wies	je montrais
(ich) spie	je crachais	(er) zieh	j'accusais
(ich) stieg	je montais		

70.e LEÇON.

o, oh, oo, ö, Oe, öh.

1.er Exercice.

O.

Prononcez:

o   dans Brod, oft, Spott, Tod, Ton, etc.

oh.

ô   — Aus-boh-ren, be-loh-nen, Berg-be-woh-ner, be-woh-nen, droh-en, Ein-woh-ner, Fe-der-rohr, Koh-len-bren-ner, Oh-ren-weh, un-be-wohnt, wohl-an, wohl-thä-tig, Zu-cker-rohr, etc.

oo.

ô   — Be-moo-sen, moo-sig, Schoos-kind, Ver-loo-sung, etc.

ö.

eu   — Bö-se-wicht, dör-ren, (die) Göt-ter, Höck-er, höf-lich, hö-ren, Kö-nig, kön-nen, lö-schen, mög-lich-nörd-lich, ros-ten, stö-ren, töd-ten, thör-icht, völ-lig, wöl-ben, Zög-ling, etc.

21

Œe.

Prononcez :

eu dans Oeff=nung, Oel=krug, Oef=ter=reich, etc.

öh.

eu — Dröh=nen, ent=wöh=nen, fröh=nen, ge=
wöh=nen, höh=len, Köh=ler, Na=del=
öhr, stöh=nen, un=ver=söhn=lich, ver=
höh=nen, ver=söh=nen, ver=wöh=nen,
etc.

2.ᵉ *Exercice.*

Ausbohren	percer, creuser	König	roi
belohnen	récompenser, salarier	können	pouvoir, savoir
		löschen	éteindre
bemoosen	couvrir de mousse	möglich	possible
		moosig	moussu
Bergbewohner	montagnard	Nadelöhr	trou ou chas d'une aiguille
bewohnen	habiter		
Bösewicht	scélérat	nördlich	septentrional
Brod	pain	Oeffnung	ouverture
dörren	sécher	Oelkrug	cruche à l'huile
drohen	menacer	Oesterreich	Autriche
dröhnen ou drönen	gronder	oft	souvent
		Ohrenweh	otalgie (mal d'oreille)
Einwohner	habitant		
entwöhnen	sevrer, deshabituer	rösten	griller
		Schooskind	(le) mignon
Federrohr	étui à plumes	Spott	dérision, moquerie, raillerie
fröhnen	faire corvée		
gewöhnen	s'habituer		
(die) Götter	les dieux	stöhnen	soupirer profondément, gémir
Höcker	bosse		
höflich	honnête, civil		
höhlen	creuser	stören	fouiller, fureter
hören	écouter, entendre		
		thöricht	fou, extravagant
Kohlenbrenner Kohler	} charbonnièr	Tod	(la) mort

tödten	tuer	verwöhnen	gâter (quel-
Ton	(le) ton, (le)		qu'un)
	son	völlig	entier
unbewohnt	inhabité	wohlan!	ça, allons, eh
unversöhnlich	irréconciliable		bien!
verhöhnen	se moquer	wohlthätig	bienfaisant
Verloosung	lotissement	wölben	voûter
versöhnen	expier, récon-	Zögling	élève
	cilier	Zuckerrohr	canne à sucre

71.ᵉ Leçon.

u, uh, ü, Ue, üh.

1.ᵉʳ *Exercice.*

u.

Prononcez:

ou dans Blut, dumm, Furcht, gut, Mund, Nuß,
Puls, U = hu, etc.

v — Be = que = men, er = quick = en, Queck = sil = ber,
etc.

uh.

ou — Ge = ruh = en, Kuh = pock = en, Ne = ben = buh =
ler, ruh = en, Schuh = mach = er, Uhr =
mach = er, etc.

ü.

u — Bür = de, Bür = ger, dünn, flüf = fig, Gü = te,
hübsch, Künst = ler, Lü = ge, münd = lich,
Rü = be, Sün = de, ü = bel, etc.

Ue.

û — Ue = bel, Ue = bung, Ue = ber = setz = er, Ue =
ber = win = der, etc.

üh.

û — An = füh = len, blüh = en, brüh = en, ein = füh =
ren, er = küh = nen, füh = ren, Hüh = ner = au =
ge, küh = len, Pul = ver = müh = le, rüh = men,

û. dans rüh = ren, sprüh = en, spüh = len, ü = ber-
füh = ren, ver = blüh = en, ver = brüh = en,
ver = füh = ren, wüh = len, etc.

2.ᵉ *Exercice.*

Anfühlen	tâter	Nebenbuhler	concurrent, rival
(sich) bequemen	s'arranger, s'accommoder	Nuß	noix.
blühen	fleurir	Puls	pouls
Blut	sang	Pulvermühle	moulin à poudre
brühen	échauder		
Bürde	fardeau, faix	Quecksilber	mercure, vif-argent
Bürger	bourgeois, citoyen	Rübe	rave, navet
dumm	bête, sot, stupide, etc.	ruhen	reposer
		rühmen	vanter
dünn	mince, délié	rühren	toucher
einführen	importer, introduire	Schuhmacher	cordonnier
		sprühen	étinceler
(sich) erkühnen	s'enhardir	spühlen ou spü-len	rincer, écurer
erquicken	récréer, fortifier, etc.	Sünde	péché
flüssig	liquide	Uhrmacher	horloger.
führen	mener, conduire	Uhu	grand-duc (oiseau)
Furcht	crainte, peur	übel	mal
geruhen	daigner	überführen	transporter
gut	bon, bien	Uebel	(le) mal
Gut	(le) bien	Uebersetzer	traducteur
Güte	bonté	Uebung	exercice, pratique
hübsch	joli, gentil		
Hühnerauge	cor (au pied)	verblühen	cesser de fleurir
kühlen	rafraîchir		
Kuhpocken	vaccine	verbrühen	trop échauder
Künstler	artiste	verführen	séduire, corrompre
Lüge	mensonge		
Mund	bouche	wühlen	fouiller
mündlich	verbal, verbalement		

72.ᵉ LEÇON.

b, c, ch, chs, ck, d, dt, f, g, h, k, l.

1.ᵉʳ Exercice.

b.

Prononcez :

b   dans Be = bal = ſa = men, be = bånd = ern, be = ben, be = blü = men, etc.

p   — Ab = hand = lung, Ab = ſcheu, ab = ſchrei = ben, (ich) er = laub = te, (du) fårb = teſt, (er) glaub = te, (ich) leb = te, etc.

c.

ts — Ce = der, Cen = ſur, Cent = ner, Ci = cho = rie, etc.

k — Ca = pi = tel, Cla = vier, Con = cept, Con = cert, Cru = ci = fix, etc.

ch.

ch — Ach, Buch, Chi = na, Chy = mie, E = cho, ich, noch, recht, etc.

k — Cha = me = le = on, Cha = rac = ter, Chor = ſtuhl, Chriſ = ten = heit, Chur = prinz, etc.

chs, chſ.

ks — Ach = ſe, Ach = ſel, fuchs = roth, Lachs = fang, Ochs, Och = ſen = au = ge, etc.

chſ — Dach = ſpan, (des) Buchs, nach = ſeh = en, (er) ſprachs, wach = ſam, etc.

ck.

kk — Ac = ker, Båc = ker, Ec = ke, Fac = kel, Hec = ke, etc.

d.

d — Da = durch, Dol = de, Du = del = ſack, dul = den, freud = ig, (die) Råd = er, Weid = icht, etc.

Prononcez:

t   dans   Bild=hau=er, Bild=niß, Hand=fest, Mäd=chen, tod=feind, etc.

dt.

t   — Be=redt=sam=keit, Städt=er, tödt=en, Ver=wandt=schaft, etc.

f.

f   — Fa=den, Far=be, Hof, Schwe=fel, etc.

g.

gh   — Ga=be, Ge=duld, gie=ßen, Gold, Gunst, günst=ig, etc.

ch   — Berg, E=wig=keit, Tag, Weg, zwan=zig, etc.

h.

h(aspiré)- Be=haupt=en, da=heim, er=ha=ben, ge=horch=en, halb=hun=dert, etc.

h(muet)- Dreh=en, näh=en, Roh=ig=keit, seh=en, Ver=geh=ung, etc.

k.

k   — Bank, kaum, kom=men, krank=en, stark, etc.

l.

l   — Al=lein, bel=len, lal=len, Lüm=mel, etc.

2.e *Exercice.*

Abhandlung	dissertation, traité	Bank	banc
Abscheu	horreur	bebalsamen	embaumer
abschreiben	copier, transcrire	bebändern	garnir de rubans
ach!	ah! hélas,	beben	trembler
Achse	axe, essieu	beblümen	parsemer de fleurs
Achsel	épaule	Bäcker	boulanger
Acker	champ	behaupten	soutenir
allein	seul, mais	bellen	aboyer

Beredtsamkeit	éloquence	Ewigkeit	éternité
Berg	montagne	Fackel	flambeau
Bildhauer	sculpteur	Faden	fil
Bildniß	portrait	Farbe	couleur
Buch	livre	(du) färbtest	tu teignais, tu teignis
(des) Buchs	du livre		
Capitel	chapitre	freudig	gaiement
Ceder	cèdre	fuchsroth	roux
Censur	censure	Gabe	don, présent
Centner	quintal	Geduld	patience
Chameleon	caméléon	gehorchen	obéir
Character	caractère	gießen	fondre, verser, répandre
China	Chine		
Chorstuhl	stalle	(er) glaubte	il croyait, il crut
Christenheit	chrétienté		
Churprinz	prince élécto-ral	Gold	(l') or
		Gunst	faveur
Chymie	chimie	günstig	favorable
Cichorie	chicorée	halbhundert	demi - cent
Clavier	clavecin	handfest	vigoureux
Concept	brouillon, mi-nute	Hecke	ponte
		Hof	cour
Concert	concert	ich	je, moi
Crucifix	crucifix	kaum	à peine
Dachspan	bardeau	kommen	venir
dadurch	par là	kranken	être malade
daheim	chez soi, au logis	Lachsfang	pêche du sau-mon
Dolde	ombelle	lallen	bégayer, bal-butier
drehen	tourner		
Dudelsack	musette, cor-nemuse	(ich) lebte	je vivais, je vécus
dulden	souffrir, sup-porter	Lümmel	lourdaud
		Mädchen	fille
Echo	écho	nachsehen	suivre des yeux
Ecke	angle, coin		
erhaben	élevé	nähen	coudre
(ich) erlaubte	je permettais, je permis	noch	encore, ni
		Ochs	bœuf

Ochſenauge	œil-de-bœuf	Tag	jour
(die) Räder	les roues	todfeind	ennemi mortel
recht	bien, juste,	tödten	tuer
	vrai, etc.	Vergehung	faute, délit
Rohigkeit	crudité	Verwandſchaft	parenté
Schwefel	soufre	wachſam	vigilant
ſehen	voir	Weg	chemin
(er) ſprach's	il dit	Weidicht	oseraie
Städter	citadin	zwanzig	vingt
ſtark	fort		

73.e L E Ç O N.

m, n, ng, nk, p, ph, qu, r.

1.er *Exercice.*

m.

Prononcez:

m   dans   Mam-muth, Muh-me, ſchlimm, Strom, etc.

n.

n   —   Hen-ne, Non-ne, nun, wann, wenn, etc.

ng.

ng   —   Ang-el, An-hang, Bang-e, Bang-el, Ding, Eng-el, fang-en, Fing-er, Gang, Hung-er, Ing-wer, Rang, Ring, Sprung, ſtreng, etc.

n-gh   —   An-ge-ſicht, in-gleich-en, in-grimm, un-ge-ſchickt, Un-glau-be, Un-gna-de, etc.

nk.

nk   —   Ank-er, Dank, Enk-el, Fink, Funk-e, link, ſink-en, etc.

n-k   —   An-klei-den, an-kom-men, O-fen-krück-e, un-klug, un-kräf-tig, etc.

p.

p   dans Pa = pa = gei, Papſt, Pup = pe, Wap = pen, etc.

ph.

f   — A = dolph, Phi = lipp, Phi = lo = ſo = phie, etc.

qu.

kv   — Qua = fen, quä = fen, Quen = del, quit = tie = ren, etc.

r.

r   — Ren = ner, Rha = bar = ber, Rit = ter, Rö = mer, etc.

2.ᵉ *Exercice.*

Adolph	Adolphe	Henne	poule
Angel	gond	Hunger	faim
Angeſicht	visage, face	ingleichen	de même, de plus, comme, aussi, etc.
Anhang	appendice, supplément		
Anker	ancre	Ingrimm	colère secrète
ankleiden	vêtir, habiller	Ingwer	gingembre
ankommen	arriver	link	gauche
Bange	peur	Mammuth	mammouth
Bangel	rondin	Muhme	tante
Dank	remercîment, récompense	Nonne	nonne, religieuse, etc.
Ding	chose, affaire	nun	actuellement, eh bien!
Engel	ange		
Enkel	petit-fils	Ofenkrücke	râble, tire-braise
fangen	prendre, attraper	Papſt	pape
Finger	doigt	Papagei	perroquet
Fink	pinçon	Philipp	Philippe
Funke	étincelle	Philoſophie	philosophie
Gang	marche, cours, allée	Puppe	poupon, poupée

quacken	coasser	ſtreng	rude, sévère, austère, etc.
quäken	glapir		
Quendel	thym	Strom	cours, courant d'eau, torrent
quittieren	donner quittance		
		ungeſchickt	maladroit
Rang	rang, rangéé	Unglaube	incrédulité
Renner	coursier	Ungnade	disgrace
Rhabarber	rhubarbe	unklug	imprudent
Ring	anneau, boucle	unkräftig	inefficace
Ritter	chevalier	wann	quand
Römer	Romain	Wappen	armes, armoiries
ſinken	s'enfoncer		
ſchlimm	mal, mauvais, malin, etc.	wenn	quand, lorsque, si
Sprung	saut, ſente, etc.		

74.ᵉ Leçon.

ſ, ß, ᛋ, ſc, ſch, ſk, ſm, ſp, ſph, ſt.

1.ᵉʳ *Exercice*.

ſ.

Pronoṅceż :

z   danſ Bla = ſen, bö = ſe, Buſen, Drü = ſe, Fa = ſer, Ho = ſe, le = ſen, Ro = ſe, etc.

s (dur) — Eck = ſäu = le, Kreb = ſe, klapp = ſen, Mengſel, etc.

ß.

s (dur) — Bei = ßen, Biß, blaß, Bu = ße, (ſich) er = bo = ßen, Fleiß, Fluß, Fuß, etc.

ᛋ.

s (dur) — Aus = drück = en, Glas, Gleis, gott = los, Hals, Haus, Kür = bis, Rus, etc.

ſc.

sts dans Scä = vo = la , Scep = ter , Sce = ne , Sci = pio ,
etc.

chk — Scal = de , ſcan = die = ren , Sca = pu = lier , etc.

ſch.

ch — A = ſche , be = ſchwer = lich , Fiſch , Froſch ,
ſchön , etc.

ſk.

chk — Skla = ve , Skla = ve = rei , Skla = vo = ni = en ,
Skor = pi = on , Skru = pel , etc.

ſm, ſm.

chm — Sma = ragd , Smei = te , Smir = nen = kraut.

sm — Aus = meſ = ſen , Gras = müc = ke , Ros = ma = rin ,
Wis = muth , etc.

ſp, ſp.

chp — An = ſper = ren , an = ſpan = nen , Ein = ſpruch ,
Ge = ſpräch , los = ſprech = en , ſpa = ren ,
Spar = ren , Speich = er , ſpei = ſen , Spie =
gel , Spies = glas , Sporn , ver = ſprech =
en , etc.

sp — Aus = plünd = ern , Es = pe , Knos = pe , Hos =
pital , los = preſ = ſen , Wis = pel , etc.

ſph.

sf — Sphä = re , Sphe = ne , Sphinx , etc.

ſt.

cht — An = ſtän = dig , aus = ſteh = en , bei = ſteh = en ,
ber = ſten , Bür = ſte , Durſt , E = del = ſtein ,
erſt , er = ſtau = nen , gar = ſtig , ſtei = ni =
gen , ſter = ben , ſtil = len , Strauß , etc.

st — Baſ = tei , (der) beſ = te , (du) biſt , Chriſ =
ten , geſ = tern , (du) haſt , huſ = ten , (er)
iſt , Laſ = ter , (du) lehrſt , (du) lieb =
teſt , luſ = tig , (der) fi = cherſ = te , (der)
ſchwerſ = te , etc.

2.ᵉ *Exercice.*

anspannen	tendre, atteler	erst	d'abord, seulement, etc.
ansperren	barrer		
anständig	décent, convenable	erstaunen	s'étonner, être surpris
Asche	cendre	Espe	peuplier
ausdrücken	exprimer	Faser	filament, fibre
ausmessen	mesurer	Fisch	poisson
ausplündern	piller, saccager	Fleiß	diligence
ausstehen	souffrir, supporter, etc.	Fluß	fleuve, rivière, fluxion
Bastei	bastion	Frosch	grenouille
beistehen	assister, secourir	Fuß	pied, jambe
		garstig	sale, souillé
beißen	mordre	Gespräch	conversation, entretien
bersten	crever		
beschwerlich	onéreux, pénible, etc.	gestern	hier
		Glas	verre
(der) beste	le meilleur	Gleis	ornière
Biß	morsure	gottlos	impie
(du) bist	tu es	Grasmücke	fauvette
blasen	souffler	Hals	cou
blaß	pâle	(du) hast	tu as
böse	mauvais, méchant, malade	Haus	maison
		Hose	culotte
Bürste	brosse	Hospital	hôpital
Buße	pénitence	husten	tousser
Busen	sein	(er) ist	il est
(die) Christen	les chrétiens	klappsen	claquer
Drüse	glande	Knospe	bouton, bourgeon
Durst	soif		
Ecksäule	colonne angulaire	Krebse	des écrevisses
		Kürbis	citrouille
Edelstein	pierre précieuse	Laster	vice
		(du) lehrst	tu instruis
Einspruch	opposition, réclamation	lesen	lire
		(du) liebtest	tu aimais, tu aimas
(sich) erbosen	se courroucer		
		lospressen	lâcher la presse

lossprechen	dispenser, absoudre	Smeite	couet
lustig	gai, joyeux	Smirnenkraut	maceron
Mengsel	mélange	sparen	réserver, épargner
Rose	rose	Sparren	chevron
Rosmarin	romarin	Speicher	grenier
Ruß ou Ruß	suie	speisen	manger
Scalde	Scalde	Sphäre	sphère
scandieren	scander	Sphene	sphène
Scapulier	scapulaire	Sphinx	sphinx
Scävola	Scévola	Spiegel	miroir
Scepter	sceptre	Spiesglas	antimoine
Scene	scène	Sporn	éperon
Scipio	Scipion	steinigen	lapider
schön	beau	sterben	mourir
(der) schwerste	le plus pesant	stillen	se calmer
(der) sicherste	le plus sûr	Strauß	combat, bouquet, autruche
Sklave	esclave		
Sklaverei	esclavage		
Sklavonien	Esclavonie	versprechen	promettre
Skorpion	scorpion	Wismuth	bismuth
Skrupel	scrupule	Wispel	wispel (mesure)
Smaragd	émeraude		

75.ᵉ ET DERNIÈRE LEÇON.

t, th, v, w, x, y, z.

1.ᵉʳ *Exercice.*

t.

Prononcez :

t   dans Tar = ta = rei , Tes = ta = ment , tre = ten , Tritt , etc.

ts   — Lec = ti = on , Mo = ti = on , Na = ti = on , Por = ti = on , etc.

th.

t   — Fluth , Koth , Loth , Rath , That , The = a = ter , Theil , Thier , Thon , Thrä = nen , thun , etc.

v.

f dans Ab = vie = ren, an = ver = trau = en, be = völk = ern, Bre = vier, E = van = ge = li = um, Ge = vat = ter, her = vor = bring = en, Sa = voi = en, un = ver = än = der = lich, Va = ter, Ve = nus, ver = ach = ten, Ve = suv, vier = zig, vo = mi = tiv, etc.

w.

v — Aus = wen = dig, be = wah = ren, ein = weih = en, ge = win = nen, Lö = we, Was = ser, Weib, wild, Wolf, Wur = zel, etc.

x.

ks — A = lex = an = der, Axt, Ei = de = xe, fix, He = xe, He = xe = rei, Kux, Xan = tip = pe, etc.

y.

i — By = rold, Gyps, Hy = der, Hym = ne, Hy = po = thek, Ky = bitz, Lym = phe, ly = risch, Py = re = nä = en, Syn = tax, Sys = tem, Yt = ter = er = de, etc.

z.

ts — Ab = zieh = en, an = zün = den, Aus = zug, be = zah = len, Ein = zug, ganz, ge = ziert, Harz, Kan = zel, Kranz, Reiz, Tanz, voll = zieh = en, Ver = zeich = niß, Zau = be = rei, Zelt, zit = tern, zot = tig, zu = frie = den, etc.

s (dur) - A = ber = wit = zig, er = götz = lich, Frat = ze, Hit = ze, Kat = ze, krat = zen, set = zen, schät = zen, schmut = zig, schwät = zen, schwit = zen, sit = zen, trot = zen, Witz.

Aberwitzig	radoteur	Hexerei	sorcellerie
abvieren	équarrir	Hitze	chaleur
abziehen	soustraire, retrancher	Hyder	hydre
		Hymne	hymne
Alexander	Alexandre	Hypothek	hypothèque
anvertrauen	confier	Kanzel	chaire
anzünden	allumer, embraser	Katze	chat
		Koth	boue
auswendig	extérieur, par cœur	Kranz	guirlande
		kratzen	gratter
Auszug	départ, extrait	Kur	portion d'intérêt dans une mine
Axt	cognée		
bevölkern	peupler		
bewahren	préserver, garantir	Kybitz ou Kibitz	vanneau
		Lection	leçon
bezahlen	payer	Loth	sonde, demi-once
Brevier	bréviaire		
Byrold	grive	Löwe	lion
Eidexe ou Eidechse	lézard	Lymphe	lymphe
		lyrisch	lyrique
einweihen	bénir, dédier, consacrer	Motion	motion
		Nation	nation
Einzug	entrée	Portion	portion
ergötzlich	plaisant	Pyrenäen	(les) Pyrénées
Evangelium	évangile	Rath	consultation, conseil
fix	prompt, vite, prêt		
		Reiz	irritation, attrait, appas
Fluth ou Flut	flux		
Fratze	grimace	Savoien	Savoie
ganz	entier, tout	schätzen	apprécier, estimer
Gevatter	compère		
gewinnen	gagner	schmutzig	sale
geziert	affété, recherché	schwätzen	causer
		schwitzen	suer
Gyps ou Gips	gypse, plâtre	setzen	mettre
Harz	résine	sitzen	être assis
hervorbringen	produire	Syntax	syntaxe
Hexe	sorcière	System	système

Tanz	(la) danse	Vesuv	(le) Vésuve
Tartarei	Tartarie	vierzig	quarante
Testament	testament	vollziehen	exécuter, accomplir
That	fait, action		
Theater	théâtre	Vomitiv	vomitif
Theil	part, portion	Wasser	eau
Thier	animal, bête	Weib	femme
Thon	argile	wild	sauvage
Thor	porte	Witz	raison, bon sens
thränen	pleurer		
thun	faire	Wolf	loup
treten	marcher	Wurzel	racine
Tritt	pas	Xantippe	Xantippe
trotzen	braver	Yttererde	yttria
unveränderlich	invariable, immuable	Zauberei	sorcellerie, enchantement
Vater	père	Zelt	tente
Venus	Vénus	zittern	trembler
verachten	mépriser	zottig	velu
Verzeichniß	liste, catalogue	zufrieden	content

CHOIX
DE FABLES, D'ANECDOTES
ET D'AUTRES MORCEAUX

pour s'exercer à lire couramment dans les deux langues.

Auswahl

von

Fabeln, Geschichtszügen

und anderen Stücken,

um sich zu üben in beiden Sprachen fertig zu lesen.

Le Carrefour d'Alcide.

ALLÉGORIE.

Hercule, que l'on nomme aussi Alcide, étant parvenu à l'adolescence, commença dès lors à songer sérieusement au parti qu'il prendrait pour sa conduite future.

Il sentit qu'il n'y avait pas de milieu, et qu'il fallait se déclarer ou pour le vice ou pour la vertu.

Plein de ces pensées importantes, il se retira dans un lieu solitaire, pour réfléchir tranquillement au choix qu'il avait à faire.

A peine s'était-il assis au pied d'un arbre pour y rêver, qu'il fut surpris par le sommeil, et eut un songe analogue à l'objet qui l'occupait.

Il lui sembla qu'après avoir marché quelque temps sur une route, il était venu à un endroit où le chemin se partageait en deux et formait une fourche, de façon que ne sachant s'il prendrait à droite ou à gauche, il s'arrêta au carrefour :

Aussitôt il vit venir deux grandes femmes, l'une d'un côté, l'autre de l'autre, qui s'approchèrent de lui.

L'une était vêtue de blanc; on voyait briller dans ses yeux des graces naturelles, mêlées de décence et de gaieté;

L'autre paraissait n'avoir été élevée que dans la mollesse, et n'être faite que pour le plaisir :

Tout en elle respirait la volupté, ou plutôt c'était la Volupté elle-même.

Elle courut au jeune homme, afin de prévenir l'autre femme, qu'elle avait reconnue pour la Vertu, et lui dit d'un air affectueux :

Herkules am Scheideweg.

Eine Allegorie.

Als Herkules, den man auch Alcides nennt, ins Jünglingsalter übergegangen war, fieng er von der Zeit an ernstlich über seine künftige Bestimmung nachzudenken.

Er fühlte, daß es keinen Mittelweg gebe, und daß man sich entweder für das Laster oder für die Tugend erklären müsse.

Von diesen wichtigen Gedanken erfüllt, zog er sich in einen einsamen Ort zurück, um ruhiger dieser Wahl nachsinnen zu können.

Kaum hatte er sich unter einen Baum gelagert um daselbst darüber nachzudenken, so überfiel ihn der Schlaf, und er hatte einen Traum, welcher sich auf den Gegenstand, der ihn beschäftigte, bezog.

Es kam ihm vor, als ob er eine Zeitlang auf einem Weg gegangen wäre, und daß er an einen Ort gekommen, wo sich der Weg gabelförmig theilte, so daß er nicht wußte, ob er rechts oder links gehen sollte; er blieb am Scheideweg stehn:

Alsobald sah er zwei große Frauen kommen, die eine auf dieser Seite, die andere auf der andern, welche sich ihm näherten.

Die eine hatte einen weißen Anzug; in ihren Augen sah man natürliche Anmuth glänzen, mit Anstand und Munterkeit vermischt;

Die andere schien verzärtelt, und nur für das Vergnügen gemacht:

Alles an ihr athmete Wollust, oder vielmehr, es war die Wollust selbst.

Sie lief dem Jüngling entgegen, um dem andern Weibe zuvorzukommen, welches sie für die Tugend erkannte; und sagte zu ihm, mit zuneigungsvollen Gesichte:

O mon cher Hercule, viens, suis-moi par ce chemin jonché de fleurs; tout y est commode et agréable, sans souci, sans travail sans inquiétude et sans peine; je t'y ferai couler des jours charmants au sein de tous les plaisirs.

Pendant que la Volupté parlait ainsi, la Vertu s'était approchée et avait pris la parole:

Garde-toi, dit-elle au jeune Alcide, de suivre cette séductrice! songe qu'il ne peut y avoir de bonheur sans la vertu, de repos sans travail, d'amusement sans occupation, de plaisirs sans peine.

Tout ce qu'il y a de bon, de beau, d'agréable, de glorieux, est fait pour l'homme; mais il ne peut en jouir que par un travail constant et opiniâtre: tel est l'ordre immuable de la sagesse éternelle.

Le ciel te sera propice, si tu te soumets à ses décrets; les hommes t'aimeront, si tu cherches à leur faire du bien; toute la Grèce t'admirera si tu es bon et vaillant; la terre te comblera de ses dons, si tu la cultives; ton corps même deviendra fort et robuste, si tu l'exerces à la fatigue et au travail.

La Volupté l'interrompit et dit: Eh bien! Alcide, tu vois si la carrière que t'offre cette femme, est longue, pénible et désagréable! Elle veut te mener au bonheur par des détours infinis, tandis que je t'y conduis sans peine comme sans délai.

Ah malheureuse! dit alors la Vertu, en apostrophant la Volupté, quels biens peux-tu promettre à tes amis qui te soient propres? toi qui les plonges dans les abymes de la misère, de la douleur et du désespoir!

O lieber Herkules! Komm, folge mir auf diesem
mit Blumen übersäeten Wege; auf demselben ist alles
bequem und angenehm, ohne Sorgen, ohne Arbeit,
ohne Unruhe und Mühe; ich werde dir darauf nichts
als herrliche Tage verschaffen, im Schooße aller Wol=
lüste.

Während die Wollust so sprach, hatte sich die Tu=
gend genähert, und hatte das Wort genommen:

Hüte dich, junger Alcides, dieser Verführerin zu
folgen! Bedenke, daß kein Glück statt haben kann ohne
Tugend, keine Ruhe ohne Arbeit, keine Belustigung
ohne Beschäftigung, kein Vergnügen ohne Anstrengung.

Alles was gut, schön, angenehm und rühmlich ist,
ist für den Menschen geschaffen; aber er kann es nicht
genießen ohne anhaltende Arbeit: dieß ist die unabän=
derliche Ordnung der ewigen Weisheit.

Der Himmel wird dich begünstigen, wenn du dich
seinen Schlüssen unterwirfst; die Menschen werden dich
schätzen, wenn du ihnen gutes zu thun suchst; ganz
Griechenland wird dich bewundern, wenn du gut und
tapfer bist; die Erde wird dich mit ihren Schätzen
überhäufen, wenn du sie anbauest; dein Körper selbst
wird stark und abgehärtet werden, wenn du ihn an die
Arbeit und Ermüdung gewöhnst.

Die Wollust unterbrach sie und sagte: Wohlan nun,
Alcides, du siehst es, ob die Lebensbahn, die dir dieses
Weib vorzeichnet, lang, mühselig und unangenehm ist!
Es will dich durch unzählige Umwege zum Glücke füh=
ren, da hingegen ich dich dazu führe ohne Mühe
und ohne Verzug.

O unglückliche! sagte dann die Tugend, indem sie
die Wollust scharf anredete, was für Güter kannst du
deinen Freunden versprechen, die dir eigen sind? du,
die du sie in den Abgrund des Verderbens, des
Schmerzes und der Verzweiflung stürzest!

Dans la jeunesse, tu ruines, tu affaiblis leurs corps, et dans la vieillesse, tu les livres aux souffrances.

Pour moi, ajouta-t-elle, après lui avoir fait beaucoup d'autres reproches, je suis la compagne des gens de bien, et sans moi rien de bon ni de louable ne saurait s'exécuter.

Je fais jouir mes favoris d'une longue vie, d'une santé à l'épreuve, et d'une satisfaction imperturbable; je leur attire la faveur des dieux et l'amitié des hommes; c'est par moi qu'ils deviennent la gloire de leur pays : et lorsqu'enfin ils sont arrivés au terme de leur vie, je les conduis dans mes palais éternels.

En achevant ces mots, la Vertu disparut; la Volupté, qui redoutait sa présence, l'avait prévenue par sa fuite.

Hercule se réveilla en sursaut, et, éclairé par son rêve, il ne balança plus sur le parti qu'il avait à prendre.

Il choisit la route de la vertu, et devint si célèbre dans l'univers, que sa gloire n'est pas encore éteinte de nos jours.

Le Temps perdu et regagné.

Les parents de Lucien étaient engagés dans des affaires de commerce si considérables, qu'il leur était impossible de s'occuper eux-mêmes de son éducation.

Ils avaient entendu parler d'une école célèbre, d'où il était sorti un grand nombre de jeunes gens distingués par les connaissances qu'ils y avaient acquises, et par les principes d'honneur qu'on leur avait inspirés.

In der Jugend zerstörst und schwächst du ihren Körper, und im hohen Alter verursachst du ihnen die größten Leiden.

Aber ich, setzte sie hinzu, nachdem sie ihr mehrere andere Vorwürfe gemacht hatte, ich bin die Begleiterin der Rechtschaffenen, und ohne mich könnte nichts gutes und lobenswürdiges ausgeführt werden.

Ich verschaffe meinen Günstlingen ein langes Leben, eine dauerhafte Gesundheit, und eine unzerstörbare Zufriedenheit; ich verschaffe ihnen die Gunst der Götter und die Freundschaft der Menschen; durch mich werden sie der Ruhm ihres Vaterlandes; und wenn sie am Ziele des Lebens sind, so führe ich sie in meine ewigen Wohnungen.

Als die Tugend dieß gesagt hatte, verschwand sie; die Wollust, die ihre Gegenwart fürchtete, war ihr durch ihre Flucht zuvorgekommen.

Herkules erwachte auffahrend, und durch seinen Traum erleuchtet, trug er kein Bedenken mehr über den Entschluß, den er nehmen sollte.

Er wählte den Weg der Tugend, und wurde so berühmt in der Welt, daß sein Ruhm in unsern Tagen noch nicht erloschen ist.

Die verlorne und wieder eingebrachte Zeit.

Lucians Eltern waren in so beträchtliche Handelsgeschäfte verwickelt, daß es ihnen unmöglich war, sich selbst mit seiner Erziehung abzugeben.

Sie hatten von einer berühmten Schule sprechen hören, aus welcher eine große Anzahl von Jünglingen hervorgegangen war, welche sich durch die Kenntnisse, die sie da erworben, und durch die Grundsätze der Ehre, die man ihnen eingeflößt hatte, auszeichneten.

Quoiqu'elle fût éloignée d'environ cent lieues de sa demeure, le père de Lucien y envoya son fils, en le recommandant avec les plus vives instances au directeur.

Celui-ci, qui regardait chacun de ses élèves comme son propre enfant, n'épargna rien pour le corriger de ses défauts, l'exciter au travail, et faire naître en son ame des sentimens élevés.

Les personnes qu'il avait associées à ses travaux, cherchèrent aussi, de tout leur pouvoir, à le seconder dans ces louables dispositions.

Des soins si tendres n'eurent pas le succès qu'on en devait espérer.

Lucien était d'un caractère inquiet et volage, qui lui faisait oublier, dans l'instant même, les sages conseils qu'on lui donnait.

Pendant les heures destinées à l'étude, il laissait tellement errer ses pensées, qu'il ne lui restait aucune attention pour les leçons de ses maîtres.

Tous ses devoirs étaient sacrifiés aux plus frivoles amusemens.

Il apportait la même négligence dans le soin de sa personne et de ses livres.

Ses vêtemens étaient toujours en désordre; et malgré l'agrément de sa figure, on ne pouvait l'approcher qu'avec un mouvement de dégoût.

Il est aisé de sentir combien cette légèreté fut nuisible à son avancement.

Tous ses camarades le laissaient loin derrière eux dans leurs progrès: il n'y avait pas même jusqu'aux plus petits, reçus long-temps après lui dans l'école, qui ne l'eussent bientôt surpassé, et qui ne le regardassent avec mépris.

Lorsqu'il venait quelqu'étranger de distinction, on avait grand soin de l'écarter de leurs yeux, de peur qu'il ne fît tort à ses camarades par son air sauvage et sa malpropreté.

Wiewohl sie bei hundert Meilen von seinem Wohnorte entfernt war, so schickte doch Lucians Vater seinen Sohn dahin, indem er ihn dem Vorsteher aufs dringendste empfahl.

Dieser, welcher jeden seiner Zöglinge wie sein eigenes Kind betrachtete, sparte nichts, um ihn von seinen Fehlern zu bessern, zur Arbeit aufzumuntern, und in seiner Seele edle Gefühle zu erzeugen.

Die Personen, welche er zu Gehülfen bei seinen Arbeiten angenommen hatte, suchten auch, nach bestem Vermögen ihn bei dieser löblichen Gesinnung zu unterstützen.

Eine so zärtliche Sorgfalt hatte nicht den erwünschten Erfolg, den man davon zu hoffen hatte.

Lucian hatte eine unruhige und leichtsinnige Gemüthsart, welche machte, daß er im Augenblick selbst die weisen Rathschläge, die man ihm gab, vergaß.

Während den zum Studieren bestimmten Stunden, ließ er seine Gedanken so herumschweifen, daß ihm keine Aufmerksamkeit für den Unterricht seiner Lehrer übrig blieb.

Alle seine Pflichten wurden den leichtfertigsten Vergnügungen aufgeopfert.

Er bewies diese nämliche Nachlässigkeit in der Sorgfalt für seine Person und für seine Bücher.

Seine Kleider waren immer in Unordnung, und der Annehmlichkeit seiner Gestalt ungeachtet, konnte man sich ihm nur mit einem Gefühl von Eckel nähern.

Man sieht leicht ein, wie schädlich dieser Leichtsinn seinem Vorankommen war.

Alle seine Cameraden ließen ihn in ihren Fortschritten weit hinter sich zurück: selbst die Kleinsten, welche lange nach ihm in die Schule aufgenommen worden, hatten ihn bald übertroffen, und betrachteten ihn mit Verachtung.

Kamen ausgezeichnete Fremde, so entfernte man ihn aufs sorgfältigste, damit er nicht seinen Kameraden durch sein rohes Ansehen und seine Unreinigkeit Nachtheil brächte.

Jamais il n'avait paru dans les exercices que l'on fait ordinairement en public à la fin de l'année : son ignorance eût suffi pour décréditer la pension.

Toutes ces disgraces humiliantes ne faisaient aucune impression sur lui : c'était toujours la même inconséquence, la même dissipation et le même désordre.

Ses précepteurs ne le voyaient qu'avec une tristesse secrète, et leur zèle pour son avancement se réfroidissait de jour en jour.

Ils se disaient souvent l'un l'autre : le pauvre Lucien ! combien il se rend malheureux ! Que vont dire ses parents, en le voyant revenir dans la maison paternelle avec si peu de connaissances et tant de défauts ?

Deux années entières s'étaient ainsi écoulées sans le moindre fruit pour son éducation, lorsqu'il reçut un paquet fermé d'un cachet noir. Il l'ouvrit, et y lut la lettre suivante :

Mon cher fils,

Tu n'as plus de père : le ciel vient de le ravir à notre amour.

J'ai perdu dans mon époux mon protecteur et mon ami.

Il n'est plus maintenant que toi sur la terre qui puisse apporter quelque soulagement à ma douleur, par des sentimens dignes de ma tendresse.

Mais si tu trompais mon attente, s'il fallait renoncer à la douce espérance de voir revivre un jour dans ton cœur les vertus de celui que j'ai perdu, je n'aurais plus qu'à mourir de désespoir.

Je t'envoie le portrait de ton père, et je te conjure de le suspendre au chevet de ton lit.

Niemals war er bei den Uebungen erschienen, welche man gewöhnlich öffentlich, zu Ende des Jahrs, anstellte: seine Unwissenheit wäre hinreichend gewesen, die Lehranstalt um ihren Ruf zu bringen.

Alle diese demüthigenden Unfälle machten keinen Eindruck auf ihn: es war immer der nämliche Leichtsinn, die nämliche Zerstreuung, die nämliche Unordnung.

Seine Lehrer betrachteten ihn nur mit einer geheimen Traurigkeit, und ihr Eifer für sein Fortkommen erkaltete von Tag zu Tag.

Oft sagte einer zum andern: Der arme Lucian. Wie unglücklich macht er sich! Was werden seine Eltern sagen, wenn sie ihn ins väterliche Haus mit so wenig Kenntnissen und so vielen Fehlern zurückkommen sehen?

Zwei Jahre waren so vorübergegangen, ohne den geringsten Nutzen für seine Erziehung, als er ein schwarz petschirtes Päckchen erhielt. Er öffnete es und las darin folgenden Brief:

Lieber Sohn,

Du hast keinen Vater mehr: der Himmel hat ihn unserer Liebe entrissen.

Ich habe in meinem Gatten meinen Beschützer und meinen Freund verloren.

Es ist nun niemand mehr auf der Erde als du, der meinem Schmerze eine Linderung verschaffen kann, durch Gesinnungen, die meiner Zärtlichkeit würdig sind.

Aber wenn du meine Erwartung täuschtest, wenn ich der süßen Hoffnung entsagen müßte, einst in deinem Herzen die Tugenden dessen, den ich verloren habe, aufleben zu sehen, so bliebe mir nichts übrig, als aus Verzweiflung zu sterben.

Ich übersende dir das Porträt deines Vaters; und ich beschwöre dich, es über deinem Bette aufzuhängen.

Regarde-le souvent, pour t'exciter à devenir aussi honnête homme que lui.

Je te laisserai passer le reste de l'année dans ta pension, afin que tu achèves de t'instruire et de te former.

Songe que tu tiens en tes mains le destin de ma vie, et que ta tendre mère ne peut plus avoir un moment de bonheur que par toi.

La dissipation de Lucien n'avait pas étouffé en lui les sentimens de la nature. Cette lettre les réveilla tous à la fois dans le fond de son ame.

Il fondit en larmes, se tordit les mains, et s'écria d'une voix entrecoupée de mille sanglots :

Ah! mon père, mon père, tu m'es donc ravi pour toujours.

Il prit le portrait, le porta sur son cœur et sur sa bouche, et lui adressa ces paroles :

O cher auteur de ma vie! tu as fait tant de dépenses pour mon instruction, et je n'en ai pas profité! tu étais un si brave homme, et moi.... Non, je ne suis pas digne de me nommer ton fils.

Il passa toute la journée à pousser ces plaintes amères. Le soir, il se mit au lit; mais il eut beau se tourner d'un côté et de l'autre, le sommeil ne vint point fermer ses yeux. Il lui semblait voir l'image de son père, qui lui disait d'une voix terrible :

Indigne enfant! j'ai sacrifié mon repos et ma vie pour te rendre heureux, et tu deshonores mon nom par ta conduite!

Il pensait ensuite à sa mère et à la tristesse qu'il allait lui causer, au lieu de la consolation qu'elle s'attendait à recevoir de son retour.

Lorsque je paraîtrai devant ses yeux, et que je n'aurai que de tristes témoignages a lui présenter de mes instituteurs! lorsqu'elle voudra se faire honneur dans le monde de l'éducation qu'elle m'a

Betrachte es oft, um dich aufzumuntern, ein eben so rechtschaffener Mann, wie er, zu werden.

Ich werde dich noch den Rest des Jahres in deiner Lehranstalt zubringen lassen, damit du dich vollends unterrichtest und bildest.

Denke, daß du das Schicksal meines Lebens in deinen Händen hast, und daß deine zärtliche Mutter nur durch dich noch einen Augenblick von Glück genießen kann.

Die Zerstreuung Lucians hatte in ihm die Gefühle der Natur nicht erstickt. Dieser Brief erweckte sie alle zugleich im Innersten seiner Seele.

Er zerfloß in Thränen, rang die Hände, und rief mit einer durch tausend Seufzer unterbrochenen Stimme:

Ach! mein Vater, mein Vater, du bist mir also für immer entrissen!

Er nahm das Bild, drückte es an sein Herz und auf seinen Mund, und richtete diese Worte an es:

O lieber Urheber meines Lebens, du hast so große Ausgaben für meinen Unterricht gemacht, und ich habe ihn nicht benutzt! Du warst ein so braver Mann, und ich . . . . . O nein, ich bin nicht werth dein Sohn zu heißen.

Den ganzen Tag über stieß er diese bittern Klagen aus. Abends legte er sich zu Bette; aber so sehr er sich auch hin und her warf, so schloß der Schlaf doch seine Augen nicht. Er glaubte das Bild seines Vaters zu sehen, welches mit fürchterlicher Stimme zu ihm sagte:

Unwürdiges Kind, ich habe meine Ruhe und mein Leben aufgeopfert, um dich glücklich zu machen, und du entehrst meinen Namen durch deine Aufführung.

Er dachte alsdann an seine Mutter und an die Betrübniß, welche er ihr verursachen würde, statt des Trostes, den sie nach seiner Rückkehr von ihm erwartete.

Wenn ich vor ihren Augen erscheinen werde, und ich ihr nur traurige Zeugnisse von meinen Lehrern vorweisen kann! Wenn sie Ehre von der Erziehung einerndten möchte, welche sie mir gegeben hat, und ich sie zwin-

donnée, et que je la forcerai de rougir! lorsqu'elle voudra m'aimer, et que je ne mériterai que sa haine! O ciel, ma pauvre mère! je serai peut-être la cause de sa mort. Ah! si j'avais mieux profité des instructions qu'on m'a prodiguées! si je pouvais reprendre le temps précieux qui m'est échappé!

Aussitôt que le jour eut commencé à paraître, il se leva précipitamment, courut à la chambre du directeur, se jeta à ses pieds, et lui dit :

Oh ! Monsieur, vous voyez le plus malheureux enfant qui soit au monde. Je ne vous ai pas écouté. Je n'ai rien appris de ce que je devrais savoir : prenez pitié de moi. Je ne veux pas faire mourir ma mère de douleur.

Le directeur fut vivement attendri par ces paroles touchantes. Il releva Lucien et l'embrassa.

Mon cher ami, lui dit-il, puisque vous sentez votre faute, vous pouvez encore la réparer. Vous éprouvez combien il est cruel d'avoir des reproches à se faire. Avant d'en être persuadé, vous n'étiez que blâmable; vous seriez désormais criminel. Deux années entières ont été perdues pour vous, et il ne vous reste que six mois pour les regagner. Jugez combien d'efforts vous aurez à faire. Il ne faut pourtant pas perdre courage. Il n'est rien dont on ne puisse venir à bout avec de la constance. Commencez dès ce moment. Venez me trouver chaque jour. Il ne tiendra pas à mon zèle que vous ne soyez bientôt aussi content de vous-même, que vous avez sujet d'en être mécontent aujourd'hui.

Lucien ne put le remercier qu'en lui baisant les mains, et en sautant à son cou.

Il courut de ce pas s'enfermer dans sa chambre pour répéter sa leçon. Il en fut de même les jours suivants.

gen werde zu erröthen! Wenn sie mich lieben möchte, und ich nur ihren Haß verdienen werde! O Himmel! Meine Mutter! Ich werde vielleicht schuld an ihrem Tode seyn! Ach! hätte ich doch besser den Unterricht benutzt, welchen sie mir so reichlich ertheilt hat! Könnte ich doch die kostbare Zeit wieder einholen, welche mir entflohen ist!

So bald der Tag angebrochen war, stand er schnell auf, lief ins Zimmer des Vorstehers, warf sich ihm zu Füßen und sagte zu ihm:

O mein Herr, Sie sehen das unglücklichste Kind von der Welt. Ich habe nicht auf Sie gehört. Ich habe nichts von dem gelernt, was ich wissen sollte. Haben Sie Mitleiden mit mir. Ich will meine Mutter nicht vor Schmerz sterben machen.

Der Vorsteher wurde lebhaft gerührt durch diese beweglichen Worte. Er hob Lucian auf und umarmte ihn.

Mein lieber Freund, sprach er zu ihm, weil du deinen Fehler einsiehst, kannst du ihn noch gut machen. Du erfährst, wie grausam es ist, sich Vorwürfe machen zu müssen. Ehe du so sehr davon überzeugt warst, warst du nur tadelnswürdig; von jetzt an würdest du strafbar seyn. Zwei ganze Jahre sind für dich verloren gegangen, und es bleiben dir nur noch sechs Monate übrig, um sie wieder einzubringen. Urtheile, welche Anstrengungen du wirst machen müssen. Doch mußt du den Muth nicht sinken lassen. Es ist nichts, was man nicht durch Beharrlichkeit zu Stande bringen könne. Fange von diesem Augenblick an. Besuche mich jeden Tag. Es soll nicht an meinem Eifer fehlen, damit du bald mit dir selbst eben so zufrieden seyst, als du jetzt Ursache hast, mit dir unzufrieden zu seyn.

Lucian konnte ihm nur dadurch danken, daß er ihm die Hände küßte und an den Hals sprang.

Er lief sogleich und schloß sich in sein Zimmer ein, um seine Lektüre zu wiederholen. Eben so war es an den folgenden Tagen.

Ses maîtres, étonnés d'une application si soutenue, se mirent, dès ce moment, à cultiver avec plus de soin ses dispositions naturelles.

Ses camarades, auxquels il avait inspiré tant de mépris, furent bientôt obligés de concevoir pour lui de l'estime.

Encouragé par tous ces succès, Lucien redoublait chaque jour de vigilance et d'ardeur.

Ce n'était plus cet enfant qui abandonnait ses devoirs pour se livrer à de folles dissipations. Il fallait maintenant l'arracher à l'étude pour lui faire goûter quelque délassement.

L'ordre et la propreté succédèrent à la négligence.

Il lui survenait bien quelquefois des retours vers ses premiers défauts ; mais il n'avait besoin que de jeter un coup d'œil sur le portrait de son père, pour reprendre toute la fermeté de ses résolutions.

Les six mois que sa mère lui avait accordés pour perfectionner ses études, avançaient vers leur terme, et il les voyait s'écouler avec une extrême rapidité, parcequ'il savait en remplir tous les instans.

Enfin le moment de partir arriva. Le changement qui s'était opéré dans son caractère lui avait attaché si tendrement ses amis, que l'idée d'une cruelle séparation fit naître dans tous les cœurs les regrets les plus sensibles.

Ses maîtres avaient de la peine à voir s'éloigner un sujet qui commençait à faire tant d'honneur à leurs soins, et lui n'en avait pas moins à s'éloigner de ses maîtres, dont les sages conseils avaient si bien soutenu ses dispositions.

Le directeur, en particulier, qui se félicitait de ses progrès comme de son propre ouvrage, ne pouvait se consoler de son départ ; et ce sentiment se répandit avec abondance dans la lettre

Seine

Seine über einen so anhaltenden Fleiß erstaunten Lehrer, suchten von diesem Augenblick an, mit größerer
Sorgfalt seine natürlichen Anlagen auszubilden.

Seine Mitschüler, denen er so viel Verachtung eingeflößt hatte, waren bald genöthigt Achtung für ihn
zu hegen.

Aufgemuntert durch alle diese Fortschritte, verdoppelte
Lucian täglich seine Achtsamkeit und seinen Eifer.

Es war nicht mehr das Kind, welches seine Pflichten
versäumte, um sich thörichten Zerstreuungen zu über-
lassen. Man mußte ihn jetzt dem Studieren entreißen,
um ihn zu bewegen, einige Erholung zu genießen.

Die Ordnung und die Reinlichkeit traten an die Stelle
der Nachläßigkeit.

Bisweilen verfiel er wohl ein wenig in seine ersten
Fehler; aber er durfte nur einen Blick auf das Bildniß
seines Vaters werfen, um wieder die ganze Festigkeit
seiner Entschließung zu bekommen.

Die sechs Monate, welche seine Mutter ihm gestattet
hatte, um seine Studien zu vollenden, naheten ihrem
Ende, und er sah sie mit einer außerordentlichen Schnel-
ligkeit verfließen, weil er alle Augenblicke auszufüllen
wußte.

Endlich kam der Augenblick der Abreise.

Die Aenderung, welche in seinem Charakter vorge-
gangen war, hatte ihm seine Freunde so zärtlich geneigt
gemacht, daß der Gedanke an eine grausame Trennung
in allen Herzen das empfindlichste Bedauern erzeugte.

Seinen Lehrern machte es Mühe, einen Jüngling fort-
gehen zu sehen, welcher anfieng ihrer Sorgfalt so viel
Ehre zu bringen; und ihm machte es nicht minder Mühe,
sich von seinen guten Lehrern zu entfernen, deren weise
Rathschläge seinen Anlagen so beförderlich waren.

Der Vorsteher insonderheit, welcher sich zu seinen
Fortschritten, als zu seinem eigenen Werke, Glück
wünschte, konnte sich nicht wegen seiner Abreise trösten;
und dieses Gefühl ergoß sich reichlich in den Brief, den

qu'il écrivit à la mère de Lucien, pour lui rendre le compte le plus avantageux de la conduite de son fils.

Pendant tout le voyage, Lucien ressentit les émotions les plus vives. Son cœur agité s'élançait vers la maison paternelle. Il ne craignait plus tant de se présenter aux yeux de sa mère, parce qu'il pouvait se rendre témoignage que depuis six mois il n'avait rien négligé pour son instruction. Cependant, il se disait toujours :

Insensé que je suis ! ne pouvais-je pas faire la même chose il y a deux ans ? Je serais aujourd'hui bien plus avancé. Combien de choses, que j'ignore, n'aurais-je pas apprises dans cet intervalle ! Ah ! je me serais épargné bien des chagrins et des regrets.

Sa mère était allée à sa rencontre. Quelle joie pour elle de le revoir ! Les lettres du directeur l'avaient instruite de son heureuse réforme. Celle qu'il lui apportait était encore plus flatteuse.

Une mère ne demande qu'à se composer de nouvelles raisons d'aimer davantage son fils. Elle les trouvait dans l'idée qu'il n'avait entrepris de se corriger que par un sentiment de tendresse pour elle, et le plus doux avenir se dévoilait à ses regards maternels.

Lucien ne démentit point cette espérance. Après avoir employé les premiers jours à visiter ses parents et ses amis, il se remit au travail avec une nouvelle ardeur.

L'habitude de s'occuper ayant développé son esprit, il eut bientôt acquis les connaissances dont il avait besoin pour se mettre à la tête des affaires de sa maison. Elles avaient un peu décliné depuis la mort de son père. Leur poids était au-dessus des forces d'une tendre veuve déjà trop accablée de sa douleur. Son activité, son exacti-

er an Lucians Mutter schrieb, um ihr die vortheilhafteste
Rechenschaft abzulegen über die Aufführung ihres Sohns.

Während der ganzen Reise fühlte Lucian die lebhaf-
testen Rührungen. Sein bewegtes Herz sehnte sich nach
dem väterlichen Hause. Er fürchtete sich nicht mehr so
sehr, vor den Augen seiner Mutter zu erscheinen, weil
er sich das Zeugniß geben konnte, daß er seit sechs
Monaten nichts, in Ansehung seines Unterrichts, ver-
säumt hatte. Indessen sagte er öfters zu sich selbst:

Ich Thor! Konnte ich nicht das nämliche vor zwei
Jahren thun? Ich würde jetzt weit mehr voran seyn.
Wie viele Sachen, welche ich nicht weiß, würde ich
in dieser Zwischenzeit gelernt haben! Ach, ich hätte
mir vielen Verdruß und viel Reue erspart.

Seine Mutter war ihm entgegengefahren. Welche
Freude für sie, ihn wieder zu sehen! Die Briefe des
Vorstehers hatten sie von seiner glücklichen Gemüths-
änderung benachrichtigt. Derjenige, welchen er ihr
brachte, war noch schmeichelhafter.

Eine Mutter verlangt nichts mehr, als neue Ursachen
auszufinden, ihren Sohn noch mehr zu lieben. Sie fand
sie in dem Gedanken, daß er seine Besserung nur aus
Zärtlichkeitsgefühl gegen sie unternommen habe, und
die angenehmste Zukunft enthüllte sich ihren mütterlichen
Blicken.

Lucian täuschte diese Hoffnungen nicht. Nachdem er
die ersten Tage angewandt hatte, seine Verwandten und
Freunde zu besuchen, so begab er sich mit neuem Eifer
an die Arbeit.

Da die Gewohnheit sich zu beschäftigen, seinen Geist
entwickelt hatte, so hatte er bald die Kenntnisse erworben, welche er nöthig hatte, um den Geschäften seines
Hauses vorzustehen. Sie waren seit dem Tode seines
Vaters ein wenig rückwärts gegangen. Ihre Last war
über die Kräfte einer zärtlichen Wittwe, die ohnehin
schon der Schmerz niederdrückte. Seine Thätigkeit, seine

tude et son intelligence les eurent bientôt réta-
blies.

Un riche établissement qu'il forma, et l'ordre
avec lequel il sut le conduire, le mirent en état
de travailler lui-même à l'éducation de ses en-
fans nombreux. Il s'attacha surtout à leur faire
bien sentir le prix inestimable du temps, pour
leur épargner le regret de l'avoir mal employé.

Traits de générosité.

Maan, fils de Zaïdah, passait pour l'homme le
plus généreux, non seulement de son pays, mais
encore de tout l'Orient. Sa libéralité était si ex-
traordinaire, qu'elle a passé en proverbe chez les
Arabes. Les poètes qui voulaient exalter leur
prince, croyaient ne pouvoir mieux faire son
éloge que de le comparer à Maan. Après la mort
du Calife Mervan, Maan fut obligé de ce cacher,
pour se dérober à la vengeance du nouveau Calife,
dont il n'avait pas épousé les intérêts, et fut ré-
duit à mener une vie errante; mais un évènement
où il trouva occasion de sauver la vie à celui qui
en voulait à la sienne, lui acquit la faveur et les
bienfaits du nouveau souverain. Le Calife Almansor allait périr sous les coups d'une troupe de
séditieux qui l'avaient surpris; Maan voit le danger qui menace le prince; il oublie ce que sa
propre vengeance exige de lui, et accompagné
de quelques domestiques, il sort tout-à-coup de
l'endroit où il s'était caché, tombe inopinément
sur les factieux, et les charge avec tant de vi-
gueur, qu'il parvient à soustraire le Monarque à
une mort inévitable. Le Calife, touché de la
conduite de Maan, dont il avait mis la tête à un
très-haut prix, s'empressa de lui témoigner sa reconnaissance, en l'élevant aux premières dignités;

Pünktlichkeit und seine Einsicht hatten sie bald wieder hergestellt.

Eine reiche Gewerbsanstalt, welche er errichtete, und die Ordnung, mit welcher er sie zu leiten wußte, sezten ihn in Stand selbst an der Erziehung seiner Kinder zu arbeiten. Er bemühte sich insonderheit sie den unschätzbaren Werth der Zeit fühlen zu machen, um ihnen, nach seiner eigenen Erfahrung, die Reue zu ersparen, dieselbe übel angewandt zu haben.

Züge von Großmuth.

Maan, Zaidah's Sohn, galt für den freigebigsten Mann, nicht nur seines Landes, sondern sogar des ganzen Morgenlandes. Seine Freigebigkeit war so ausserordentlich, daß sie unter den Arabern zum Sprichworte wurde. Dichter, welche ihren Fürsten erheben wollten, begnügten sich, ihn mit Maan zu vergleichen. Nach dem Tode des Kalifen Mervan, wurde Maan genöthigt sich zu verbergen, um der Rache des neuen Kalifen zu entgehen, mit dessen Parthei er es nicht gehalten hatte, und führte ein unstetes Leben; aber ein Ereigniß, wo er Gelegenheit fand, demjenigen das Leben zu retten, der ihm das seinige rauben wollte, verschaffte ihm die Gunst und die Wohlthaten des neuen Beherrschers. Der Kalife Almansor war in Gefahr, von einer Rotte Aufrührer, welche ihn unversehens überfallen hatten, niedergehauen zu werden; Maan sah, in welcher Gefahr der Fürst war; er vergaß, was seine eigene Rache von ihm forderte, brach mit einigen Dienern aus seinem verborgenen Aufenthalte hervor, fiel unvermuthet über die Aufrührer her, und griff sie mit solchem Nachdrucke an, daß er den Monarchen dem sonst unvermeidlichen Tode entriß. Der Kalife beeilte sich, durch das Betragen Maan's gerührt, auf dessen Kopf er einen so hohen Preis gesezt hatte, ihm seine Erkenntlichkeit dadurch zu bezeigen, daß er ihn zu den ersten Würden erhob; auch verlangte er von ihm, daß er ihm seine

il voulut même qu'il lui fît le récit de ses aven-
tures, persuadé que tout devait l'intéresser dans
un homme qui l'avait défendu si généreusement.
Seigneur, lui dit Maan, *depuis l'avènement de
votre famille au trône, ma vie a été celle d'un
fugitif qui voit sans cesse le glaive de la vengeance levé sur sa tête, et qui s'enferme pour
en éviter les coups. Je restai long-temps caché
à Basrah, dans la maison d'un de mes amis.
Ne me croyant plus en sureté dans cette ville,
j'en sortis vers le soir, et à la faveur d'un dé-
guisement, je pris le chemin du désert. J'avais
évité toutes les gardes, et je me croyais hors
du danger d'être reconnu, lorsque tout-à-coup
un homme d'assez mauvaise mine saisit la bride
de mon chameau, et me demanda si je n'étais
pas celui que le Calife faisait chercher, et dont
la decouverte devait faire le bonheur de la personne qui le livrerait. — Non, lui répondis-je. —
Comment, vous n'êtes pas Maan? — Je fus
déconcerté: je pris un de mes diamants, et lui
dis, en le lui offrant: «Accepte cette faible
« récompense du service que tu peux me rendre
« en gardant le silence sur ma fuite. Si les cir-
« constances me sont favorables, ma fortune est
« à toi.» Cet homme considéra la valeur du
joyau et me dit: «J'ai une demande à vous
« faire, je vous prie de me répondre sincè-
« rement. Ne vous est-il jamais arrivé de donner
« à la fois tout ce que vous possédiez; car je
« sais que vous passez pour un homme très-
« généreux?» — Non. — N'en avez-vous jamais donné la moitié? — Non. — Descendant
ainsi par degrés au tiers, au quart et jusqu'au
dixième, la honte me fit dire enfin que je pouvais bien avoir donné le dixième. «Eh bien!»
répliqua-t-il, «afin que vous sachiez qu'il y a
« des personnes encore plus généreuses que vous,*

Abentheuer erzählen solle, weil ihn an einem Manne,
der ihn so großmüthig vertheidigt hatte, alles interessie-
ren müsse. Mein Fürst, sagte Maan zu ihm, seit
der Erhebung deiner Familie auf den Thron,
war mein Leben das Leben eines Flüchtlings,
der das Racheschwert stets über seinem Haupt
schweben sieht, und sich in Dunkelheit ver-
gräbt, um seinen Streichen zu entgehen. Ich
blieb lange Zeit im Hause eines meiner Freunde
zu Basrah verborgen. Als ich mich in dieser
Stadt nicht sicher glaubte, verließ ich sie gegen
Abend, und nahm, unter dem Schutz einer
Verkleidung, den Weg nach der Wüste. Ich
war allen Wachen entgangen, und glaubte,
ich sey nun außer Gefahr erkannt zu werden,
als plötzlich ein Mann von ziemlich schlechtem
Aussehen, meinem Kameele in den Zügel fiel,
und mich fragte, ob ich nicht derjenige sey,
den der Kalife überall suchen lasse, und dessen
Entdeckung das Glück seines Angebers machen
solle? „Nein”, antwortete ich. Was? du
bist nicht Maan?” Ich war außer Fassung
gebracht: nahm eines meiner Kleinodien, und
sagte zu ihm, indem ich es ihm hinboth:
„Nimm diese schwache Belohnung für den
Dienst, den du mir thun kannst, wenn du
meine Flucht durch dein Stillschweigen begün-
stigst. Werden die Zeiten für mich günstiger,
so soll mein Vermögen das deinige seyn.”
Dieser Mensch betrachtete das Kleinod, was
es werth seyn möchte, und sagte zu mir:
„Ich habe eine Frage an dich zu thun, ich
bitte dich, mir aufrichtig zu antworten. Bist
du nie in dem Falle gewesen, dein ganzes Vermögen auf einmal zu verschenken; denn ich
weiß, daß du für sehr freigebig bekannt bist.”
„Nein.” — Hast du auch niemals die Hälfte
weggegeben?” — „Nein.” Indem er auf

« moi, pauvre fantassin, qui ne reçois que deux
« écus de solde par mois, je vous donne ce
« diamant, de la valeur de plus de mille pièces
« d'or." — En achevant ces mots, il me jette
le joyau et s'éloigne. Surpris d'un trait si
noble, je cours après lui, et le conjure de s'ar-
rêter. — « Non, m'écriai-je, je préfère mille
« fois être découvert et perdre la vie que d'être
« vaincu par un procédé aussi généreux. Ame
« magnanime, ou je te suivrai, ou tu recevras
« le tribut de ma reconnaissance." A ces mots,
il se retourne vers moi, m'embrasse, et dit :
« Vous voudriez donc me faire passer pour un
« voleur de grands chemins : Non, je n'accepterai
« point votre présent; car je ne pourrais ja-
« mais le reconnaître." Sur quoi nous nous
séparâmes. Cette histoire fit tant de plaisir à
Almansor, qu'il fit chercher partout dans son
vaste empire ce généreux soldat pour couronner
sa vertu. Mais toutes les perquisitions furent
inutiles; et cette action sublime fut publiée dans
toutes les provinces musulmanes, sans que celui
qui l'avait faite daignât se faire connaître.

Le Déluge.

Les vastes plaines de la terre, inondées par les
eaux, n'offrirent plus de carrière aux agiles coursiers, et celles de la mer en fureur cessèrent

diese Art stufenweise zum dritten, vierten und bis zum zehnten Theil herabstieg, sagte ich endlich aus Scham, daß ich wohl den zehnten Theil weggeschenkt haben könnte. „Nun gut,” erwiederte er, „ damit du siehst, daß es Leute giebt, die noch freigebiger sind als du, so schenke ich, ein gemeiner Fußgänger, der monatlich nur zwei Thaler Sold bezieht, dir dieses Kleinod, das mehr als tausend Goldstücke werth ist.” Mit diesen Worten warf er mir das Kleinod hin und verschwand. Durch diese edle Handlung überrascht, eilte ich ihm nach, und beschwor ihn zu halten. „ Nein,” schrie ich, „ tausendmal lieber will ich entdeckt werden, und den Kopf verlieren, als durch ein so edelmüthiges Betragen besiegt werden. Großmüthiger Mann, entweder folge ich dir, oder du mußt den Zoll meines Dankes annehmen.” Bei diesen Worten wandte er sich gegen mich um, fiel mir um den Hals, und sagte: „ Du wolltest also, daß man mich für einen Sträßenräuber ansähe? Nein, ich werde dein Geschenk nicht annehmen, denn ich könnte es in meinem ganzen Leben nicht erwiedern.” Hierauf trennten wir uns.” Almansorn machte diese Erzählung so viel Vergnügen, daß er diesen großmüthigen Soldaten in seinem ganzen weiten Reiche aufsuchen ließ, um seine Tugend zu krönen. Allein alles Nachforschen war unnütz; und diese erhabene Handlung wurde in allen muselmännischen Provinzen öffentlich bekannt gemacht, ohne daß derjenige, welcher sie gethan hatte, es seiner würdig hielt sich zu entdecken.

Die Wasserfluth.

Die weiten, mit Wasser überschwemmten Ebenen des Landes boten den schnellen Rossen keine Bahn mehr dar, und das erzürnte Meer hörte auf schiffbar zu seyn. Ver-

d'être navigables aux vaisseaux. En vain l'homme crut trouver une retraite dans les hautes montagnes; mille torrents s'écoulaient de leurs flancs, et mêlaient le bruit confus de leurs eaux aux gémissemens des vents et aux roulemens des tonnerres. Les noirs orages se rassemblaient autour de leurs sommets, et répandaient une nuit affreuse au milieu du jour. En vain l'homme chercha dans les cieux le lieu où devait reparaître l'aurore; il n'apperçut autour de l'horizon que de longues files de nuages redoublés. De pâles éclairs sillonnaient leurs sombres et innombrables bataillons; et l'astre du jour, voilé par leur ténébreuse clarté, jetait à peine assez de lumière pour laisser entrevoir dans le firmament son disque sanglant.

Au désordre des cieux, l'homme désespéra du salut de la terre. Ne pouvant trouver en lui-même la dernière consolation de la vertu, celle de périr sans être coupable, il chercha au moins à finir ses derniers momens dans le sein de l'amour ou de l'amitié. Mais dans ce siècle criminel, où tous les sentimens naturels étaient éteints, l'ami repoussa son ami, la mère son enfant, l'époux son épouse. Tout fut englouti dans les eaux: cités, palais, majestueuses pyramides, arcs de triomphe chargés des trophées de rois; et vous aussi, qui auriez dû survivre à la ruine même du monde, paisibles grottes, tranquilles bocages, humbles cabanes, asyles de l'innocence! Il ne resta sur la terre aucune trace de la gloire ou du bonheur des mortels, dans ces jours de vengeance, où la nature détruisit ses propres monumens.

gebens glaubte der Mensch eine Freistätte in den hohen
Gebürgen zu finden; tausend Regenbäche strömten aus
ihren Seiten, und vermischten das dumpfe Getöse ihres
Wassers mit dem Geheule der Winde, und dem Rollen
des Donners. Schwarze Gewitter sammelten sich um
ihre Gipfel, und verbreiteten eine schreckliche Nacht mit=
ten am Tage. Umsonst suchte der Mensch am Himmel
den Ort, wo die Morgenröthe wieder zum Vorschein
kommen sollte; er erblickte rings am Horizonte nichts
als lange Reihen aufgethürmter Wolken. Bleiche Blitz=
strahlen durchschnitten ihre düstern und zahllosen Schaa=
ren; und das Gestirn des Tages, durch ihre dunkle Helle
verschleiert, warf kaum Licht genug von sich, um am
Firmamente seine blutrothe Scheibe blicken zu lassen.

Bei der Unordnung am Himmel verzweifelte der
Mensch an der Rettung der Erde. Da er in sich selbst
den letzten Trost der Tugend, den Trost schuldlos zu
sterben, nicht finden konnte, so suchte er wenigstens seine
letzten Augenblicke im Schooße der Liebe oder der Freund=
schaft zu endigen. Aber in diesem lasterhaften Jahr=
hunderte, wo alle natürlichen Gefühle erloschen waren,
stieß der Freund seinen Freund, die Mutter ihr Kind,
der Gatte seine Gattin von sich. Alles ward verschlun=
gen in dem Wasser: Städte, Paläste, majestätische Py=
ramiden, Triumphbögen, überdeckt von den Siegeszei=
chen der Könige; und auch ihr, die ihr selbst den Ein=
sturz der Welt hättet überleben sollen, ihr friedlichen
Grotten, ihr ruhigen Gebüsche, ihr niedern Hütten, ihr
Zufluchtsörter der Unschuld! Es blieb auf der Erde
keine Spur von dem Ruhme und dem Glücke der Sterb=
lichen übrig in diesen Tagen der Rache, wo die Natur
ihre eigenen Denkmäler zerstörte.

La Mort d'Hippolyte.

A peine nous sortions des portes de Trézène,
Il était sur son char, ses gardes affligés
Imitaient son silence, autour de lui rangés.
Il suivait tout pensif le chemin de Mycènes;

Sa main sur les chevaux laissait flotter les rênes.
Ses superbes coursiers, qu'on voyait autrefois
Pleins d'une ardeur si noble obéir à sa voix,
L'œil morne maintenant, et la tête baissée,
Semblaient se conformer à sa triste pensée.
Un effroyable cri, sorti du sein des flots,
Des airs en ce moment a troublé le repos;
Et du sein de la terre une voix formidable
Répond, en gémissant, à ce cri redoutable.
Jusqu'au fond de nos cœurs notre sang s'est glacé;

Des coursiers attentifs le crin s'est hérissé.
Cependant sur le dos de la plaine liquide,
S'élève à gros bouillons une montagne humide.
L'onde approche, se brise, et vomit à nos yeux,

Parmi des flots d'écume un monstre furieux.
Son front large est armé de cornes menaçantes,
Tout son corps est couvert d'écailles jaunissantes.
Indomptable taureau, dragon impétueux,
Sa croupe se recourbe en replis tortueux;
Ses longs mugissemens font trembler le rivage.
Le ciel avec horreur voit ce monstre sauvage.
La terre s'en émeut, l'air en est infecté,
Le flot qui l'apporta recule épouvanté,
Tout fuit; et, sans s'armer d'un courage inutile,

Dans le temple voisin chacun cherche un asyle.
Hippolyte lui seul, digne fils d'un héros,
Arrête ses coursiers, saisit ses javelots,

Der Tod des Hippolyts.

Kaum sahen wir Trezene hinter uns,
Er war auf seinem Wagen, um ihn her
Still, wie er selbst, die traurenden Begleiter.
Tief in sich selbst gekehrt, folgt er der Straße,
Die nach Mycenä führt, die schlaffen Zügel
Nachlässig seinen Pferden überlassend.
Die stolzen Thiere, die man seinem Rufe
Mit edler Hitze sonst gehorchen sah,
Sie schienen jetzt starr blickend und das Haupt
Gesenkt, in seine Schwermuth einzustimmen.
Plötzlich zerriß ein schreckenvoller Schrey,
Der aus dem Meer aufstieg, der Lüfte Stille,
Und schwer aufseufzend aus der Erde Schooß
Antwortet eine fürchterliche Stimme
Dem grausenvollen Schrey. Es trat uns allen
Eiskalt bis an das Herz hinan, aufhorchten
Die Rosse, und es sträubt sich ihre Mähne.
Indem erhebt sich aus der flüß'gen Ebne
Mit großen Wellen hoch ein Wasserberg,
Die Woge naht sich, öffnet sich und speit
Vor unsern Augen, unter Fluthen Schaums,
Ein wüthend Unthier aus. Furchtbare Hörner
Bewaffnen seine breite Stirne, ganz
Bedeckt mit gelben Schuppen ist sein Leib,
Ein grimmiger Stier, ein wilder Drache ists,
In Schlangenwindungen krümmt sich sein Rücken.
Sein hohles Brüllen macht das Ufer zittern,
Das Scheusal sieht der Himmel mit Entsetzen,
Aufbebt die Erde, weit verpestet ist
Von seinem Hauch die Luft, die Woge selbst,
Die es heran trug, springt zurück mit Grausen.
Alles entflieht, und sucht, weil Gegenwehr
Umsonst, im nächsten Tempel sich zu retten.
Nur Hippolyt, ein würd'ger Heldensohn,
Hält seine Pferde an, faßt sein Geschoß,

Pousse au monstre; et, d'un dard lancé d'une
    main sûre,

Il lui fait dans le flanc une large blessure.
De rage et de douleur le monstre bondissant,
Vient aux pieds des chevaux tomber en mugis-
    sant,
Se roule et leur présente une gueule enflammée;
Qui les couvre de feu, de sang et de fumée.
La frayeur les emporte; et, sourds à cette fois,
Ils ne connaissent plus ni le frein, ni la voix.
En efforts impuissants leur maître se consume.
Ils rougissent le mords d'une sanglante écume.
On dit qu'on a vu même, en ce désordre affreux,

Un dieu qui d'aiguillons pressait leurs flancs
    poudreux.
A travers les rochers la peur les précipite.
L'essieu crie, et se rompt. L'intrépide Hippolyte
Voit voler en éclats tout son char fracassé.
Dans les rènes lui-même il tombe embarrassé.
Excusez ma douleur. Cette image cruelle
Sera pour moi de pleurs une source éternelle.
J'ai vu, Seigneur, j'ai vu votre malheureux fils

Traîné par les chevaux que sa main a nourris.
Il veut les rappeler, et sa voix les effraie.

Ils courent. Tout son corps n'est bientôt qu'une
    plaie.
De nos cris douloureux la plaine retentit.
Leur fougue impétueuse enfin se ralentit.
Ils s'arrêtent non loin de ces tombeaux antiques,
Où des rois ses aïeux sont les froides reliques.
Je cours en soupirant, et sa garde me suit.
De son généreux sang la trace nous conduit;
Les rochers en sont teints. Les ronces dégout-
    tantes

Zielt auf das Unthier, und aus sichrer Hand

Den mächt'gen Wurfspieß schleudernd, schlägt er ihm
Tief in den Weichen eine weite Wunde.
Aufspringt das Ungethüm vor Wuth und Schmerz,
Stürzt vor den Pferden brüllend hin, wälzt sich,

Und gähnt sie an mit weitem flammenden Rachen,
Der Rauch und Blut und Feuer auf sie speit.
Sie rennen scheu davon, nicht mehr dem Ruf
Der Stimme, nicht dem Zügel mehr gehorchend.
Umsonst strengt sich der Führer an, sie röthen
Mit blut'gem Geifer das Gebiß, man will
Sogar in dieser schrecklichen Verwirrung
Einen Gott gesehen haben, der den Stachel
In ihre staubbedeckten Lenden schlug.

Queer durch die Felsen reißt die Furcht sie hin,
Die Achse kracht, dein kühner Sohn
Sieht seinen Wagen morsch in Stücken fliegen.
Er selbst stürzt und verwirrt sich in den Zügeln.
— O Herr, verzeihe meinen Schmerz. Was ich
Jetzt sah, wird ew'ge Thränen mir entlocken.
Ich sahe deinen heldenmüth'gen Sohn,
Sah ihn geschleift, o Herr, von diesen Rossen,
Die er gefüttert mit der eignen Hand.
Er will sie stehen machen, seine Stimme
Erschreckt sie nur, sie rennen um so mehr,
Bald ist sein ganzer Leib nur eine Wunde.

Die Ebne hallt von unsrem Klaggeschrey;
Ihr wüthend Ungestümm läßt endlich nach,
Sie halten still, unfern den alten Gräbern,
Wo seine königlichen Ahnen ruh'n.
Ich eile seufzend hin, die andern folgen,
Der Spur nachgehend seines edeln Bluts;
Die Felsen sind davon gefärbt, es tragen

Portent de ses cheveux les dépouilles sanglantes.
J'arrive, je l'appelle, et me tendant la main,

Il ouvre un œil mourant, qu'il referme soudain :
« Le ciel, dit-il, m'arrache une innocente vie.

« Prends soin, après ma mort, de la triste
    « Aricie......

« Cher ami, si mon père un jour désabusé,
« Plaint le malheur d'un fils faussement accusé,
« Pour appaiser mon sang et mon ombre
    plaintive,
« Dis-lui qu'avec douceur il traite sa captive ;
« Qu'il lui rende..." A ce mot, ce héros expiré

N'a laissé dans mes bras qu'un corps défiguré,
Triste objet où des dieux triomphe la colere,
Et que méconnaîtrait l'œil même de son père.

Die Dornen seiner Haare blut'gen Raub.
Ich lange bei ihm an, ruf' ihn mit Namen,
Er streckt mir seine Hand entgegen, öffnet
Ein sterbend Aug', und schließt es alsbald wieder:
„Der Himmel", spricht er, „ entreißt mir mit Gewalt
„Ein schuldlos Leben. O wenn ich dahin,

„Nimm, theurer Freund, der ganz verlaßnen
„Aricia dich an — Und kommt dereinst
„Mein Vater zur Erkenntniß, jammert er

„Um seinen fälschlich angeklagten Sohn,
„Sag' ihm, um meinen Schatten zu versöhnen,
„Mög' er an der Gefangnen gütig handeln,
„Ihr wiedergeben, was" — Hier hauchte er
Die Heldenseele aus; in meinen Armen
Blieb ein entstellter Leichnam nur zurück,
Ein traurig Denkmal von der Götter Zorn,
Unkenntlich selbst für eines Vaters Auge!

TABLE DES MATIÈRES.

PRINCIPES.

EXERCICES.

I.ʳᵉ PARTIE.

ÉLÉMENS PRIMITIFS DE LA LECTURE.

24 *

II.ᵉ PARTIE.

ÉLÉMENS SUBSTITUTIFS DE LA LECTURE.

EXERCICES FRANÇAIS.

Pages.

V.ᵉ PARTIE.

EUPHONIE.

EXERCICES ALLEMANDS.

Élémens substitutifs de la Lecture.

HOMOGRAPHES.

Сноix de Fables, d'Anecdotes et d'autres Morceaux pour s'exercer à lire couramment dans les deux Langues.

Auswahl von Fabeln, Geschichtszügen und andern Stücken, um sich zu üben in beiden Sprachen fertig zu lesen.

A COLMAR, chez J. H. Decker, Imprimeur du Roi. 1821.